SAINTS

MODERNES ET CONTEMPORAINS

SÉRIE 22

N° 2242

Voici la noble femme qui entre dans le cachot.

J. GUILLEMIN

SAINTS MODERNES

ET

CONTEMPORAINS

TOURS

MAISON ALFRED MAME ET FILS

PREMIER RÉCIT

LA BIENHEUREUSE
JEANNE DE VALOIS (1464-1505)

« Je suis pauvre et délaissée ; les afflic-
tions de mon cœur se sont multipliées :
délivrez-moi de toutes mes détresses. »

I

Figure effacée, mélancolique, victime de la politique dès sa naissance, telle nous apparaît Jeanne de Valois, duchesse d'Orléans, fille de Louis XI et de Charlotte de Savoie.

Elle tient au moyen âge par son attitude, sa manière de se comprendre elle-même et de comprendre son rôle ; elle tient aux temps modernes par les raisons politiques primant toute autre raison, et qui la broyent, par cette désinvolture, j'ose même dire ce sans-gêne, avec lequel elle fut traitée par Louis XI son père, et Louis XII, son époux.

Louis XI venait de monter sur le trône, ayant derrière lui le passé orageux d'un fils souvent en rébellion contre son père. Charles VII lui avait légué une France vigoureuse, reconstituée ; mais, malheureusement, il lui léguait aussi ces grands vassaux qu'il faudrait trente ans pour maîtriser : le duc de Bourgogne et le duc de Bretagne. Louis XI n'avait qu'une fille : Anne ; or il lui fallait un fils, un dauphin, pour assurer la lignée. Ce roi politique multipliait les prières et les pèlerinages pour obtenir ce fils. Le 8 avril 1464, à Nogent-le-Roi, il lui naquit une seconde fille. A cette nouvelle, Louis entra dans une de ces colères qui terrifiaient son entourage. C'est ainsi que la pauvre Jeanne fut accueillie.

Et rien en elle pour faire revenir de cette impression première un père déçu, qui méprisait les femmes! Elle était chétive, la pauvre petite, mal venue, laide, délicate. Quand elle sortit des mains de ses nourrices, à cinq ans, Louis la confia à la baronne de Linières pour l'élever loin de lui. Jeanne fut-elle heureuse à Linières? Je n'ose l'affirmer. Le roi payait pour elle une fort maigre pension, à peine suffisante pour la faire vivre; elle grandissait dans un de ces châteaux formidablement défendus, dédale d'enceintes, de tours, de bâtiments de ferme, de cours et de logis d'habitation où se réfugiait la noblesse féodale agonisante. Beaucoup de garnison, fort peu de plaisir et de société. A tout prendre, Linières devait être aussi gai que Plessis-lès-Tours; car ici ou là reine et baronne devaient modeler leurs façons de vivre sur celles de Louis XI, dur, ironique, impitoyable, poursuivant à travers mille dangers, mille obstacles, son but: faire la France puissante entre toutes les nations, et le roi, son chef incontesté.

Que pesait, en regard de tels soucis, le bonheur et le bien-être d'une enfant malingre, boiteuse, bossue? Qu'importait qu'elle fût mal vêtue, qu'elle s'étiolât dans un château bâti en un lieu malsain?

Jeanne tombe malade de la petite vérole; sa tutrice la soigne et la sauve, mais l'enfant reste marquée et si faible que la baronne, inquiète, demande à la reine de la reprendre un temps, pour qu'un changement d'air achève une pénible convalescence. Charlotte ne rappela pas sa fille; est-ce elle ou le roi qui ne la voulait point recevoir? Pourtant Louis XI n'oubliait pas que, derrière les murs de Linières, il avait une fille, c'est-à-dire un instrument possible pour servir sa politique.

La petite Jeanne, douce, effacée, repliée sur elle-même, s'était jetée dans les bras de la sainte Vierge; la fillette au cœur isolé désirait avec ardeur entrer au service de Dieu et de sa sainte Mère. Un jour, tandis qu'elle priait, une voix lui répondit tout bas:

« Avant que de mourir, tu fonderas une *religion* en mon honneur, qui sera le plus grand plaisir qu'on puisse faire à mon Fils et à moi. »

Ces paroles promettaient à la fille de France une vie

féconde. Jeanne s'inclina et attendit, plus patiente et plus joyeuse.

Elle avait neuf ans. Éloignée de la cour, elle ne savait rien de ce qui s'y passait. Peut-être lui avait-on annoncé la naissance tant désirée de son frère Charles, qui l'aima tendrement; mais elle n'avait cure que son oncle Charles d'Orléans fût mort, laissant un fils en bas-âge et fort puissant, en qui l'œil inquiet de Louis voyait déjà un danger pour le futur Charles VIII. Ce grand vassal de dix ans, qu'il ne peut supprimer, il en va faire son gendre. Et tandis que dans sa solitude de Linières, Jeanne de Valois, simple et naïve, croît en piété devant Dieu, le roi « invite » Louis d'Orléans et Madame sa mère, Marie de Clèves, à le venir voir à Châteauneuf-sur-Loire.

Louis XI avait fait part de ses projets matrimoniaux à quelques familiers, et le bruit en était venu jusqu'à la duchesse et au petit duc. Cette invitation les jeta dans le plus profond désespoir. La laideur et l'infirmité de la petite princesse étaient connues de tous. Marie de Clèves fut atterrée; son fils pleura et se révolta tellement qu'il reçut un ordre sec d'avoir à obéir, sinon le roi le ferait moine ou même le jetterait à la Loire, cousu dans un sac. A vrai dire, je ne crois pas que Louis XI serait allé jusque-là avec un prince du sang. L'enfant, épouvanté, se résigna. Sa mère pleura, se lamenta; mais tous deux, avec une suite vraiment royale, s'en furent à Châteauneuf-sur-Loire. L'automne est doux et beau dans ce jardin de France. Louis XI, quand il lui en prenait fantaisie, savait recevoir en souverain, courre le cerf dans les forêts et les clairières. Mais ses hôtes avaient, suspendue sur leurs têtes comme une épée de Damoclès, l'affreuse menace du mariage avec la petite Jeanne, toujours absente.

Enfin, le roi parle, et parle en maître. Le 29 octobre 1473, le mariage est décidé. La mère et le fils en ont signé la promesse, terrifiés. La fiancée ne se doute de rien; son père, soudain, décide de la voir et de la prévenir de sa destinée. Mme de Linières amène donc sa pupille au château de Plessis-lès-Tours, en tremblant, car tous tremblaient devant Louis XI. Et quelle enfant la noble dame présente-t-elle au roi! Celui-ci, accoudé à une fenêtre, attendait avec curiosité l'arrivée de sa fille.

« Je ne la croyais pas si laide, » murmura-t-il cruellement.

Qu'avait-elle donc, la pauvre disgraciée, pour s'attirer pareille grossièreté? Elle était petite, frêle et bossue, avec une épaule plus haute que l'autre; boiteuse, avec une hanche plus basse que l'autre. La petite vérole avait laissé sur son visage des traces de son terrible passage; ses traits ressemblaient, dit-on, à ceux de Louis XI : ils en avaient la netteté, la fermeté. Mais chez la pauvre Jeanne tout participait de la déviation de la taille et ces traits semblaient de travers. Voilà ce que, de sa fenêtre, vit Louis, ce qui lui arracha un cri mauvais. Ce qu'il ne vit pas, c'était la splendide chevelure blonde cachée par les voiles et la coiffe, c'était le front large rayonnant d'intelligence, de pensées; c'étaient les immenses yeux verts, brillants, profonds, doux et aimants. La pauvre enfant les tenait baissés et nul ne devina l'âme qui s'y reflétait.

Et elle parut devant son redoutable père.

« Ma fille, dit celui-ci sans préambule et sans tendresse, j'ai pensé, comme il se doit faire, à votre établissement, et vous ai choisi pour époux un prince digne de votre naissance. »

Jeanne, intimidée, éperdue, reste un moment sans réponse. Au reste, le roi ne demandait rien : il commandait tout en observant. Et voici que le regard vert se lève sur lui et se baisse tout aussitôt. Si c'eût été un regard d'homme il l'eût peut-être remarqué, mais une femme!... Et voici qu'une voix tremblante ose parler :

« Sire roi, je vous suis humblement reconnaissante d'avoir ainsi pensé à moi. Mais, s'il plaisait à Votre Majesté, j'oserais lui dire que, depuis longtemps, j'aspire à servir Dieu dans le recueillement du cloître et à quitter un monde qui ne m'attire pas. »

Louis XI fronce le sourcil. Cette chétive créature, lui résister! Se croirait-elle maîtresse de sa destinée? Une fille de France ne s'appartient pas; elle appartient aux exigences de la politique exprimées par la voix royale.

« Auriez-vous, par hasard, ma fille, contracté quelque résolution sans mon assentiment? »

Puis, sèchement, et en scandant chaque syllabe :

« Vous épouserez le prince que je vous destine. Je le veux, vous m'entendez. »

Jeanne ne répliqua pas. Savait-elle au moins quel prince lui était destiné?

Le contrat fut dressé sans la présence des intéressés. Marie de Clèves, accablée, voulut cependant voir la pauvre créature qui serait l'héroïne (ou la victime) de ces lamentables fiançailles; et elle s'en fut à Linières rendre visite à sa future belle-fille. Jeanne, timide, gauche, empruntée, repliée sur elle-même comme l'oiselet apeuré, ne sut point plaire à la duchesse. Celle-ci ne vit que la taille déviée, les traits irréguliers; et, pensant à son fils, si beau, si élégant, elle se jeta sur son lit, en larmes, criant son désespoir :

« Ah! Notre-Dame, faut-il que mon fils ait une femme aussi difforme! »

Le jeune Louis, aussi affligé que sa mère, resta à Linières bien à contre-cœur, pour faire une cour officielle à sa fiancée; puis, tristement, il repartit.

II

Le 8 septembre 1476, furent célébrées ces noces doublement princières. Vous vous imaginez des fêtes splendides à Amboise ou à Chinon, les tournois, les *mystères,* les dames en long hennin, les seigneurs vêtus de soie et de velours, les tapisseries de haute lice, les fanfares triomphales des trompettes, la pompe de l'église, les acclamations du peuple,... que sais-je encore?

Le 8 septembre 1476, Jeanne, âgée de douze ans, était à Montrichard, sur les bords du Cher. Louis d'Orléans aussi était là, et Charlotte de Savoie, reine de France, et l'évêque d'Orléans. Devant lui comparurent les deux fiancés de douze et quatorze ans. Et il frémissait en leur posant la question sacramentelle :

« Voulez-vous être unis par les liens du mariage?

— Oui, murmura sourdement Louis en détournant son regard de la princesse.

— Oui, répondit simplement Jeanne en levant ses yeux purs vers son époux.

— Au nom de Dieu, je vous unis par les liens du mariage, » prononça l'évêque d'une voix tremblante.

Il joignit leurs mains, et, accablé de chagrin, disparut comme le prêtre commençait la messe. Le jeune Louis pleurait, Charlotte de Savoie ne prenait aucune part à la cérémonie; Jeanne, inclinée pieusement, priait... Le roi était alors en pèlerinage je ne sais où. Marie de Clèves, occupée du mariage de sa fille aînée, était absente.

Un repas morne et solennel suivit la bénédiction. Le duc était là comme un corps sans âme; la nouvelle duchesse connut peut-être ce jour-là son seul moment de bonheur terrestre.

Telles furent les épousailles de Jeanne de Valois, fille de France, et de Louis de Valois, duc d'Orléans, premier prince du sang.

La cour d'Orléans, joyeuse et légère, résidait au merveilleux château de Blois. Le jeune couple y fit une entrée triomphale; puis Jeanne reçut l'ordre de regagner Linières, où elle recommença de vivre avec 1 200 livres de rentes. Elle reprit sa vie de prières et de travail. Mais un grand changement s'était opéré en elle : elle aimait le prince qui l'avait éblouie et qui toujours devait se détourner d'elle. Son mari, elle le parait ingénument de toutes les vertus, de toutes les qualités; elle le voyait bon, aimant, généreux; elle se croyait aimée, elle, épousée par force !

Son martyre commençait. Elle ne quittait pas Linières. Deux ou trois fois par an, Louis, pour obéir à son redoutable beau-père, venait cérémonieusement rendre visite à sa femme. Ils habitaient sous le même toit, se montraient ensemble,... et gardaient le silence, lui par mépris, elle par timidité et sentiment de sa laideur; et elle en souffrait. Puis il repartait pour mener sa vie ardente et fièvreuse, et elle souffrait encore, parce qu'il n'était plus là.

A dix-neuf ans, la noble fille de France ne savait que souffrir. Elle apprend alors que le duc, son époux, est à Bourges malade de la petite vérole. Cette nouvelle la galvanise : la grande dame naît soudain en elle. Elle commande sa litière, son escorte, elle part. La voilà près de Louis, remplie d'une ardente charité. C'est à peine si le malade jette les yeux sur elle. Il se détourne dédaigneusement et, tout fiévreux, ne trouve un sourire que pour la suite de sa pauvre femme.

Quoi! même comme hospitalière, il ne veut pas d'elle! Oh! comme elle dut pleurer, la pauvre duchesse! Toujours se sentir importune, avoir cette sensation affreuse de partout être de trop, quel supplice! Elle retourne à Linières, où le Christ et sa sainte Mère peuplent sa solitude.

Quelques mois passent. Louis d'Orléans est en visite officielle près de sa femme; il s'ennuie, aspire au départ, quand arrive un courrier royal. Le duc le reçoit, non sans appréhension, car un message de Louis XI est toujours redouté; mais le héraut, s'inclinant, annonce aux princes que le roi très chrétien vient de mourir pieusement. Le roi est mort, vive le roi! Le nouveau souverain est un enfant de douze ans, Charles VIII. Il faut donc une régence, c'est-à-dire un pouvoir faible... Louis relève la tête, son heure est venue. Jeanne, tout bas, pleure ce père cruel, cause première de ses malheurs.

A cheval! Le duc a hâte de saluer son nouveau souverain. A cheval, tous! et à Amboise! Mme d'Orléans viendra en sa litière. Ce qui presse, c'est de connaître le testament du feu roi. Bretagne et Orléans auront beau jeu avec des femmes.

Tout doux, monseigneur! La reine mère, Charlotte, reste écartée du gouvernement, mais la « moins folle femme de France » saura mener d'une main ferme la barque de son frère : ni Orléans, ni Bretagne n'auront raison d'elle.

Jeanne arrive. Son époux ne s'inquiète même pas de la conduire près de la reine-mère, près de la régente. C'est seule que la jeune femme pénètre près du petit Charles, effaré d'être le roi, et qui lui ouvre ses bras. Ce jeune frère fut peut-être le seul au monde à savoir aimer Jeanne.

Tandis que celle-ci, vivant avec son mari, auprès des siens, goûte un peu de joie et de paix, Louis, sombre, exaspéré, ne songe, maintenant que son beau-père est mort, qu'à rompre un mariage accepté par contrainte. Encore à la cour de France, il conspire déjà avec François de Bretagne. Puis il part secrètement pour Nantes, où résident le dernier des grands vassaux et son héritière, Anne. C'est la main de cette jeune fille qu'ambitionne Louis. Duc d'Orléans, héritier de Bretagne, quelle force n'opposera-t-il pas au gouvernement d'Anne de Beaujeu !

« Mais, direz-vous, Louis d'Orléans était marié. »

Il allait précisément intriguer pour faire annuler son mariage forcé, celui qui ne cachait pas qu'il aurait volontiers épousé la plus pauvre fille du royaume pourvu qu'elle fût belle et lui donnât des enfants. Car Jeanne n'avait même pas la consolation d'être mère. Sacrifiée par son père et mariée, elle devait être sacrifiée par son mari et divorcée. Quel comble d'infortune et d'injustice ! Quelle lutte sourde pendant des années entre un homme exaspéré, une femme victime, une sœur, puis un frère, indignés de ce qui se trame. Avant la guerre ouverte (ce sera la « guerre folle »), Louis semble revenir à de meilleurs sentiments. Premier prince du sang, il assiste au sacre de Charles VIII, à son entrée en sa bonne ville de Paris ; il brille aux fêtes données en cette occasion, tandis que Jeanne prie, solitaire, en son château.

Pendant que Louis complotait, était dénoncé, s'enfuyait, quelle vie avait la pauvre Jeanne dans sa retraite de Linières ! Comme les blanches falaises de Normandie battues par les vagues, elle s'usait sous ces assauts répétés, mais l'amour conjugal et surtout l'amour de Dieu restaient en son cœur, indestructibles comme le granit.

Charles VIII pardonna, Louis rentra en grâce.

III

Il sembla que cette aventure eût ouvert les yeux à ce prince versatile ; il se montra fidèle sujet, et vint plusieurs fois dans l'été séjourner à Montrichard près de sa femme. La pauvre Jeanne n'en demandait pas plus ; cet été de 1485 fut peut-être le plus heureux de cette existence si décolorée en apparence. Mais le duc d'Orléans endormait son entourage.

François de Bretagne était malade ; sa succession, cette succession grosse de conséquences, pouvait s'ouvrir d'un

jour à l'autre. Louis sentit se réveiller sa convoitise pour
l'héritière. Quant à Jeanne, elle était sacrifiée d'avance. Et
ce fut la Guerre folle, la lutte des deux derniers grands vassaux, le duc de Bretagne et le duc d'Orléans, contre le jeune
roi et la vigoureuse régente, guerre folle aux conséquences
affolantes! A la tête de l'armée royale, La Trémoille battit
les rebelles à Saint-Aubin-du-Cormier; François put fuir,
mais Louis fut fait prisonnier.

Ah! Messire, au temps de Louis XI, vous l'eussiez payée
cher, votre révolte! Estimez-vous heureux d'être enfermé à
Lusignan; méditez, dans votre solitude, sur votre légèreté et
sur le ridicule éclatant dont vous venez de vous couvrir;
rentrez en vous-même car, n'écoutant que son grand cœur,
Jeanne la délaissée s'est mise en route pour vous retrouver.
Son escorte arrive sous les murs de Lusignan. Voici la noble
femme qui entre dans le cachot, l'illuminant de sa sainteté,
de l'éclat de ses yeux verts. Pourquoi Louis se détourne-
t-il? Est-ce le sentiment de son indignité? Hélas! n'est-ce
pas plutôt la rage du coupable projet avorté qui lui fait
éviter ce regard affectueux?

Pendant deux ans, le révolté fut retenu à Lusignan ou à
la Grosse Tour de Bourges; pendant deux ans, Jeanne fut la
« femme fidèle de l'époux infidèle », ne quittant sa réclusion
volontaire que pour supplier le roi de grâcier le coupable;
et Charles l'Affable, aussi bon, aussi généreux que son père
était retors et calculateur, sentait grandir chaque jour son
affection pour sa sainte sœur. Elle finit par avoir gain de
cause : « Fasse le ciel, dit le roi, que vous ne poursuiviez
pas votre malheur! » Hélas!...

En bon frère, il eut l'œil attentif à ce couple si mal assorti.
Louis dut ménager sa femme. Elle est à ses côtés à Orléans,
vêtue véritablement comme une princesse, celle qui, naguère,
n'avait pas de quoi renouveler ses robes; il est avec elle à
Tours, à Amboise, à Paris. Bien mieux, il participe aux
négociations du mariage de Charles VIII et d'Anne de Bretagne, assiste aux fiançailles, aux noces.

L'âge d'or allait-il enfin sonner pour Jeanne? Non.

Charles VIII se lance étourdiment dans une sorte de
roman de chevalerie, la guerre d'Italie, et son beau-frère s'y
lance avec lui. Combats, sièges, aventures de toutes sortes

dans cette péninsule divisée, remuante, politique... Louis tombe malade à Asti. En danger et loin de son pays, son âme s'adoucit; il lit attentivement les lettres ardentes de Madame Jeanne, y répond presque avec tendresse; il l'appelle « M'amie » et se recommande à ses prières. Oh! pieuse Jeanne, comme vous avez dû implorer le ciel pour cet époux si peu digne de votre sainteté! Et qui sait si ce n'est pas à votre intervention qu'il dut, après une jeunesse si orageuse, de devenir un de nos meilleurs rois? Mais pour cela, bienheureuse Jeanne, vous devrez encore être sacrifiée.

L'épopée napolitaine a pris fin par la célèbre bataille de Fornoue. Le roi est de retour en France, plein de gloire vide de résultats. L'étincelle de tendresse éveillée en Louis par la maladie s'est éteinte. De nouveau, il *rechigne* à voir sa femme; il faut que Charles l'y invite expressément. « Je donnerais dix mille livres de rente pour que Madame Jeanne fût morte! » dit un jour le duc à un confident. Ce propos infâme fut rapporté à Charles indigné. Il le rapprocha davantage encore d'une sœur qui avait sur sa jeunesse bouillante, son intelligence un peu brouillonne, une sainte et apaisante influence.

Et Louis tremblait en voyant cette affection.

Nous arrivons, au milieu de ces transes, au printemps de 1498. Charles VIII avait vu mourir coup sur coup ce petit dauphin Charles, si vif et si futé, dont tous raffolaient, et ses deux autres fils; mais, à peine âgé de vingt-huit ans, il pouvait encore espérer en l'avenir. Tout en préparant une nouvelle campagne d'Italie, il faisait faire de grands travaux à Amboise. Que se passa-t-il? D'après les uns, le roi, passant précipitamment sous une voûte, se heurta si violemment la tête qu'il mourut quelques heures plus tard; suivant d'autres, tandis qu'il montrait des travaux à la reine, une pierre se détacha et le blessa mortellement. Enfin, une troisième version dit que le bon roi tomba subitement en faiblesse à 2 heures et mourut à 11 heures du soir sur une paillasse où on l'avait couché sans pouvoir le remonter en sa chambre.

Jeanne se redressa soudain à cette requête.

IV

Ce fut auprès de Jeanne que Louis apprit la catastrophe qui le faisait roi de France, lui, le vassal rebelle d'hier.

Jeanne pleura son frère bien-aimé. Le nouveau roi son époux ne lui demanda point de l'accompagner à Amboise ; elle ne vit pas le peuple inquiet et désolé suivre le cercueil de Charles VIII ; elle n'entendit pas Louis XII proclamer noblement que le roi ne vengerait pas les injures du duc d'Orléans ; elle ne sut que par ouï dire qu'il s'était fait sacrer à Reims. Aujourd'hui, comme hier, elle ne comptait pas. La France, qui avait sincèrement pleuré Charles VIII, acclamait Louis XII qui fut le Père du peuple, et ignorait Jeanne de Valois, qui souffrait silencieusement au bord du Cher.

Elle allait souffrir bien davantage ! Une impérieuse nécessité politique dominait la France : le rattachement définitif de la Bretagne. Anne, veuve sans enfants, pouvait porter sa main et son duché à quelque rival. Une clause du contrat disait bien qu'elle ne pouvait se remarier qu'avec le successeur de Charles VIII ; mais ce successeur était lui-même marié. Louis XII se trouvait donc enfermé dans ce dilemme : ou voir la Bretagne se détacher de la France, ou divorcer pour épouser Anne. Ce divorce, il l'avait toujours ardemment souhaité. Au moment de le réaliser, il semble qu'il ait hésité. Un ultime scrupule lui montrait l'admirable conduite de Jeanne après la funeste bataille de Saint-Aubin. Cependant, la raison d'État, la question de la Bretagne, l'espoir qu'un mariage avec Anne lui donnerait l'héritier qui lui manquait, la rancune de sa première union acceptée sous la menace et qu'il considérait comme nulle, l'emportèrent.

Jeanne vit arriver La Trémoille, son camarade d'enfance au château de Linières, le vainqueur de Louis à Saint-Aubin, et maintenant son fidèle courtisan. Fort ému, fort embarrassé, le comte exposa à sa souveraine les raisons par lesquelles, bien à contre-cœur, le roi son maître demandait à

Madame Jeanne de consentir à ce que l'union contractée vingt-deux ans auparavant, fût déclarée nulle, comme n'ayant pas été librement consentie.

Jeanne, toujours humble et dédaignée, se redressa soudain à cette requête. Jamais elle n'avait douté de la validité de son mariage! C'était de tout cœur qu'elle avait dit oui. Elle n'avait rencontré que des croix dans son union avec Louis, mais cette union, elle la considérait comme indissoluble. Elle refusa son consentement.

Alors, le roi s'adressa à l'Église et un douloureux procès s'engagea. Lui faisait valoir sa parenté avec Jeanne, renforcée de ce fait que Louis XI fut parrain de Louis XII, ce consentement arraché par la terreur... Jeanne, elle, déclarait avoir consenti de tout cœur à ce mariage et s'en référait à la parole du Christ : « Que l'homme ne sépare point ce que Dieu a uni. » Il appartenait au pape Alexandre VI de juger en dernier ressort. Jeanne, fille loyale de l'Église, s'en remit à sa décision. Le 15 décembre 1498, les juges ecclésiastiques prononcèrent la nullité du mariage de Louis d'Orléans et de Jeanne de France. Le lendemain, un évêque, accompagné de Georges Nicolas, confesseur de la reine, vint à Montrichard. En les voyant ensemble, Jeanne ne se fit point d'illusion. Elle avait atteint le sommet du calvaire.

Le 17 décembre, le divorce fut solennellement prononcé à Amboise. Une foule immense remplissait l'église. Une atmosphère lourde, chargée d'orage et de tristesse, pesait sur la ville royale. Pendant la douloureuse cérémonie, le ciel s'assombrit encore, des éclairs le traversèrent et le tonnerre gronda. Le peuple, frappé de ce prodige, se tournait vers la malheureuse reine qui défaillait, mais se domina énergiquement. « Je me soumets, dit-elle; Dieu permet cet événement pour me détacher davantage du monde et pour le mieux servir. »

Le jour même, Louis XII pourvut libéralement aux besoins de celle qui redevenait « sa chère cousine ». Par lettres patentes, il lui donna le duché de Berry, plusieurs autres terres, et une pension de trente mille livres.

Ici commence la seconde partie de la vie de Jeanne, la plus heureuse, la plus remplie, la plus féconde. Mais nous allons d'abord voir, pour la dernière fois, je crois, intervenir l'investiture féodale. Jeanne de Valois doit prêter serment de fidélité à son suzerain pour l'*alleu* qu'il lui octroie. Délivrée du lien d'obéissance conjugale, Jeanne ne l'est pas de celui d'obéissance féodale. Louis n'eut pas le courage de revoir sa cousine à cette occasion : il se fit représenter par le maréchal de Gié. La duchesse de Berry partit aussitôt pour sa capitale, Bourges.

V

Bourges, centre de la France, était fameuse au xve siècle; elle avait, dès le temps des Gaulois, été une ville importante; mais ce sont les Valois qui l'ont faite ce qu'elle est. Jean, frère de Charles V, avait édifié le château. De la même époque est la cathédrale, l'une des plus belles de France. De la puissance de Charles VII date le palais de Jacques Cœur et l'hôtel Cujas. Bourges était en pleine prospérité quand Jeanne de Valois y fit une entrée triomphale.

La princesse recluse et dédaignée va se révéler administratrice et fondatrice, vraiment fille de roi. Elle s'entoura d'une cour, organisa chez elle un train royal; ses nombreux serviteurs étaient soigneusement triés; sa table était recherchée, sa toilette, magnifique. Les riches atours cachaient cependant un cilice. Jeanne observait des jeûnes et des abstinences sévères; enfin, remettant le détail de l'administration et de la justice à Pierre d'Aumont, elle s'attacha spécialement aux œuvres charitables.

Comme pour lui donner immédiatement l'occasion d'exercer sa bonté, la peste éclata à Bourges. Aussitôt on vit la « Bonne Duchesse » (comme on l'appelait déjà) au chevet des pestiférés. Délicate, souffrant elle-même d'une maladie de cœur, elle se prodigue; elle participe aux prières publiques pour la fin du fléau; elle va, soit à l'hôpital, soit dans les maisons particulières, porter ses soins, ses secours, son inépuisable charité, secondée par un ancien médecin de Louis XI. L'épidémie disparue, elle continue ses visites aux pauvres. En même temps, elle réforme des couvents, fonde le collège de Bourges.

Tout en servant les pauvres, en leur lavant les pieds le

Jeudi saint, Jeanne entendait encore la voix qui lui disait jadis : « Avant de mourir, tu fonderas une *religion*. » Elle s'en ouvrit une première fois au Père Gilbert, qui ne comprit pas ou feignit de ne pas comprendre et partit en pèlerinage. Quand il revint, Jeanne, malade, le manda immédiatement. Alors, nettement, sévèrement, comme jadis sainte Colette au Père Henry, elle lui parla : « Vous êtes cause de ma maladie, peut-être le serez-vous de ma mort. Dans mon enfance, la bienheureuse Vierge Marie m'a dit : « Tu fonderas une *religion*. » Je suis libre, maintenant, et vous m'empêchez de la fonder. »

Le moine, à ces mots, vit bien que la grande âme de la duchesse était véritablement inspirée; il s'inclina et promit de servir son dessein. Il s'occupa d'abord de trouver quelques jeunes filles prêtes à se soumettre, pour l'amour de Dieu, à la règle que leur imposerait Madame Jeanne. Le 21 mai 1500, elle en avait onze près d'elle, à Bourges.

Un ordre religieux ne s'improvise pas, et il est fort probable que pendant ses longues années de solitude, Jeanne avait rêvé à son projet : la rapidité de sa conception des Annonciades ne s'explique pas autrement. La Vierge lui avait dit : « Fais écrire tout ce qui est dans l'Évangile et que j'ai fait en ce monde, et en fais une règle que tu feras approuver par le Saint-Siège. »

L'ouvrage terminé donna ce que Jeanne appela « les Dix plaisirs de Marie » (ou vertus). Un franciscain, grand théologien, le porta à Rome. Mais les cardinaux, s'en rapportant à un concile du XIIIe siècle, refusèrent d'examiner une règle nouvelle. Le frère, dans son pénible voyage de retour, perdit le manuscrit.

Le Père Gilbert se remit patiemment à l'œuvre. Il avait peu de temps devant lui : les jours de Jeanne étaient comptés, et avant qu'elle ne mourût, il fallait que son œuvre vécût !

Cette fois, le Père Gilbert ne confie sa cause à personne. Lui-même passe les Alpes, discute pied à pied avec les cardinaux, et revient victorieux en 1502. Le voilà dans la montagne, sur un étroit chemin en corniche dominant un abîme; son cheval, effrayé, tremblant, glisse et roule avec son cavalier dans le précipice. Gilbert croit sa dernière minute arrivée, il serre instinctivement la règle qu'il tenait à la main et se relève sain et sauf : la règle l'avait protégé.

Et maintenant, à l'œuvre, le temps presse! Jeanne a acheté une maison, où elle installe ses onze jeunes filles, tandis qu'on commence d'édifier un couvent. Puis elle se met, avec le Père Gilbert, à faire l'instruction de ses novices; elle les pénètre, les imprègne doucement de l'esprit de Marie, fait res sortir son rôle dans l'Évangile. Lorsqu'elle les voit prêtes, elle leur explique sa règle, puis la leur impose.

Quels sont ces dix plaisirs ou vertus? Pureté, Prudence, Humilité, Vérité, Piété, Obéissance, Pauvreté, Patience, Charité, Compassion.

Est-ce une attention de la Mère des douleurs pour une femme si éprouvée? Ces dix vertus, Jeanne les possédait : cette âme *pure* comme un cristal, aimant la *vérité* jusqu'à s'y sacrifier, fut *compatissante*, et exerça la *charité*, même envers un époux indigne; son *humilité* la fit *obéissante*, lui donna la *patience* de porter sa lourde croix. Vous avez vu avec quelle *piété* elle endura la *pauvreté* matérielle et acquit cette pauvreté spirituelle qui donne le ciel. Enfin, sa magnificence comme duchesse de Berry était *prudence;* car, comme dira cent ans plus tard saint François de Sales, il faut se conformer à son rang.

Les nouvelles religieuses reçurent le chapelet dont les dizaines d'*Ave* rappelaient les dix vertus mariales. Alexandre VI, puis Léon XI, l'enrichirent d'indulgences.

Les bâtiments du cloître grandissaient, tandis que les Annonciades se serraient encore en la petite maison de la duchesse Jeanne. Celle-ci, dans son pieux bonheur, manifestait une impatience qu'on ne lui avait jamais vue. Elle rêvait de s'unir en serment à ses filles; elle reconnut toutefois que ses devoirs la retenaient dans le monde.

A la Pentecôte de 1504, elle recevait en son palais de Bourges une noble compagnie : l'évêque d'Albi, Louis d'Amboise, et cette baronne de Linières qui avait eu soin de sa chétive enfance et abrité souvent sa douloureuse jeunesse. Le Père Gilbert célébra la messe dans la chapelle de la duchesse et prononça un sermon. A l'issue de l'office, Jeanne se retira avec lui dans une pièce voisine. Alors, à genoux devant le moine, elle prononça les trois vœux de chasteté, de pauvreté, d'obéissance. Elle retira de son doigt l'anneau que Louis d'Orléans y avait passé vingt-huit ans auparavant et que le divorce même n'en avait pas arraché.

Le Père Gilbert était fort ému. « Si vous gardez, dit-il, ce que vous avez voué, je vous promets la vie éternelle. Au lieu de l'époux mortel qui vous a délaissée, vous aurez un Époux immortel qui ne vous abandonnera jamais. »

Quand la duchesse de Berry reparut parmi les siens, elle portait sous sa longue robe d'apparat le vêtement des pro-fesses, et sa main gauche s'ornait de l'humble anneau d'argent des Annonciades. Pendant les quelques mois que son cœur brisé lui permettrait de vivre encore, Madame Jeanne serait vraiment, comme Marie, la servante du Seigneur.

En novembre 1504, l'archevêque de Bourges inaugura la clôture et la chapelle du premier couvent de l'ordre des Annonciades. L'œuvre de Jeanne de Valois était achevée. Elle n'en devait jouir que quelques semaines pendant lesquelles elle allait journellement voir ses filles, les instruire, s'entretenir avec elles.

Le 6 janvier 1505, la pauvre femme souffrit cruellement de palpitations de cœur pendant la messe et le sermon. Quelques jours après, profitant d'une légère amélioration, elle fit son testament, puis se fit porter aux Annonciades; elle ne se faisait pas d'illusion sur son état. « Mes filles, dit-elle aux religieuses, c'est aujourd'hui la fête de saint Vincent; recommandez-moi à lui : il guérit du mal de cœur. »

En se retirant, elle murmurait : « Je me sens bien mal. » Puis, quand sa litière eut passé le seuil : « Je ne passerai plus par là. »

Le 4 février 1505, le pauvre cœur usé cessa de battre.

Louis XII, immédiatement prévenu, ordonna que les obsèques de sa « chère cousine » fussent célébrées avec une pompe royale; toute la ville s'associa au deuil. Le corps de la fondatrice fut descendu dans un caveau sous le chœur des Annonciades. Le duché de Berry revenait directement à la couronne. Louis XII vint solennellement en prendre possession au mois de mars avec Anne de Bretagne.

On raconte qu'un soir, Louis XII, sous un vêtement sombre qui abritait son incognito, descendit au caveau où reposait la victime de sa jeunesse. Il y fut seul. Personne n'a jamais su ce qu'il dit sur cette tombe, ce qui lui fut répondu. Mais celui qui avait délaissé son épouse, pris les armes contre son roi, fut un monarque sage, mesuré, soucieux du peuple qui l'appela son père. Et lorsqu'il eut marié sa fille, Claude de Bretagne, à son héritier François d'Angoulême, et rattaché ainsi définitivement la Bretagne à la France, son grand souci, en mourant, était que « ce gros garçon ne lui gâtât son ouvrage ».

... En 1562, la Réforme met la France à feu et à sang. Les huguenots, maîtres de Bourges, saccagent églises et couvents. Aux Annonciades, ils violent le tombeau de la duchesse, espérant y trouver des trésors. Le cercueil ouvert laisse voir une religieuse aux yeux fermés, intacte, bien qu'elle soit là depuis cinquante-sept ans. Les impies se penchent... Un soupir n'a-t-il pas échappé à la morte?... Épouvantés, ils s'enfuient... D'autres arrivent par derrière qui n'ont point peur et que tente le plomb du cercueil; la morte les gêne. Un bûcher est allumé. Jetez-y ce cadavre! Les habitants de Bourges, atterrés, assistent au sacrilège. Un soudard se jette sur le corps à demi consumé et lui plonge un glaive dans le cœur. O miracle! de cette poitrine inanimée depuis cinquante-sept ans, coule un ruisseau de sang clair! Les catholiques, stupéfaits, tombent à genoux.

L'œuvre de Jeanne de Valois, modeste comme elle, fut presque engloutie par la Révolution; seuls, quelques couvents survivent dont deux en France. Mais ce qui n'a pas disparu, c'est le souvenir de la « bonne duchesse », bienfaitrice de Bourges.

DEUXIÈME RÉCIT

SAINT FRANCOIS DE SALES

(1567-1622)

> « Ce ne sont pas ceux qui se portent
> bien qui ont besoin de médecin, mais
> les malades. Je veux la miséricorde et
> non le sacrifice. »

I

Un jour, comme j'allais de Bourgogne en Jura, et devais
m'arrêter à Dôle, une dame complaisante me recommanda
d'en visiter l'église, ajoutant d'un air pénétré : « Regardez
bien la chaire : saint François de Sales y a prêché. »

Je réprimai un sourire et retins les paroles qui me venaient
aux lèvres : « Chez nous, c'est partout qu'il a prêché. » Je
revoyais dans un éclair les vieilles rues d'Annecy, le port de
Thonon, les ruines des Allinges, et cette cathédrale Saint-
Pierre de Genève, *sa* cathédrale, où jamais il n'entra.

Une vie si remplie, qu'on s'étonne que François soit mort
à cinquante-cinq ans, vie de labeur formidable, vie de missionnaire, d'évêque, d'écrivain, d'homme du monde, parfois
d'homme de cour, en même temps que de gentilhomme cam-
pagnard, voilà ce que je vais essayer de vous montrer.

La famille de Sales était d'une noblesse déjà ancienne au
XIe siècle. Au milieu du XVIe, son chef, François, portait
dans le monde le nom de sa femme et s'appelait M. de
Boisy. Riche de gloire militaire, il vécut, une fois retiré de
l'armée, tantôt dans son château de Sales, à Thorens, tantôt
à la Thuille, au bout du lac d'Annecy. Notre saint fut l'aîné

d'une nombreuse lignée, saine, forte, attachée à sa terre, à son souverain, à la foi catholique menacée de tous côtés par le protestantisme.

En 1567, Jacques de Nemours, seigneur d'Annecy, épousa Anne d'Este, veuve de François de Guise, laquelle désira tout d'abord vénérer le saint Suaire. Cette insigne relique, donnée au duc Amédée VIII par la veuve du dernier roi de Chypre, était conservée à Chambéry, dans la Sainte-Chapelle construite dans ce but. Mais, pendant les réparations nécessitées par l'incendie qui faillit anéantir le saint Suaire, on le transporta dans l'église Notre-Dame, à Annecy, où il fut solennellement exposé à la vénération des fidèles. Au nombre des pieux pèlerins attirés par cette exaltation furent M. et Mme de Boisy.

Elle, qui devait prochainement être mère, ne pensait qu'à se prosterner devant le linceul du Christ; elle vénéra les traces sanglantes de la toile sacrée, et fit secrètement don au Seigneur de ce premier-né qu'elle attendait. Ce vœu, longtemps caché, marqua d'un sceau saint François de Sales dès son plus jeune âge.

L'héritier fut élevé avec amour, mais sans tendresse exagérée. Il était pur et pieux, mais le sang de vingt générations guerrières bouillonnait en ses veines. Celui dont on célèbre à l'envi la douceur, à tel point qu'on a fait du grand Savoyard une réputation un peu mièvre, celui-là fut un violent. Sa douceur était un merveilleux empire sur lui-même, un acte perpétuel de cette volonté agissante qui caractérisa l'adversaire de la Réforme. Les méthodes d'éducation étaient rudes alors : François, avouant franchement qu'il a volé une aiguillette de soie à un ouvrier agricole, est fouetté énergiquement devant tous les serviteurs, et lorsqu'il se brûle atrocement la main avec un petit pâté qu'il s'est fait donner par le cuisinier, tout en le soignant, sa mère ne le plaint pas, car il a désobéi en entrant à la cuisine.

A sept ans, François était franc, très vif et d'une piété aussi ardente qu'intolérante; lorsque ses parents étaient obligés de recevoir un calviniste, on enfermait François dans sa chambre, crainte de ses incartades. Instruit tout petit par sa mère dans la religion, l'enfant eût voulu convertir tout le monde... et s'y prenait fort mal. A sept ans, il quitte la mai-

son pour le collège : d'abord à la Roche-sur-Foron, puis à
Annecy. Si François fut un excellent écolier, ardent au grec
et au latin, le premier de tous par la piété, il ne négligea
pas pour cela les exercices nobles : le cheval, les armes, ne
devaient pas avoir de secrets pour lui. Ce qui n'en avait pas
non plus, c'était la nature, qu'il aima passionnément, et qui
lui fournit toute sa vie des points de comparaison. Les montagnes vertes de Savoie, ses vignes, les neiges éternelles, les
chamois sur les névés, ou le lac d'Annecy, si bleu, si riant,
pénétraient son âme comme ses yeux. Il aimait, en promenade, grouper ses compagnons devant quelque beau point de
vue, qui, disait-il, excitait à se rapprocher de Dieu et à
l'adorer.

« Mais c'est du Jean-Jacques! vous écrierez-vous.

— Soit, mais du Jean-Jacques catholique, et non de ce
déisme vague et débilitant qui est sa marque. »

François, ses humanités finies, fut envoyé à Paris se per-
fectionner dans les études supérieures. Les temps ont marché depuis que Bernard de Menthon, Odon ou Bruno y
poursuivaient la science! L'Université de Paris est alors la
première du monde; de nombreux collèges : Beauvais, Har-
court, Clermont, Navarre, etc., regorgent de jeunesse. François fut inscrit chez les Jésuites. Cet ordre qui n'avait pas
cinquante ans, déjà répandu dans toute l'Europe, était une
force par ses méthodes d'éducation et ses nombreuses maisons. François, étudiant riche et noble, part avec son précepteur et son valet, le fidèle Georges Rolland, qui sera le
compagnon et le témoin de toute sa vie. Ils doivent se loger
en ville. Ici, je pense malgré moi à Bernard de Menthon
parti d'Annecy, lui aussi, accompagné de maître Germain et
de quelques serviteurs, qui vint habiter près de Notre-Dame
et quitta Paris prêtre dans l'âme. Or, c'est à Paris que s'af-
firma la vocation naissante de François de Sales.

Mais avant de l'accueillir, Dieu lui imposa les angoisses
de la tentation sous la forme la plus affreuse, le désespoir.
Oui, ce caractère ferme et réfléchi fut brusquement envahi
par le scrupule : partout il voyait le péché; partout, même
dans la pénitence, il se sentait coupable; il avait la conviction atroce et très nette que, quoi qu'il fît, il serait damné.
Son désespoir était d'autant plus affreux qu'il laissait intacts

sa piété et son amour de Dieu. Ce qui l'épouvantait dans la damnation, ce n'était pas la souffrance éternelle, mais l'idée que jamais il ne verrait Dieu, et surtout, qu'une fois mort, il haïrait son Sauveur! Cette obsession finit par altérer sérieusement sa santé. En vain, le malheureux suppliait Dieu, s'il devait le haïr dans l'autre vie, de le laisser l'aimer ardemment et le servir de toute son âme en cette vie terrestre. Dieu, inflexible en cette épreuve, détournait son visage de son enfant. Un jour enfin, revenant du collège, François entra à l'église et se jeta aux pieds de la sainte Vierge. Près de la statue, il y avait une tablette avec une prière à la vierge Marie. François la prit; c'était l'oraison attribuée à saint Bernard : « Souvenez-vous, ô très pieuse Vierge Marie... » Il la lut ardemment, priant et pleurant de tout son cœur, et fit un vœu à la Reine du ciel. Aussitôt, dit-il plus tard, il sentit un mouvement dans tout son corps, comme une croûte de lèpre qui se détacherait... Son âme était guérie à jamais. Dieu avait eu pitié de lui, comme jadis il avait eu pitié de Job et lui rendit au double ce qu'il lui avait pris un temps.

Le jeune de Sales ne fit point de confidences à son gouverneur; mais celui-ci voyait grandir chez son élève, comme jadis maître Germain, la vocation ecclésiastique; comme jadis maître Germain, il s'en effraya en songeant à la colère de M. de Boisy devant cette vocation, car le père fondait sur son aîné l'avenir de sa famille; il en voulait faire un juriste.

Après Paris, ce sera Padoue, en Italie, où notre étudiant achève son droit et est reçu docteur en droit canon et en droit civil. Après un voyage à Rome et à Venise, il rentre enfin au foyer paternel.

Il avait vingt-cinq ans; il s'était promis à Dieu, réalisant le vœu de sa mère. Son père, en vrai Savoyard, le destinait au barreau. Bon chef de famille, il le présenta aux personnes influentes du pays, et tout d'abord à Claude de Granier, évêque de Genève, résidant à Annecy.

II

Pourquoi l'évêque de Genève ne résidait-il pas à Genève ? Hélas ! c'était là une douloureuse histoire, vieille déjà de soixante ans. Lorsque le sinistre Calvin se réfugia à Genève, il y prit un tel empire que le protestantisme chassa le catholicisme de la ville, l'évêque dut s'enfuir en Savoie. Il fixa provisoirement sa résidence à Annecy, qui n'est qu'à quarante kilomètres de Genève ; ses successeurs, impuissants à reprendre leur domaine (l'évêque de Genève en était prince), restèrent donc à Annecy, mais sans cesser de s'intituler « princes-évêques de Genève ».

Claude de Granier discerna immédiatement la valeur de son jeune visiteur :

« Il deviendra un grand personnage, dit-il, une colonne de l'Église ; ce sera mon successeur en cet évêché. »

Le futur évêque se rendait alors à Chambéry, muni de lettres pour Antoine Favre, sénateur de Savoie, ami intime des de Boisy et célèbre par ses ouvrages de jurisprudence. François, reçu avocat à Chambéry, n'y resta pas. Comme il chevauchait vers Annecy, trois fois de suite sa monture s'abattit dans la forêt de Sonnaz, trois fois de suite, sous la secousse, l'épée du gentilhomme se détacha de la ceinture et tomba à terre, et trois fois, sortant du fourreau, forma avec lui une croix parfaite. La répétition de ce prodige frappa François ; il y vit le vœu du ciel rejoignant son propre vœu. Et tandis que M. de Boisy caressait déjà les plus doux projets, mariait en pensée son héritier et le voyait sénateur, lui se montrait aussi décourageant aux rêves matrimoniaux qu'aux ambitions légitimes de son père.

« Pourquoi ? Mais pourquoi ? » demandait M. de Boisy.

A la fin, François lâcha son secret :

« Je ne veux pas me partager entre Dieu et le monde ; je veux être ecclésiastique et rien autre chose. »

Au XVIe siècle, les séminaires n'existaient pas ; les futurs prêtres faisaient leurs études où ils pouvaient, et souvent très incomplètement. François en savait donc assez pour recevoir les ordres, quand la charge de prévôt du diocèse

de Genève étant venue à vaquer, Claude de Granier la lui
voulut donner. M. de Boisy poussa d'abord les hauts cris;
l'évêque tint bon. François fit valoir que la charge de prévôt le laissait à Annecy, à proximité des siens; il raconta le
prodige de la forêt de Sonnaz; M. de Boisy se laissa enfin
fléchir. Ah! monsieur, si vous vous doutiez des dangers
auxquels cette charge entraînera votre fils!...

Le 26 mai 1593, François de Sales prenait possession de
son poste. Le diocèse de Genève était moralement en triste
état; le calvinisme envahissait de plus en plus cette Savoie
aujourd'hui si catholique; je dois dire que plusieurs protestants notables vinrent écouter le premier sermon du prévôt,
qui déposa ce jour-là un germe en plus d'un âme vraiment
noble. Le jeune prédicateur prêchait partout, parlait sans se
lasser, ce qui lui attira cette semonce amusante de son père :

« Vraiment, prévôt, vous parlez trop! De mon temps, le
prédicateur parlait rarement, mais quels frais d'éloquence,
que de latin, que de citations! On sortait de là tout impres-
sionné, tandis que vous, vous prêchez à tout venant, au
menu peuple comme aux grands, et sans mettre de latin;
vous perdrez votre influence à vous disperser ainsi! »

François souriait à ces boutades, mais n'en tenait nul
compte.

Pendant qu'il se multiplie à Annecy, voyons ce qu'était,
au nord du diocèse, le Chablais. Le Chablais s'étend aux
bords du lac de Genève; Thonon en est la capitale, Evian,
la ville principale. Ce malheureux pays, alors que François Ier occupait Chambéry et luttait contre le duc de Savoie,
avait été envahi par les Bernois hérétiques, qui y avaient
imposé le calvinisme. Le Chablais, rentré sous la domina-
tion savoyarde, était resté protestant, par crainte d'une
nouvelle invasion, et persécutait les catholiques. Une clause
du traité de reddition par les Bernois stipulait qu'il n'y aurait
pas de prêtres catholiques en Chablais ni dans le pays de
Gex. Les Bernois ayant violé une autre clause de ce même
traité, le duc de Savoie se considéra comme dégagé de tout
lien. Il résolut de ramener le Chablais au catholicisme pour
dominer plus facilement Genève et Lausanne. Pour ce faire,
le duc Charles-Emmanuel s'adressa tout naturellement à
Claude de Granier qui entra dans ses vues. Mais cette mis-

sion dangereuse, qui donc la remplirait? Qui donc irait prêcher la foi catholique sur les bords du lac de Genève? Qui oserait s'attaquer à la doctrine que Calvin et ses ministres y avaient implantée?

Ne voulant *imposer* cette tâche à personne, Claude de Granier réunit son chapitre et lui exposa la situation, sans rien adoucir. Les chanoines se regardaient, fort peu désireux de tenter l'aventure; alors, le prévôt de Sales, simplement, s'offrit pour la redoutable besogne. Claude de Granier le regarda avec complaisance et accepta son sacrifice :

« Si vous ne vous étiez proposé, malgré mon âge et mes infirmités, je serais parti moi-même. Je vous remercie de me décharger de ce fardeau. »

M. de Boisy vint jeter de l'eau froide sur ce noble enthousiasme. Il tonna à l'idée que son fils allât au-devant de ces dangers et refusa son consentement... Ce fut, pendant des semaines, une lutte âpre entre le père, le fils et l'évêque. Ce dernier finit par l'emporter, et François partit après avoir passé quelques jours en famille. Mme de Boisy, vraiment mère de héros, dit vaillamment adieu à son fils, qui s'en alla un matin à pied, sans domestique, avec un petit *balluchon*, seul avec le chanione Louis de Sales, qui devait le seconder.

III

Le gouverneur du Chablais, baron d'Hermance, sincère catholique, résidait au château des Allinges. Cette forteresse, aujourd'hui ruinée, s'élève aux environs de Thonon et domine tout le pays. Nos deux missionnaires firent allègrement l'ascension de la colline pour présenter leurs lettres de créance au gouverneur qui les reçut avec empressement. Ils arrêtèrent ensemble le premier plan de campagne contre le protestantisme en Chablais. Étant donnée l'emprise de Genève sur toute la région, Hermance ne dissimula pas les immenses difficultés et même les dangers que l'œuvre présentait.

Lorsque, de la terrasse, François contempla son futur champ d'action, que vit-il? Églises renversées, presbytères détruits, croix brisées et gibets en leur place, tours ruinées...

sur trente mille habitants, il y avait cent catholiques! François ne put retenir ses larmes mais sentit son courage et sa volonté doublés. Il fallait lutter, et lutter méthodiquement.

« Revenez chaque soir coucher aux Allinges, dit Hermance; vous ne serez pas en sûreté ailleurs. Bornez-vous, au début, à prêcher à Thonon. »

Thonon comptait environ quinze catholiques, la plupart étrangers, et craignant fort les hérétiques. François s'aboucha avec eux, se présenta comme leur pasteur et les prévint qu'il les réunirait à Saint-Hippolyte, église commune aux catholiques et aux protestants.

Et voici nos apôtres du xvi⁰ siècle, le bâton de pèlerin à la main, prêchant à Thonon, prêchant dans les villages voisins, amassant sur leurs têtes les malédictions des uns, les bénédictions des autres, et remontant chaque soir au château.

Ces débuts, si modestes pourtant, mirent en émoi le parti génevois. Les pasteurs, non contents de traiter les de Sales de faux prophètes et de perturbateurs de la paix publique, les déclarèrent sorciers et magiciens; aussi les protestants fuyaient-ils ces deux réprouvés que seuls écoutaient quelques catholiques. Genève était en ébullition; François le savait et disait à son cousin :

« Tant qu'ils ne passeront pas contre nous de la parole à l'action, soyons contents. »

Quelqu'un qui n'était pas content, c'était M. de Boisy. Il savait que Genève avait fait serment d'exterminer François, et il ne voulait pas être père de martyr; sa femme, plus héroïque, soutenait secrètement son fils, lui envoyant de l'argent et des vêtements; et tandis que le père, dans sa mauvaise humeur, refusait toute aide au jeune apôtre, la mère lui adjoignait une fois encore le fidèle Georges Rolland.

L'hiver approchait, toujours rude et neigeux dans ces régions, rendu plus redoutable par l'appauvrissement et la dévastation du pays, l'animosité des uns, la timidité méfiante des autres. François n'en a cure,... et ne reviendra plus chaque soir coucher aux Allinges; la nuit le trouvera parfois bien loin de là.

C'était Thonon, citadelle de l'hérésie, qu'il assiégeait avec le plus de persévérance. Ni la neige, ni le verglas, ni les chemins impraticables n'arrêtaient le missionnaire; s'il ne pouvait plus avancer debout, il se traînait sur les mains et les genoux, se les meurtrissant aux pierres du chemin pour ramener au bon Pasteur le troupeau égaré. Il allait, il allait toujours! Les catholiques l'attendaient,... mais les protestants lui tournaient le dos.

Les campagnes aussi avaient sa visite, et pourtant, que de périls à les aborder pendant les jours brefs d'un hiver rigoureux! Les armées ne faisaient pas campagne en hiver, à cette époque; il fallait un saint pour avoir cette audace. On montre encore en Chablais l'arbre dans lequel François, poursuivi par des loups une nuit de décembre, se réfugia et resta jusqu'au matin, si glacé qu'il s'attacha par sa ceinture, craignant de tomber. Il fut trouvé à demi mort par des paysans protestants qui, pleins de pitié pour sa misère, l'emmenèrent chez eux, le réchauffèrent et le remirent sur sa route après avoir écouté sans haine ses paroles apostoliques. On montre un four banal dans lequel il entra pour se coucher avec le chanoine Louis, toutes les maisons du village s'étant fermées devant eux. Et je ne vous parle pas des tentatives d'assassinat auxquelles il échappa; toute *saison* était bonne aux Genevois pour se débarrasser de lui : on l'attaqua jusqu'aux pieds des Allinges. Georges Rolland était plus mort que vif, mais son dévouement ne se démentit pas un seul instant. Puis c'étaient les vexations de toutes sortes, le refus des habitants de donner ou plutôt de vendre à boire et à manger au prédicateur affamé. Oh! que de fois l'apôtre de paix dut méditer la parole divine : « Dites : la paix soit sur cette maison; s'il n'y a pas un enfant de paix, votre bénédiction retombera sur vous. » Qu'elles étaient rares en Chablais, en 1594-96, les maisons de paix !

Quelqu'un a dit de nos jours : « Si saint Paul revenait sur terre, il se ferait journaliste. »

Ne pourrait-on pas appliquer également cette boutade à François ?

Dans ses moments de loisir, il rédigea, en effet, sous une forme simple et abrégée le sujet de ses principales discussions avec les protestants, les points les plus importants du dogme et des mœurs catholiques. Ces petits libelles, copiés à je ne sais combien d'exemplaires, étaient répandus à pro-

François partit pour Genève, se rendit chez le principal pasteur
et le contraignit à une controverse publique sur la place du Molard.

fusion dans les familles, affichés sur les places, dans les rues, exactement comme vous avez vu tant d'affiches de propagande politique se disputer les murs de nos villes ; comme aussi les protestants glissent sous vos portes et souvent jusque dans vos poches leurs petites brochures, à première vue si anodines, si morales, mais qui renferment la dragée empoisonnée.

Ce qui était peut-être le plus sensible à François, c'était, alors qu'il avait mission officielle du duc et de l'évêque, de se heurter à l'inertie des magistrats qui ne bougeaient ni pour l'aider ni pour le secourir. Pourquoi? Les uns par haine du catholicisme, les autres par crainte de vengeance genevoise. Malgré son zèle, le prévôt n'arrivait pas à réveiller le Chablais, mais il refusait d'abandonner la partie, de peur qu'en le voyant, l'on ne dise de lui :

« Voyez, cet homme a commencé de bâtir une tour et n'a pas su calculer ce qu'il lui fallait pour l'achever ! »

D'où donc partirait l'étincelle qui, secouant ce peuple apathique, le jetterait dans les bras de son sauveur? Dieu se sert parfois de singuliers instruments pour accomplir ses desseins : ce furent les ministres protestants qui, en attaquant François, rendirent son action éclatante et irrésistible. Le sorcier, le magicien, le suppôt de Satan allait prouver à tous sa mission divine. Les pasteurs de Thonon et des environs réclamèrent à grand fracas une conférence publique où M. de Sales exposerait ses théories, qu'eux, ministres de Calvin, se faisaient fort de réfuter et d'écraser complètement. Un noble protestant, pieux et libéral, M. d'Avilly, les y poussait beaucoup. François accepta avec joie. Vous le voyez : conférence publique et contradictoire, comme aujourd'hui ; il n'y a décidément rien de nouveau. Mais, lorsque les pasteurs voulurent auparavant fixer les termes exacts de leur doctrine, les arguments à mettre en valeur, ils ne purent jamais s'entendre : une vraie tour de Babel ! Et, lorsqu'il s'agit de désigner l'orateur chargé d'attaquer le prêtre catholique, ce fut à qui se récuserait. « Que celui qui est sans péché lui jette la première pierre ! » disait le Christ en montrant la femme pécheresse ; et cette phrase avait fait le vide autour de la malheureuse. De même, nul n'osait jeter la première pierre à François. Il restait vainqueur, et

M. d'Avilly s'attristait de cette défaite sans combat. Il vint trouver le prévôt, presque secrètement, comme le savant Nicodème était venu trouver le Christ une nuit, et il eut avec lui une longue conférence. Peu après il se convertit et devint un puissant auxiliaire de saint François.

Cette conversion, et deux ou trois autres marquantes, avaient causé une violente émotion à Genève. L'animosité grandissait, en même temps qu'on fuyait toute discussion. Alors, hardiment, accompagné de ses nouveaux convertis, François partit pour Genève, se rendit chez le principal pasteur et le contraignit à une controverse publique sur la place du Molard, en plein Genève. Duel serré, où le calviniste se dérobait soudain quand il se sentait vaincu, où jamais il ne put être vainqueur. Dans la foule fanatique et muette qui suivait le débat, se cachait une humble fille d'auberge, Jacqueline Coste, que nous retrouverons. Le pasteur, furieux, finit par rompre la conférence.

L'élan était enfin donné en Chablais ; les deux rudes années d'apostolat du saint commençaient à porter leurs fruits. Le duc de Savoie lui écrivit pour le féliciter, savoir comment les pouvoirs publics pourraient le seconder, et enfin le mander à la cour, à Turin.

François part donc à la fin de novembre, en compagnie du fidèle Rolland. Voyager en hiver dans les hautes altitudes, sans souci des tempêtes, des avalanches, des loups et dès ours, il fallait vraiment pour cela avoir perdu le sens ! Mais le « doux saint François de Sales » était une nature violente et, pour la volonté, c'était bien un Savoyard. Le voilà, en plein hiver, gravissant le Grand-Saint-Bernard. Ah ! saint Bernard de Menthon, vous avez chassé les brigands qui se terraient dans ces âpres montagnes ; vous avez renversé l'affreuse idole à laquelle ils sacrifiaient ; vous l'avez remplacée par l'asile sauveur ; mais les démons ne cessent de vouloir reprendre leur domaine ; ils attaquent les religieux qui gardent le col, ils attaquent les voyageurs qui se confient en Dieu ! Ces démons, ce sont la neige, le vent sifflant, les avalanches, le froid mortel et le vertige, l'épuisement, le découragement... Contre saint François de Sales, ce ne sera pas trop de tous leurs efforts réunis ! Aveuglé par la neige, assourdi par les hurlements du vent, secoué comme un fétu, paralysé par le froid, égaré dans la solitude, perdu dans la nuit, il n'a plus conscience de rien ; son cheval avance comme un automate, puis s'abat dans la neige qui le serre de toutes parts... C'est la mort. Bienvenue soit-elle! Une faible lueur paraît au ciel : une étoile? Non, un feu!

« L'hospice! » murmure Georges Rolland.

Les deux voyageurs, encouragés, se traînent jusqu'au seuil. Bernard de Menthon, saint du lac d'Annecy et apôtre des Alpes, vous sauvez, six cents ans après votre mort, François de Sales, saint du lac d'Annecy et apôtre des Alpes! Soyez béni!

Quelle joie sereine dans cet asile de charité : du feu, de la lumière, des boissons chaudes et un accueil empressé! La paix divine au milieu de l'infernale tempête...

« Restez, messieurs, jusqu'à ce que la tempête soit calmée. Vous n'auriez échappé à la mort que pour la retrouver sur l'autre versant. Il y a deux jours, nous avons trouvé des hommes gelés.

— Non, non, répond le saint entêté. Pour le salut des âmes, j'ai hâte d'être à Turin. »

Bernard de Menthon avait vaincu les démons de la montagne ; Dieu ne permit pas qu'ils triomphassent de François de Sales, qui descendit sans accident en Piémont, près de Charles-Emmanuel de Savoie. Ils firent ensemble bonne besogne pour achever la conversion du Chablais. Notons en passant le maintien de l'institution calviniste pour la correction publique des excès de la boisson, du luxe, des danses, des querelles, etc... Notons aussi que le hardi baron n'hésita pas à conseiller à son souverain de réduire Genève pour réduire le calvinisme.

L'âme de la Réforme à Genève était alors Théodore de Bèze, avocat français, écrivain de talent, orateur entraînant, qui fit un mal terrible au catholicisme. Agé de quatre-vingts ans, il n'était plus le lutteur de jadis, mais il était un *nom*. Clément VIII, ayant connu quelques propos à lui échappés, qui marquaient un retour de son esprit vers la foi primitive, voulut assurer à Théodore de Bèze son salut éternel. Il écrivit au prévôt de Sales de se ménager quelques entretiens avec le chef calviniste et d'user de son talent pour le convertir. Grande et terrible mission, mais douce au cœur de l'apôtre.

J'avoue ne pouvoir m'expliquer comment François de Sales, aussi connu que haï à Genève, put si librement, si ouvertement, pénétrer dans cette citadelle du protestantisme. Il s'y rendait par eau, allait chez de Bèze. Plusieurs visites consécutives furent sans objet, François trouvant nombreuse compagnie chez le vieillard, mais permirent aux deux adversaires de se connaître et de s'apprécier.

Le mardi de Pâques 1597, le prêtre s'embarque pour Genève; son voyage avait un double but; car, bien cachées sur sa poitrine, il portait cinq hosties consacrées, destinées à cinq catholiques à qui il avait donné rendez-vous. Avec ce saint bagage, il descend en une hôtellerie. Bientôt, une servante vient frapper à la porte et entre. « Monsieur le prévôt, dit cette brave fille, je suis catholique, et pourtant mon dernier maître a mis tout en œuvre pour me faire calviniste. Je me suis placée en cette auberge pour pouvoir rendre service aux voyageurs catholiques, surtout aux prêtres. J'étais place du Molard quand vous avez confondu le pasteur Lafay; depuis ce jour, je prie Dieu de me mettre sur votre route pour vous demander comment puis-je être le plus agréable à Dieu. »

En vérité, dut penser François, je n'ai pas rencontré une si grande foi dans Israël! Il confessa Jacqueline, la communia d'une des cinq hosties rompue, et lui promit de ne pas la perdre de vue.

Et maintenant, à l'assaut de Théodore de Bèze! Le vieillard était seul. Après quelques civilités, François, entrant dans le vif de son sujet, lui posa quelques questions. Bèze convint qu'on peut faire son salut dans l'Église catholique, mais qu'il était plus facile de le faire dans l'Église réformée. Il nia la nécessité des bonnes œuvres : la foi seule suffit. De Bèze était un passionné : il s'emporta dans la discussion, tandis que le jeune catholique gardait un calme déconcertant. Leur controverse dura trois heures. Dans la maison, on s'étonnait de ce long tête-à-tête. Lorsque François regagna la rue, on chuchochait déjà en ville qu'un homme dangereux s'était introduit à Genève. Sans souci du danger, M. de Sales alla administrer un mourant.

François revint deux fois encore près de Théodore de Bèze, bien que certains catholiques se fussent scandalisés de ses rapports avec un hérétique ; le prévôt souriait : « Notre-Seigneur n'est pas venu pour les justes, mais pour les pécheurs, disait-il, et c'est vers eux qu'il m'envoie. » Théodore de Bèze était ébranlé ; il reconnaissait l'Église romaine comme mère-église, mais ne se décidait pas à franchir le pas définitif... Les Genevois montèrent une garde vigilante près de leur chef, et de Sales ne put plus l'aborder. Avant de mourir, l'illustre vieillard se déclara cependant favorable à l'Église catholique. Il tenait François pour un saint et conseilla à l'un de ses ministres de se rallier à Rome. Lui, dit-on, chercha inutilement à fuir Genève ; il mourut protestant, mais convaincu qu'il était ainsi dans l'erreur. Un pasteur qui, après une controverse publique, avait proclamé la vérité du catholicisme, avait été arrêté et exécuté par les Bernois : un pareil précédent donnait à réfléchir.

IV

Saint François avait vaincu en Chablais : la foi des vieux Savoyards y était rétablie, protégée par le gouvernement. C'est alors que Claude de Granier, complètement usé, résolut de s'adjoindre son prévôt comme coadjuteur ; celui-ci résista longtemps, mais dut accepter.

Le voici près de son évêque qui lui enseigne à gouverner ce diocèse frontière qui sera bientôt sien. Diocèse frontière, et la guerre éclate avec la France ! Charles-Emmanuel, soutenu secrètement par l'Espagne, refusait de remettre, suivant leurs conventions, la Bresse à Henri IV. Oh ! ce ne fut pas long ! Lesdiguières, gouverneur du Dauphiné, occupe la basse Savoie ; Biron conquiert la Bresse, et le roi en personne arrive en Faucigny et Chablais. Genève se réjouissait, cherchant à s'allier à Henri ; le catholicisme était en danger, et l'étranger, au cœur du pays. Henri IV s'établit à Annecy, au château de Nemours. Le coadjuteur alla le trouver ; le roi le reçut avec la plus grande courtoisie, restant découvert devant lui, et l'assura que rien ne viendrait ébranler son œuvre en Chablais.

La guerre fut rapidement terminée par le traité de Lyon

(1601). Le duc de Savoie cédait au roi de France la Bresse, le Bugey, le pays de Gex, qui furent rattachés au gouvernement de Bourgogne. La Bresse et le Bugey formaient depuis onze siècles le diocèse de Belley. Gex faisait partie de celui de Genève, autrement dit, dans l'état actuel des choses, de celui d'Annecy; le traité n'y changea rien. Nous verrons donc saint François évêque d'un diocèse partie savoyard, partie genevois (et rebelle), partie français. Notons qu'à cette époque, Chambéry dépendait de l'évêché de Grenoble.

Ce fut cette année-là que le coadjuteur apprit, en montant en chaire, la mort de son père. Sans laisser paraître sa douleur, il prêcha sur la résurrection de Lazare; mais, le sermon fini, il annonça son immense deuil à son auditoire, en demandant des prières pour le défunt. Devant ce beau sang-froid, je pense à ce général de la Grande Guerre qui donnait des ordres pressants, quand on vint lui dire : « Général, votre fils est tué. » Le père se recueillit quelques secondes, puis, sans une plainte, reprit ses ordres de combat. Voilà vraiment des hommes !

Il était à prévoir que les Genevois feraient tout pour empêcher le libre exercice du catholicisme à Gex. La situation devint assez grave pour que Claude de Granier envoyât son coadjuteur à Paris plaider les intérêts de ses ouailles. Ce voyage est un des plus importants à des points de vue bien différents. M. de Sales était accompagné de son ami, Antoine Favre, le premier jurisconsulte de son temps; du fils de celui-ci, Claude, qui restera à Paris et sera célèbre sous le nom de Favre de Vaugelas. François dut s'arrêter à Dijon, chef-lieu du gouvernement de Gex : ce sera son premier contact avec cette haute société bourguignonne à laquelle appartenait Mme de Chantal. Enfin, pendant son long séjour à Paris, le futur évêque se créa de ces relations féminines qui furent une des formes de son apostolat : c'est à Paris qu'il commença ce rôle de directeur de dames du *bon ton*, qu'il remplira ensuite avec tant d'éclat dans son cher Annecy. Il prêcha le carême à la cour; Paris s'écrasait à ses sermons. Henri IV proclamait qu'un tel homme méritait mieux que la perspective d'un petit évêché de montagne.

Là-dessus éclata la conspiration de Biron, l'ami d'Henri IV, qui devait livrer au roi d'Espagne et au duc de Savoie toute une partie de la France. On rapporta à Henri IV que M. de Sales était de connivence avec les conjurés, et à François qu'il ferait bien de pourvoir à sa sûreté, car il était fort compromis. Il reçut l'avis avec sa grâce souriante, s'en fut prêcher, puis se rendit au Louvre. Le roi, l'apercevant, vint à lui : « M. de Genève, vous n'avez pas besoin de vous justifier, car je n'ai jamais eu de soupçons contre vous ; mais je ne puis empêcher qu'on me fasse des rapports, » et il lui marqua publiquement sa confiance et son estime. Cinq fois il le sollicita de se laisser pourvoir d'un siège en France, cinq fois le fidèle Savoyard refusa.

Ce fut peu après son retour à Annecy, en 1602, que la mort de Claude de Granier le mit à la tête de « ce petit évêché de montagne » dont il est la gloire et qu'il devait illustrer. Comment va-t-il comprendre son rôle ?

V

A cette époque, où un évêque avait généralement un train somptueux, François n'eut point d'hôtel ; il fut toujours en location chez l'un ou chez l'autre. La maison où fut écrite l'*Introduction à la vie dévote* est dans un fouillis de vieilles demeures, près du canal. La cathédrale n'était que la chapelle des Cordeliers où « fut réfugié le chapitre de Saint-Pierre de Genève » ; près de l'entrée, vous voyez encore un confessionnal des plus délabrés : c'est celui de saint François. C'est là qu'accouraient au tribunal de la pénitence les pauvres honteux, les malades, dont l'évêque s'était réservé la clientèle. Le temporel du diocèse était fort maigre ; M. de Sales eut donc une vie resserrée. Économe pour lui-même, il fut prodigue pour les pauvres, au grand désespoir de Georges Rolland, devenu son intendant.

Une grande innovation de saint François fut l'institution des catéchismes, qui furent solennellement inaugurés dans l'église de Saint-Dominique (aujourd'hui Saint-Maurice). Il s'imposa de faire lui-même cette instruction, ne se laissant rebuter par rien et reprenant inlassablement les mêmes explications. Sa mère l'aida bientôt dans cette œuvre et s'y donna avec ardeur. Et je souris au souvenir récent d'un jeune vicaire de Saint-Maurice, qui s'évertuait près de bons petits gamins, tout comme faisait jadis le grand évêque, disant et redisant les mêmes paroles à des enfants qui, comme ceux d'aujourd'hui, écoutaient distraitement, rêvant de retourner pêcher dans le lac. Mais ils l'aimaient, leur évêque, ceux de jadis ! Ils le récompensaient de ses peines par leur importunité même ; sur les quais, sur le port, dans les mystérieux passages qui débouchent soudain au bord des canaux, partout les enfants s'agrippaient à lui, l'appelaient, le suivaient familièrement.

On fit reproche à l'évêque de s'abaisser ainsi à des minuties, de se laisser envahir par les enfants et le menu peuple. « Laissez venir à moi les petits enfants, disait-il, car le royaume des cieux est pour ceux qui leur ressemblent. »

Il eût voulu compléter l'œuvre des catéchismes par celle des séminaires. Dites-vous bien qu'au début du xviie siècle, les prêtres français faisaient leurs études comme ils pouvaient, où ils pouvaient, et parfois d'une façon très rudimentaire. Annecy avait des collèges pour la jeunesse, mais point d'enseignement supérieur. Malgré sa persévérance, saint François échoua sur ce point. Il appartenait à saint Vincent de Paul et à l'abbé Olier de fonder cette œuvre. François connut les créateurs, mais non les créations, lui qui disait : « L'ignorance des prêtres est un péché. Si Genève a fait des ravages terribles parmi nous, c'est que nous étions oisifs, ne pensant pas à nous rendre plus savants ; elle a profité de notre négligence pour faire croire que jusqu'alors on n'avait pas compris le véritable sens de la sainte Écriture. »

<h1 style="text-align:center">VI</h1>

L'évêque de Genève acceptait toujours de prêcher où que ce fût ; on le savait. Dès 1603, les échevins de Dijon le demandèrent pour le carême. François vint avec d'autant plus d'empressement qu'une partie de son diocèse (Gex), dépendait du gouvernement de Bourgogne. Cette station de carême à Dijon devait avoir des conséquences incalculables.

Le succès en fut considérable. Les calvinistes eux-mêmes venaient écouter ce prédicateur qui parlait si simplement. Plus d'un protestant, venu par curiosité, revint par conviction et rentra dans le giron de l'Église. Plus d'un catholique, à ces accents nouveaux, naquit à une vie meilleure. François était heureux et bénissait le peuple de Dijon.

Parmi ceux à qui l'évêque de Genève avait affaire, retenons M. Frémyot, président au parlement de Bourgogne, qui s'honorait de le fréquenter. Il le pria à sa table pour lui présenter son fils, qui se préparait aux ordres, ayant été nommé à l'archevêché de Bourges, et sa fille, veuve du baron de Chantal. De cette soirée, que rien de spécial ne vint marquer, date une ère nouvelle dans la vie de saint François de Sales. Nous allons, si vous voulez bien, le laisser un moment chez M. le président et revenir à quelques années en deçà.

Jeanne-Françoise Frémyot naquit à Dijon, en 1572. Elle se maria avec le baron de Chantal, l'aîné de la famille de Rabutin. Les deux époux étaient parfaitement assortis comme noblesse de caractère, piété, bonté envers les pauvres. Lui était d'un dévouement absolu au roi; elle joignait à tant de qualités une humeur très gaie et très enjouée, cachant un fond austère. M. de Chantal amena sa jeune femme au château de Bourbilly, près de Semur, où elle trouva tout fort en désordre et fort abandonné; elle se mit gaiement à l'œuvre. Ce n'était pas une sinécure d'être « une dame de château ». Mme de Simiane, sa descendante, nous a laissé un tableau détaillé de ses multiples occupations, de ses responsabilités constantes. Mme de Chantal fut une maîtresse de maison active et d'un esprit tout chrétien, disant que c'était à la noblesse de donner aux paysans l'exemple de l'assiduité à l'église. D'une inépuisable charité, elle économisait sur sa toilette pour nourrir les pauvres. Cette jeune femme était sévère en sa tenue et ne se permettait pas la plus légère distraction en l'absence de son mari.

En huit ans, elle eut cinq enfants. Ils étaient tout jeunes encore quand leur père tomba gravement malade. Pendant six mois, la baronne ne quitta pas le chevet de son mari. Un jour qu'il se sentait fort mal, M. de Chantal, touché de l'amour de sa femme, proposa que celui qui survivrait à l'autre entrerait en religion. L'idée du veuvage causa une telle horreur à Jeanne, qu'elle ne voulut même pas l'envisager. Mais une nuit, elle se vit en rêve revêtue d'un crêpe de veuve, et le baron s'était réveillé avec la vision de ses vêtements teints en pourpre. Aucun d'eux n'attacha d'importance à ces rêves, d'autant plus que M. de Chantal était en convalescence. Un jour, un ami vient lui proposer, pour le distraire, de chasser avec lui dans les environs. Le baron accepte, et les voici, l'arquebuse à l'épaule, partis avec quelques serviteurs. Que se passa-t-il?... Un coup de feu retentit. M. de Chantal, atteint au bas-ventre, s'affaisse dans une mare de sang. Il envoie tout ensemble chercher un prêtre et prévenir sa femme. Celle-ci accourt, clamant son désespoir devant ce blessé, et pour la première fois, exhale le cri qu'elle jettera tant de fois vers le ciel : « Pas cela, Seigneur, pas cela! tout ce que vous voudrez, sauf cela! » Son mari lui-même la prépara à la suprême séparation.

Mᵐᵉ de Chantal était veuve, toute jeune, avec cinq enfants à élever! Certes, famille et fortune ne lui manquaient pas, mais qu'était-ce à côté d'un époux! Son désespoir refusait toute consolation; elle essaya de se rattacher à la vie par la piété, soignant les pauvres et les malades, s'occupant de ses enfants qui, tout jeunes qu'ils fussent, s'inquiétaient de la violence de son chagrin. « Seigneur, montrez-moi votre volonté, » répétait constamment la pauvre femme. Le ciel lui semblait fermé; et pourtant... Un jour, elle vit venir à elle, dans la campagne, un prêtre en bonnet carré, à la longue barbe, au regard pénétrant, dont l'aspect la saisit; elle pressa le pas; la vision disparut. Une autre fois, elle aperçut comme une longue théorie de vierges et de veuves, et entendit une voix qui disait : « Vous êtes mon vrai serviteur, et vous aurez cette génération; mais je veux qu'elle soit sainte. » Qu'est-ce que cela voulait dire?

Son beau-père avait exigé qu'elle vînt avec ses enfants habiter chez lui, au château de Monthelon, en Autunois. Elle obéit dans l'intérêt de la fortune de ses enfants; mais, pendant sept ans, souffrit un vrai martyre moral dans cette maison où une servante acariâtre était la vraie maîtresse, et où elle, la fille de la maison, la mère de l'héritier, n'avait aucun droit.

Son directeur ne la comprenait pas; il l'usait par les austérités et les pratiques multiples d'une vertu outrée, lorsque M. Frémyot invita sa fille à venir suivre le carême de M. de Genève. Elle accourut, et quel ne fut pas son trouble en reconnaissant dans le prédicateur la vision apparue sur la route. « Voici votre guide, » avait dit une voix secrète. Lui, de son côté, la remarqua immédiatement. Emporté par une extase, il l'avait vue à Thorens. Mais qui était-elle ?

Il s'en informa près d'André Frémyot, fils du président. Celui-ci sourit de cette enquête pressante. « Monseigneur, cette dame est ma sœur, veuve du baron de Chantal; elle demeure habituellement avec son beau-père et ses enfants à Monthelon. Si vous désirez l'entretenir, rien n'est plus simple que de vous convier ensemble en notre maison. » Ainsi se fit la conjonction de la vie de saint François de Sales et de sainte Chantal. Ils eurent maints entretiens pendant la fin de ce carême; ils se sentaient saintement attirés l'un vers l'autre. Quand M. de Genève reprit la route d'Annecy, Mme de Chantal pleura amèrement, et pourtant elle avait trouvé la vie et la vérité.

VII

Au retour de Dijon, François se mit en devoir de visiter son diocèse paroisse par paroisse : grosse affaire en un pays de montagne, infesté par endroits de calvinisme, de communications difficiles, de climat âpre. L'évêque alla partout : à Chamonix, où les paysans lui donnèrent « grande consolation »; à Sallanches, où il confessa pendant trois heures un jeune libertin, et répondit à ceux qui s'impatientaient de ne pouvoir passer au confessionnal : « Il vaut mieux que les quelques brebis fidèles attendent un peu le pasteur et que celui-ci rapporte sur ses épaules la brebis égarée. » A Gex, il convertit un jeune homme envoyé par les ministres de Genève pour l'épier et défaire son ouvrage. A cheval, à pied, on le vit partout, et partout, on se souvient de lui. On montre encore à Samoens, où il réconcilia des frères ennemis, un grand platane devant l'église, qui fut planté « l'année de saint François ». Savez-vous que son image protège les étables de l'incendie?

En rentrant à Annecy, il apprit que, pour se venger de la protection accordée aux catholiques par le duc de Savoie, les Genevois préparaient un coup de main contre Annecy. Que deviendrait cette ville, rempart du catholicisme, si les hérétiques s'en emparaient? Que feraient-ils à l'évêque qui, toute sa vie, avait lutté contre Genève? En vrai pasteur, M. de Sales rassura son troupeau. A ceux qui voulaient l'éloigner, il répondit : « Si jadis l'évêque de Genève avait tenu bon au péril de sa vie contre l'émeute et l'hérésie, Genève serait encore catholique. Si Dieu m'en fait la grâce, je périrai à mon poste plutôt que de fuir. » Les Genevois, après une première tentative contre Annecy, se retirèrent devant la nouvelle que Charles-Emmanuel accorderait peut-être aux protestants une sorte d'édit de Nantes.

François put donc reprendre ses travaux. Nous allons assister à la fondation de l'Académie Florimontane et à la naissance de l'*Introduction à la vie dévote*.

On sourit volontiers des académies de province qui déblaient le terrain où travailleront les grands savants, ceux qui sont célèbres. Quel était le but de celle d'Annecy? Une sorte d'œuvre post-scolaire, où la jeunesse trouverait un enseignement supérieur et des distractions délicates; le besoin d'avoir à proximité de Genève une élite intellectuelle, versée dans la philosophie et la littérature sacrée, rompue à la discussion, prête à battre en brèche les ministre protestants et à faire aller de l'avant le catholicisme savoyard. Ce fut une faculté catholique au petit pied. Le président fut Henri de Savoie, duc de Nemours, suzerain d'Annecy; les premiers assesseurs, l'évêque et Antoine Favre, le père de Vaugelas. Les cours commencèrent immédiatement et amenèrent une vie intellectuelle intense à Annecy. L'Académie Florimontane ne vécut pas longtemps; mais, de nos jours, elle devait renaître de ses cendres sous le nom de Société Florimontane. Elle groupe des savants, des avocats, des prêtres... On ne fait plus de cours, mais on donne des prix d'histoire et de poésie; on jouit d'une riche bibliothèque, et plus d'un entretien historique ou philologique a dévié en discussion plus élevée. Est-ce l'esprit de saint François qui fit de tant de Florimontans de solides catholiques?

C'est vers la même époque que Mme de Charmoisy, celle que François appelait Philothée, traversa la vie du saint évêque. Elle avait vécu à Paris, où elle avait entendu M. de Genève, puis les fonctions de son mari la fixèrent à Annecy. L'élégante dame, chez qui nous sentons poindre la précieuse, commença par fort s'ennuyer dans cette petite ville; mais, esprit sérieux et vigoureux, elle sut profiter de la présence de l'évêque, se lia avec lui, et enfin se mit sous sa direction. Elle n'eut pas à s'en repentir. Avec beaucoup de tact et de prudence, François la conduisit, sinon à la sainteté, du moins à la vie dévote, par la petite voie tout ordinaire que préconisera de nos jours sainte Thérèse de Lisieux. Qu'est-ce donc que cette voie tout ordinaire? On rabaisse souvent saint François en disant qu'il fut l'apôtre des petites vertus, semblant indiquer ainsi qu'il fut trop mièvre pour s'occuper des grandes. Sa vie entière dément ce jugement assez léger.

Saint François savait que toutes les âmes, même de bonne volonté, ne peuvent pas arriver par les voies héroïques à la vertu absolue, de même que certains ont le souffle trop court ou le pied trop timide pour gravir les plus hauts sommets des Alpes; ceux-là, s'ils aiment la montagne, se contenteront de pics moins ardus, recouverts de prairies, où ils arriveront par des sentiers en lacets. Ces sentiers sont les petites vertus qui demandent un effort moindre, mais continu, qui sont de tous les jours et de tous les instants, et qui conduisent insensiblement à l'exercice des plus hautes vertus. Mme de Charmoisy était une femme du monde; François ne lui demanda pas ce qu'il exigera de Mme de Chantal; il ne défend pas une honnête élégance, un train de vie assez somptueux; s'il met sa pénitente en garde contre les lectures frivoles alors de mode, il l'autorise à aller au bal. En résumé : remplir ses devoirs d'état les yeux fixés sur Dieu, voilà ce qu'il demande à Philothée.

Ces avis, il les donna de vive voix, puis dans de courtes lettres que Mme de Charmoisy put relire pour s'en bien pénétrer. Elles les montra au recteur du collège de Chambéry, qui demanda l'autorisation de les copier et les répan-

4

dit. Si bien que, de fil en aiguille, on pria l'évêque de publier ses *Instructions à Philothée*. Le directeur de conscience tomba des nues; il n'attachait aucune importance littéraire à ces notes qu'il croyait détruites. Devant l'insistance de ses interlocuteurs, sans conviction il céda. L'ouvrage eut un immense retentissement ; il fut le guide spirituel des femmes du monde sérieuses, le livre de chevet de Henri IV. Mais sa largeur d'esprit scandalisa certains : un religieux d'Avignon prêcha contre un ouvrage qui approuvait le plaisir de la danse, le plus dangereux de tous! Il mit le volume en pièces devant l'auditoire. Lorsque l'évêque apprit ce fait, il sourit : « Si ce religieux avait bien lu mon livre, il eût vu que, loin d'approuver les danses, je ne les autorise que si les bienséances en font une obligation, et que je mets en garde contre les passions qu'elles excitent. »

... Mais revenons un instant au *métier d'évêque* de notre saint; la visite des abbayes en faisait partie. Or, vers 1605, les splendeurs de Cluny, la vertu de Clairvaux, sont loin. Les abbayes étaient souvent le bénéfice d'un laïque; un petit nombre de moines y vivotaient sous l'autorité fort douce d'un prieur; une abbaye ressemblait plus à une maison de retraite qu'à ces merveilleuses usines de travail intellectuel du temps jadis. Je vous parlerai seulement de celle de Talloires.

Qu'il est délicieusement situé, ce prieuré bénédictin du XIe siècle, au bord du lac, dans une baie abritée où fleurissent les lauriers-roses, où mûrissent les figues. La salle abbatiale, l'escalier monumental, les portes de chêne ouvragé, témoignent de son ancienne splendeur. Le puits, la cour, le cloître, disposent à de calmes méditations. Un village riant s'étage alentour. De l'autre côté du lac, très resserré en cet endroit, le château de Duingt remet en mémoire les féodaux primitifs qui se dressèrent là contre les Sarrasins.

C'est dans ce gracieux décor que François, nouvel Odon, vint porter la cognée. Il montra aux religieux réunis comme ils étaient loin de la vraie règle et les conjura d'y revenir. Grande émotion : les uns trouvent fort agréables les mœurs actuelles, mais les autres regrettent l'antique vertu. Un prieur fut élu, à qui François fit des recommandations de modération pour commencer. Le lendemain, ce prieur

échappait par miracle à une double tentative d'assassinat de
la part des moines rebelles. L'évêque et le prieur pardon-
nèrent, mais la communauté eut le choix entre la dissolu_
tion et l'observance de la règle. Le noyau qui resta à Talloires fut fidèle et enthousiaste à tel point, que François lui-
même dut lui rappeler que vertu n'est pas violence.

VIII

Cependant, le gouverneur de Bourgogne pria M. de Genève
de le venir joindre à Gex pour conférer de la question religieuse dans le pays. Je ne vous parlerais même pas de ce
voyage s'il n'eût été signalé par l'audace inouïe de saint
François. Il fallait traverser le Rhône; les ponts étaient
rares, on passait en bac. L'évêque, avec douze compagnons,
arrive au bord du fleuve, grossi, enflé par les pluies et la
fonte des neiges, roulant dans ses tourbillons jaunâtres des
débris de toutes sortes; tenter le passage était folie. Que
faire? De l'avis général, attendre la décrue qui ne saurait
tarder.

« Les intérêts supérieurs de la religion m'appellent à Gex ;
il faut traverser disait l'évêque; quel est le pont le plus
proche?

— Il n'y en a qu'à Genève.

— Eh bien allons à Genève. »

Et François, en habits violets, tourne bride vers la forteresse calviniste. L'escorte était terrifiée : aborder Genève!..
Autant se jeter dans le Rhône. Je vous l'ai dit, M. de Sales
avait l'obstination du Savoyard. Il s'en fut à Saint-Julien, à
douze kilomètres de Genève, se recueillir avant l'assaut et y
célébrer la messe. « Je porterai à messieurs les Genevois
une messe toute dite, puisqu'ils ne la veulent pas chez eux, »
dit-il en riant à son entourage. Et, en route !

« Monseigneur, que répondre à la sentinelle qui, à la
porte demandera votre nom? Quoi que nous disions, nous
serons immédiatement arrêtés.

— Dites simplement que c'est l'évêque du diocèse. »

Voici nos voyageurs à la porte de Genève.

« Quel est ce seigneur que vous accompagnez? »

Les cœurs battent à se rompre.

« L'évêque du diocèse, » répond un jeune Favre d'une voix assurée.

— Du diocèse... Quel est ce pays? » murmure le brave soldat.

Et naïvement, il inscrit sur son registre : « Ce jourd'hui est passé l'évêque du diocèse. » La porte s'ouvre, la petite caravane pénètre dans la cité ennemie, traverse les rues de la morne Genève. Tout est silencieux, car c'est l'heure du prêche; les rares passants ont l'air de gens traqués ou affichent l'arrogance des maîtres du pavé. Le soleil peut bien rire sur le lac bleu, le Rhône impétueux se précipiter en bouillonnant vers la France : ils n'égaieront pas la sombre Genève de Calvin, que domine comme un défi la gracieuse flèche de Saint-Pierre, l'ancienne cathédrale. Les voyageurs arrivent sans encombre à la porte qui conduit à Gex; mais celle-ci est close. Nul ne sort à l'heure du prêche. Quel contretemps! Sans s'émouvoir, François attend à l'hôtellerie l'ouverture de la porte; nul ne fait attention à son vêtement violet. Quand la porte s'ouvre, il passe, s'éloigne sans se presser. C'était vraiment à croire que les calvinistes, comme jadis les gardiens de saint Pierre avaient été frappés de cécité.

Quand le gouverneur de Bourgogne sut ce qui s'était passé, il en frissonna; l'évêque ne fit que rire de cet émoi rétrospectif. Mais c'étaient les Genevois qui ne riaient pas d'avoir été joués si élégamment. Vexés, furieux, ils juraient que, si jamais leur ennemi se hasardait à Genève, ils le décapiteraient sur la place du Molard. Quand saint François connut le propos, il s'écria : « Si ma mort pouvait ramener ce peuple à la vraie foi, je verserais volontiers tout mon sang! » Mais le gouverneur disait : « S'ils faisaient cela, ils seraient perdus! »

Le temps n'était pas loin où les Genevois avaient failli succomber à une attaque brusquée du duc de Savoie; la célèbre journée de l'Escalade, en plein mois de décembre, n'avait dû qu'à l'initiative d'une femme du peuple d'être un triomphe pour la Réforme, et on se tenait sur ses gardes.

C'est de cette époque à peu près que date la paternelle amitié de saint François pour son voisin : Mgr Camus, évêque de Belley, qui tout jeune et tout bouillant, apprit de l'évêque de Genève la modération, l'empire sur soi et l'attachement à des devoirs ennuyeux. Mgr Camus, qui n'aimait pas confesser, eût bien voulu s'en dispenser; François l'en reprit spirituellement : « Mon ami, si vous voulez que Dieu vous confesse devant les hommes, résignez-vous à confesser les hommes devant Dieu. » On peut dire que M. de Sales *forma* l'évêque de Belley, et celui-ci eut le bon esprit de se laisser former.

Le 14 mai 1610, la France entière pleurait. Henri IV venait de tomber sous le couteau de Ravaillac ; ce grand roi mort, son successeur, le petit Louis XIII, allait voir les grands, toujours mal soumis, se liguer contre sa jeunesse ; les protestants redressaient la tête ; le désordre allait se mettre dans les finances. Hélas! Sully était renvoyé et Richelieu n'était pas encore là! Saint François, lui, pleurait en Henri IV un ami personnel.

IX

Nous semblons avoir complètement perdu de vue Mme de Chantal. Pourtant, l'évêque de Genève n'avait pas cessé d'entretenir avec elle une correspondance active. Il songeait depuis de longues années, non à fonder un ordre nouveau, mais une communauté de femmes qui manquait à l'Église. Bénédictines, Cisterciennes, étaient toujours là ; les Carmélites allaient paraître en France ; les Ursulines commençaient d'instruire les fillettes... Ce qu'il voulait, c'était un ordre d'austérité moyenne ; c'étaient aussi des religieuses qui voueraient leur vie à la *visitation* des pauvres et des malades.

Saint François sentait en Mme de Chantal la personne prédestinée à mettre sur pied une pareille œuvre ; mais encore y fallait-il beaucoup de prudence et de circonspection. Mère de famille, elle se devait d'abord à ses enfants ; elle était sous l'autorité de son beau-père, puis de son père, et ne pouvait rien sans leur consentement ; enfin il fallait être sûr de sa vocation. Saint François forma sa pénitente pendant des années ; il lui apprit, entre autres, à ne point incommoder les autres de ses pratiques et de ses charités. Ainsi, elle avait coutume d'aller tous les jours à une messe très matinale, et exigeait que sa femme de chambre fût debout à 5 heures pour l'aider à sa toilette; l'évêque l'en reprit, lui disant qu'elle se pouvait habiller seule et laisser cette fille dormir en paix. Il lui enseigna qu'une vie chrétienne est une prière continuelle, et que point n'est besoin de se retirer en un oratoire pour se sanctifier. Elle soignait les malades, catéchisait les enfants et les domestiques, s'occupait de son intérieur en adoucissant cette austérité qui était dans son caractère. Elle se sentait attirée vers Dieu et l'écrivait à son directeur : « Patience, disait celui-ci, je prie constamment le ciel qu'il m'éclaire à votre égard. » Sur son invitation, elle vint faire une retraite à Annecy. Alors, l'évêque lui parla de plusieurs maisons; à tout, elle répondait :

« Mon père, je vous obéirai.

— Vous êtes destinée, dit-il enfin, à fonder un ordre où seront admises les faibles et les infirmes, et qui visitera les pauvres et les malades.

— Mon père, je vous obéirai. »

Elle eût tout quitté sur-le-champ si François l'eût voulu.

Le mariage de Bernard de Thorens, dernier fils de Mme de Boisy, avec l'aînée des demoiselles de Chantal, prépara les voies en rapprochant les deux familles et en ramenant Jeanne-Françoise en Savoie, en 1609. Là, elle prépara son œuvre. Le plus terrible était d'obtenir l'autorisation des vieux parents. Le président Frémyot ne céda que devant l'intervention de l'évêque de Genève et de l'archevêque de Bourges; mais il eût voulu la Visitation en Bourgogne. Mme de Chantal promit de revenir à Dijon toutes les fois que les affaires de ses enfants l'exigeraient; ce qu'elle fit à deux reprises.

La congrégation naissante ne comprit d'abord que cinq religieuses, dont Mme de Chantal et Mlle Favre, fille du président, et une tourière. M. de Genève avait bonne mémoire et se souvenait de Jacqueline Coste; il l'envoya chercher à Genève, et elle finit ses jours à la Visitation.

. Le vieux quartier qui dégringole de la colline du Crêt-du-Maure jusqu'au port d'Annecy, il vibre du souvenir de saint

Franç ois. C'est là, vers la porte Perrière, que demeuraient les de Charmoisy; c'est là, à flanc de coteau, que s'élève le couvent des Missionnaires de Saint-François-de-Sales. Plus haut, ce manoir, c'est le château de Trézum, construit par un frère de Sales; et si, au sommet de la colline, la nouvelle basilique de la Visitation s'enlève vigoureusement sur le ciel éclatant, c'est en bas, dans une rue dérobée, que se cache la maison de la Galerie, où naquit l'ordre de la Visitation, le 6 juin 1610.

Mais avant d'y entrer, quelles épreuves pour la baronne de Chantal! Quel départ! Elle était à Dijon, chez son père, où parents et amis étaient venus lui dire adieu. Son fils, le jeune baron de Chantal, se jetant à ses pieds, la conjura de ne point l'abandonner; la mère se dégagea doucement de cette étreinte angoissée, parla au jeune homme de l'appel de Dieu. Rien n'y fait. Désespéré, il se jette à terre, se couche sur le seuil. « Eh bien, ma mère, si je suis assez malheureux pour ne pouvoir vous retenir, au moins sera-t-il dit que vous aurez foulé au pied votre propre enfant. » Elle hésite, en larmes; mais là-bas, Dieu l'attend! Elle franchit le corps de son fils. Elle passe, monte en voiture. Tout est fini!

Les débuts de la Visitation furent très durs. Les critiques ne lui manquèrent pas. Les uns trouvaient l'ordre inutile : on avait assez de religieuses; les autres le trouvaient trop doux : ces nonnes s'en allaient en paradis sans peine par des sentiers fleuris de roses sans épines! François se demanda un instant (oh, un seul!) s'il n'avait pas fait fausse route : l'affluence des novices aurait suffi à le rassurer.

En 1612, la communauté commença de se livrer à son véritable objet : la visite des pauvres et des malades. Et Annecy contempla avec stupeur ce spectacle si nouveau auquel nous ne faisons même plus attention, tant il nous semble naturel : des religieuses, le voile baissé, s'en allant deux par deux dans les taudis remplir les plus humbles offices, bien qu'elles fussent de nobles dames.

Ce spectacle, du reste, Annecy n'en jouira pas longtemps : ce côté de l'œuvre de saint François échoua; les esprits s'effarouchèrent de voir des religieuses courir ainsi hors du cloître. Ce sera la gloire de saint Vincent de Paul de lancer les sœurs de Charité à travers le monde.

Bientôt la maison de la Galerie fut trop petite. La Visitation grandissait, malgré les obstacles humains, malgré une maladie qui mit la fondatrice aux portes du tombeau, malgré deux longs séjours qu'elle fit en Bourgogne après la mort de son père et de son beau-père, pour régler définitivement les affaires de ses enfants. Car, en dépit des tracas de la direction d'un couvent, sainte Chantal n'abdiqua jamais son rôle de mère; elle dirigea constamment ses filles, peut-être dans un esprit trop austère, puisque M. de Sales intervint quelquefois doucement en faveur de cette jeunesse : « Il convient qu'une fille soit un peu jolie, » disait-il, quand Françoise arborait quelque colifichet que réprouvait sa mère.

Bientôt la Visitation essaima en Savoie et en France. Lyon eut la première colonie ; mais l'archevêque exigea la clôture, craignant le relâchement et la dissipation occasionnés par ces sorties continuelles. C'est ce qui faisait dire à l'évêque de Genève : « On m'appelle le fondateur de la Visitation, mais ce n'est pas vrai; car j'ai fait ce que je ne voulais pas et je n'ai pas fait ce que je voulais. »

Laissez-moi vous dire un mot du couvent de Moulins, simplement à cause de ce qui s'y passa une trentaine d'années plus tard. Le duc de Montmorency, dernier connétable de France, excité par Gaston d'Orléans, se révolta contre Louis XIII et Richelieu; vaincu, il fut condamné à mort et décapité. Sa veuve, Marie des Ursins, prit le voile à la Visitation de Moulins et fit élever dans la chapelle un splendide mausolée à Henri de Montmorency. Supérieure du monastère, elle dut en faire les honneurs à Anne d'Autriche, alors régente. La reine, touchée du calme et de la piété du couvent, dit aimablement : « Quand mon fils sera assez grand pour gouverner lui-même, je viendrai volontiers me retirer ici. » La veuve de Montmorency s'inclina profondément devant la veuve de Louis XIII : « Dieu me fasse la grâce de n'y point attendre Votre Majesté, » répondit-elle froidement. En 93, les énergumènes de la Révolution voulurent briser et profaner le tombeau du *ci-devant duc;* mais l'un d'eux, intelligent et artiste, sauva l'œuvre d'art par cette exclamation : « Qu'allez-vous faire? Ne savez-vous pas que c'est là une victime du despotisme? qu'il a payé de sa vie sa belle révolte contre un roi et un évêque? » Et c'est comme révolutionnaire qu'Henri, duc de Montmorency,

connétable de France, put dormir dans son sarcophage de
marbre noir.

X

Saint François prêchait partout où on le demandait. Deux
années de suite Grenoble l'entendit. Le gouverneur du
Dauphiné, maréchal de Lesdiguières, était calviniste. Mais
non seulement il reçut M. Genève avec les plus grands honneurs, mais il suivit attentivement ses sermons. Nous le
retrouverons plus tard.

C'est vers cette époque que se négocia le mariage de
Christine de France, sœur de Louis XIII, avec le prince de
Piémont, fils de Charles-Emmanuel. Celui-ci envoya en
ambassade extraordinaire le cardinal prince de Savoie,
auquel il composa un brillant cortège. La célébrité de M. de
Sales le désignait pour en faire partie. Le voici donc dans
ce Paris qui l'attendait fiévreusement, se souvenant de son
précédent voyage. Immédiatement, on le pria de prêcher
le 11 novembre pour la Saint-Martin ; il accepta. La foule se
précipita pour l'entendre à l'Oratoire : le roi, les deux
reines, toute la cour, la noblesse, le peuple. C'était une telle
cohue que le prédicateur ne put entrer. On mit une échelle
contre une fenêtre, et c'est par ce chemin original que
saint François s'en vint faire le panégyrique de saint Martin.
Soit sentiment que bien des personnes étaient venues par
curiosité et non par piété, soit désir de s'humilier devant
une assemblée si nombreuse et si choisie, il raconta tout
uniment la vie de saint Martin. Il désappointa, il entendit
chuchoter : « Voyez un peu ce montagnard, comme il parle
bassement ! Ce n'était pas la peine de venir de si loin pour
nous dire ce qu'il dit. » Il fut blâmé du monde, mais
approuvé par saint Vincent de Paul.

L'Avent, qu'il prêcha à Saint-André-des-Arts, eut un succès prodigieux. Là encore, les calvinistes venaient l'écouter ;
et plus d'un revenait troublé et s'en retournait convaincu.
Quel pêcheur d'hommes, ce saint François de Sales ! Et ces
calvinistes me font l'effet de poissons qui, par bravade, péné-
treraient dans la nasse et n'en sauraient ressortir. Assailli
par tous, l'évêque de Genève accueillait tout le monde. On

raconte qu'un jour, il fut assiégé par un essaim de dames qui, parlant toutes à la fois, s'arrachaient la parole sans arriver, bien entendu, à se faire comprendre.

« Mesdames, dit enfin l'évêque comme elle reprenaient haleine, je répondrai à toutes vos questions, pourvu qu'il vous plaise de répondre à la mienne : Supposons une assemblée où tout le monde parle et où personne n'écoute; qu'est-ce qu'on y dit? »

La leçon fut comprise : les dames se retirèrent, se réservant de revenir chacune en particulier.

Dans le courant de 1619 fut célébré le mariage de Christine de France et de Victor-Amédée de Savoie. La jeune princesse nomma François son grand aumônier (mais celui-ci n'en accepta que le titre) et lui donna un diamant de grande valeur.

« Ce sera pour mes pauvres, » avait dit François.

Cela me fait sourire : la pensée de cette petite mariée de treize ou quatorze ans, toute fraîche et souriante dans son *corps* rigide, la tête bien droite dans le grand col Médicis, perdue dans l'ampleur de ses jupes à vertugadins, nommant le célèbre évêque son grand aumônier et lui donnant son diamant : ce devait être délicieux, et saint François, qui avait le sens de la jeunesse, en fut charmé. Je ne sais si c'est ce diamant, ou un autre que Christine lui donna à Turin, qui fut perdu, puis retrouvé dans un voyage, mis en gage à Annecy au profit des pauvres, retiré par des nobles et remis en gage je ne sais combien de fois, de sorte qu'il fut une vraie corne d'abondance pour le diocèse.

Mais revenons à Paris, où M. de Genève, inspiré, dit à la jeune Henriette de France, qui se livrait avec passion au plaisir des fêtes, qu'un jour elle connaîtrait une gloire plus haute et plus solide, que Dieu la destinait à soutenir l'Église catholique. Henriette épousa Charles Ier d'Angleterre, dut fuir la révolution sanglante, et ramena les Stuarts au catholicisme. A Paris, François se lia avec saint Vincent de Paul. Quelle belle amitié, celle de l'apôtre des hérétiques et de celui des renégats, du grand seigneur savoyard et du paysan landais, de celui qui rêva la visitation des pauvres et des malades et de celui qui la réalisa! Que de souvenirs, que de sujets de méditation M. de Sales emportait de Paris!

Le voici de retour à Annecy et Georges Rolland lui présente les revenus de l'évêché.

« Je n'y ai point droit, dit l'évêque, car je n'ai pas gagné cet argent. »

Des personnes condamnées à diverses amendes envers l'évêché lui en ayant demandé la remise, il l'accorda; du coup, Rolland se fâcha et menaça de démissionner : cet argent était indispensable à l'évêché :

« Mais, mon ami, répondit paisiblement le maître, si ces gens n'avaient point encouru d'amendes, il aurait bien fallu nous passer de cette source de revenu. »

Que répondre? Georges Rolland dut trouver qu'il gagnait son paradis à servir un si saint homme!

François, commençant à sentir le poids de la fatigue, obtint de prendre comme coadjuteur son frère, Jean-Louis, évêque de Chalcédoine. Celui-ci vint apprendre l'administration d'un évêché pauvre et toujours menacé; il apprit aussi la patience. François recevait indistinctement, à n'importe quelle heure, tous ceux qui se présentaient. L'évêque de Chalcédoine s'était déjà élevé contre une habitude qu'il jugeait déplorable; un jour combla la mesure. Les deux frères se mettaient à table quand une servante demanda M. de Genève; celui-ci passe avec la visiteuse dans la pièce voisine où l'entretien fut fort long. Lorsqu'enfin François revint dîner, son frère éclata :

« Vraiment, lui dit-il, vous feriez impatienter tout le monde!

— Mais, répondit le coupable en souriant, cette personne et moi nous sommes du monde, et pourtant nous ne nous sommes pas impatientés. »

Et se mettant à table :

« Savez-vous bien qu'il y a dans le monde une personne que vous avez rendue bien heureuse? Devinez qui. »

L'évêque de Chalcédoine ne devinait pas :

« Eh bien, c'est celle qui eût été votre femme si vous vous fussiez marié. »

Puis, sérieusement, il expliqua à son futur successeur comment il entendait les relations de l'évêque et de ses diocésains.

Prodiguez vos enseignements, ô François, expliquez votre

pensée, votre méthode; le jour viendra bientôt, trop tôt, où vous ne serez plus là! Quelques mois encore, et seul, votre grand souvenir planera sur votre diocèse!

Il se sentait bien malade, le grand évêque, et faisait pourtant des projets pour le jour où il prendrait sa retraite. Et savez-vous où il la voulait prendre? Au-dessus de Talloires était un petit ermitage délabré, jadis dernier asile de saint Germain, abbé de Talloires. C'est un vrai belvédère portant à la fois à la méditation et à la paix par la contemplation du lac et du cirque de montagnes qui l'enchâssent. François fit réparer la chapelle, puis, dans une cérémonie solennelle, exposa les reliques à la vénération publique, et prêcha ensuite son peuple. C'est depuis lors qu'il rêvait de l'ermitage.

« Quel site délicieux! Ici, les grandes et belles pensées nous tomberont dru et menu comme les neiges qui y tombent en hiver! »

Pour lui, belle vue et bon travail marchaient de pair. Hélas! ce repos actif (car l'évêque avait cent projets de travaux), notre saint ne le doit pas connaître. Il n'a plus qu'un an à vivre, et a le pressentiment de sa fin prochaine. Il ne s'en attriste point, semble même braver la mort avec tous ses projets, mais je crois qu'il aspirait au suprême repos.

Encore un voyage à Turin, près de la gracieuse princesse dont il est grand aumônier; encore un retour dans ce petit Annecy tant aimé et désolé par la famine Ah! le fameux diamant courut de mains en mains à ce moment! Les Annéciens disaient en riant qu'il appartenait non à M. de Genève mais à tous les gueux d'Annecy. Encore une conversion éclatante : celle de Lesdiguières, gouverneur du Dauphiné. Puis c'est le dernier voyage.

XI

Nous sommes en 1622. Louis XIII rentre victorieux d'une campagne contre les calvinistes du Languedoc; le duc de Savoie va le féliciter, accompagné de Christine; il faut, décemment, qu'elle ait avec elle son grand aumônier. Et

M. de Sales, malade, est invité à se joindre au cortège. Annecy, effrayé, cherche vainement à le retenir. Mais il savait bien que tout serait rapidement fini pour lui, et les adieux qu'il fit à tous furent vraiment les derniers adieux. Il s'attendrit quand, sortant de la Visitation, il trouva Jacqueline Coste en larmes. Comme il l'aimait, l'humble et vaillante fille !

« Pourquoi êtes-vous si affligée ? demanda François ému.

— Le cœur me dit que ce voyage sera le dernier et que nous ne vous reverrons plus.

— Et moi, dit François inspiré en se redressant, le cœur me dit que si je ne reviens pas, nous nous reverrons plus tôt que vous ne le pensez. »

Jacqueline Coste suivit de près son évêque dans la tombe.

C'est en Avignon que se fait la jonction des cours de France et de Savoie. La vieille cité des papes accueille Louis XIII, Marie de Médicis et Anne d'Autriche avec son ardeur provençale. C'est un délire de joie qu'accompagnent le sifflement du mistral, les mugissements du Rhône, les cloches des doms. François n'assiste pas à cette fête ; dans sa chambre, en tête-à-tête avec Dieu, il se prépare à l'éternité. Des réjouissances d'Avignon, il ne verra que celles dont il ne peut se dispenser. Son cœur plane bien au-dessus de ces splendeurs terrestres.

Les deux souverains reprennent ensemble la route du retour. Tout le long de ce Rhône, qui fut chez nous la première voie de pénétration du christianisme, c'est une ruée vers le saint évêque ; à Pont-Saint-Esprit, des calvinistes disaient :

« Si tous les évêques étaient comme celui-là, la religion de Luther et de Calvin n'existerait plus. »

A Lyon, c'est à qui aura l'honneur de le loger : M. Olier, intendant de la province, lui offre la moitié de son hôtel, proche la Visitation ; les Jésuites l'assaillent de leurs supplications. A tous, M. de Genève répond que, devant l'afflux de monde provoqué par la présence de deux cours, il s'est à l'avance pourvu d'un logis. Vous ne devineriez jamais où il se rendit ? A la Visitation. — Fort bien. — Dans une petite chambre de la maison du jardinier, incommode, et où l'on ne pouvait faire du feu sans être enfumé. Voilà l'appartement

choisi dans tout Lyon par l'évêque de Genève, grand aumônier de Christine de France, princesse de Piémont !

« Je serai mieux là que partout ailleurs, dit-il. La petitesse
du logement m'exempte du tracas des grandes compa-
gnies ! »

Il eut l'indicible bonheur d'une dernière entrevue avec
Mme de Chantal, qui venait de visiter différents monastères.

« Qui de nous commencera à parler ? lui demanda gaiement M. de Sales.

— Ce sera moi : mon âme a grand besoin d'être revue
par vous. »

Pendant des heures, ils causèrent de la Visitation. Le
temps coulait rapidement. Jeanne de Chantal fût restée indé-
finiment près de son directeur ; mais lui-même la renvoya :

« Votre devoir vous appelle à Grenoble et Belley. Partez,
ma fille. »

Les jours se succédaient. François se sentait s'affaiblir,
mais ne fermait sa porte à personne ; il se lia même d'une
étroite amitié avec la famille Olier : famille de haute bourgeoisie catholique, sérieuse, pénétrée de ses devoirs plus
que de ses droits, soucieuse de ses enfants, surtout du dernier, Jean-Jacques, dont la mère entretint longuement
M. de Genève.

« Nous le voudrions voir d'Église, disait-elle, mais son
caractère violent, emporté, son humeur bouillante, nous
semblent de mauvais augure. Les réprimandes, les châtiments même n'ont nulle prise sur lui ; son mauvais caractère
ne fait que s'accentuer.

— Amenez-le-moi, dit simplement l'évêque, et je l'exami-
nerai sous les yeux de Dieu. »

Quelques jours après, la petite chambre était envahie par
Mme Olier et ses enfants. François leur fit à tous grand
accueil, les embrassant et les louant également. Mme Olier
était inquiète, ce n'était point là ce qu'elle était venue chercher.

« Monseigneur, dit-elle enfin, Jean-Jacques n'est pas sage
et me donne beaucoup de peine. »

François releva la tête ; la lumière du Saint-Esprit brillait
dans ses yeux.

« Madame, il faut pardonner quelque chose à la jeunesse :

les humeurs gaies ne sont pas les plus mauvaises... Soyez consolée : Dieu a choisi cet enfant pour la gloire et le bien de son Église. »

Que fut donc ce Jean-Jacques, cet enfant terrible ? direz-vous.

Il fut *Olier,* le fondateur des Sulpiciens, autrement du grand séminaire de Paris ; c'est à lui que nous devons cette pléiade de prêtres d'élite qui seront la gloire des siècles de Louis XIV et Louis XV. Curé de Saint-Sulpice, c'est lui qui commencera la construction de cette église dont la richesse et la majesté symbolisent le catholicisme des Bossuet, des Fléchier, des Bourdaloue.

O saint François de Sales, vous nous avez amenés, sans que nous nous en doutions, au seuil du grand siècle : voici la Mère Arnaud, saint Vincent de Paul, Jean-Jacques Olier ; le jeune de Chantal va mourir, nous laissant la future Mme de Sévigné ; votre jeune ami Vaugelas rénove la langue française ; la Florimontane annonce l'Académie, le calvinisme est maîtrisé, l'*Introduction à la vie dévote* forme cette forte génération des Lamoignon, des Pascal, des Marillac ; la Visitation prépare le culte du Sacré-Cœur... Vous pouvez jeter un regard sur votre œuvre, ô saint François, et dire : « C'est bien. » Plus que quelques jours, et tout sera consommé !

Hâtez-vous, multipliez-vous, confessez, convertissez, prêchez... Noël est bientôt là, et vous fêterez en paradis les saints Innocents. Comment suffisez-vous à tout, en cette dernière semaine ? Vous avez pris froid en prononçant ce sermon que vous demanda Marie de Médicis, et vous ne voulez pas faire attention à votre malaise. On vous voit simultanément à la cour et à la Visitation. Vous savez bien vous-même que vous ne pouvez pas durer. Vos domestiques sont frappés de ce que, le 27, vous ne reconduisiez point vos visiteurs comme d'ordinaire.

En parlant affectueusement à l'un de ses serviteurs, François s'évanouit. C'est une attaque d'apoplexie. Il revient rapidement à lui, mais sait bien que c'est la fin. « Quand vous apprendrez ma maladie, avait-il prédit à Annecy, vous saurez que je suis déjà mort. » En vain les médecins prodiguent-ils des soins empressés qui martyrisent le patient : François ne désire pas sa guérison ; il a tant travaillé, ne peut-il légitimement aspirer au repos ?

Le bruit de cette maladie s'est répandu à Lyon; on se presse à la porte de l'évêque : le duc de Nemours vient implorer une dernière bénédiction de son vassal; Mme Olier vient avec Jean-Jacques qui reçoit une caresse spéciale.

Toujours les médecins tourmentaient ce pauvre corps dont l'âme se dégageait davantage à chaque instant. « Il se fait tard et le jour est déjà bien abaissé. » Cette phrase des disciples d'Emmaüs sont les dernières paroles que l'évêque prononça distinctement. « Saints Innocents, priez pour lui... » récitaient les assistants. La nuit profonde de décembre enveloppait Lyon depuis plusieurs heures; une grande paix régnait dans la chambre. Alors, sans effort apparent, calme comme il l'avait été toute son existence, François passa de la vie mortelle à la vie éternelle.

Le retour de la pauvre dépouille dans « son cher petit Annecy » fut une procession triomphale. La voix populaire, précédant la voix de l'Église, proclamait la sainteté de l'évêque de Genève.

Saint François de Sales n'a pas quitté ses chers Savoyards : Annecy conserve le trésor que Dieu lui a confié; la Visitation a toujours abrité ses deux fondateurs, saint François de Sales et sainte Jeanne de Chantal. L'infatigable apôtre ne court plus la province à la recherche des brebis égarées, mais, comme jadis, il est accessible à tous. A l'orée de la forêt du Crêt de Maure, la nouvelle Visitation domine la ville et le lac. De l'esplanade, le regard embrasse le château de Nemours et les vieilles maisons au milieu desquelles se cache la Galerie. La vue plonge dans les anciens quartiers qui dégringolent de la montagne aux canaux et au port. Le clocher penché de Notre-Dame de Liesse, où Mme de Boisy pria devant le saint Suaire, celui de Saint-Maurice, où furent inaugurés les catéchismes pour enfants, les vieilles rues enchevêtrées où habitait l'évêque, le palais de l'Isle, véritable galère ancrée dans le canal, devenue prison, où saint François réconcilia un faux monnayeur avant son supplice, tel est le spectacle qu'on a devant soi, avec le lac aux eaux bleues, vertes ou grises, ce lac tant aimé ! Puis, regardant vers le nord, on voit s'étendre la plaine ondulée, largement ouverte jusqu'à Genève... Par là était venue l'hérésie, par là le saint la refoula.

TROISIÈME RÉCIT

SAINT VINCENT DE PAUL
(1576-1660)

> « La charité est patiente; elle n'est
> point précipitée; elle espère tout,... elle
> ne finira jamais. »

I

Un tout petit garçon me dit une fois en regardant une image : « Saint Vincent de Paul était un sergent de ville, n'est-ce pas? » Je protestai. « Mais si, puisqu'il ramassait dans les rues les petits enfants perdus. » Tel est l'aspect populaire de saint Vincent; il reste dans la mémoire des hommes la providence des enfants trouvés. Mais que d'autres œuvres à son actif!

Suivez-moi dans un coin de France où je ne vous ai pas encore emmenés : les Landes. Ce n'était pas alors une immense forêt de pins, vallonnée par les dunes, mais une région fort pauvre, entrecoupée de marais, où paissaient de maigres troupeaux de porcs et de brebis. Au hameau de Pouy, un honnête cultivateur, Jean de Paul, élevait tant bien que mal une nichée de petits enfants. Le père ne fut pas long à remarquer l'intelligence et la piété du cinquième, Vincent, et se résolut à tous les sacrifices pour le faire instruire. A douze ans, l'enfant entra au collège de Dax. Comment ses parents purent-ils acquitter sa pension? L'argent était rare. Mais je sais aujourd'hui, au XXe siècle, un petit séminaire où les élèves (souvent des paysans) paient en nature : c'est une charretée de pommes de terre, un sac de châtaignes, du salé, du bois, que sais-je? Jean de Paul fit peut-être ainsi.

Notre collégien a seize ans, il lui reste beaucoup à apprendre, mais il n'a pas le sou. Un avocat qui l'a remarqué le prend comme précepteur de ses enfants, ce qui lui permet de continuer ses études. Cinq ans après, sur le conseil de son protecteur, le jeune de Paul va faire sa théologie à Toulouse; il y vivra péniblement, pendant sept ans, des sacrifices de son père et d'un préceptorat qui l'introduit près du duc d'Épernon. A vingt-huit ans, il est ordonné prêtre, dit sans bruit sa première messe dans une chapelle isolée... Sans bruit : c'est ainsi qu'il agira toute sa vie.

Le point de départ de son œuvre? Un incident presque insignifiant d'où découlèrent tous les événements de cette longue vie surchargée. Vincent avait été mandé à Bordeaux par le duc d'Épernon et s'en retournait à Toulouse, lorsqu'il apprit qu'une dame, en mourant, lui laissait son héritage. Un héritage! Si mince fût-il, c'était la sécurité pour le pauvre prêtre qui, ma foi, n'en faisait pas fi! Mais il y avait une créance de quatre cents écus à recouvrer sur un garnement qui s'empressa de fuir à Marseille. Voici mon Vincent parti à sa suite sur un cheval de louage qu'il vend en arrivant pour avoir le nécessaire, qui retrouve son homme et recouvre sa créance. Mais un gentilhomme, dont il avait fait connaissance en route, l'engage, au lieu de retourner à Toulouse par le coche, à prendre jusqu'à Narbonne la voie de mer, plus rapide et plus économique. Nos deux voyageurs s'embarquent donc par un temps superbe, sur une mer calme et bleue, comptant bien être à Narbonne le soir même.

L'homme propose et Dieu dispose, et les voies de Dieu sont parfois singulières. Pendant la courte traversée, le bateau, qui portait le promoteur de toutes les grandes œuvres modernes, fut attaqué par les Turcs, qui infestaient la Méditerranée jusqu'en vue des côtes de France. Un combat acharné, quelques hommes tués, les autres prisonniers,... voilà comment se termina le rapide trajet de Marseille à Narbonne! Le pauvre prêtre, blessé, et ses compagnons sont sommairement pansés; quelques matelots sont sauvagement exécutés, et en route pour Tunis et le marché aux esclaves!

Au début du XVIIe siècle, la Turquie était toute-puissante sur la Méditerranée, et les esclaves chrétiens avaient peu d'espoir de revoir un jour leur patrie. Vincent et ses compagnons d'infortune furent promenés enchaînés à travers les rues de Tunis, puis ramenés à bord où les amateurs les vinrent examiner comme ils eussent fait d'une vache ou d'un cheval. Vincent fut acheté par un pêcheur, puis par un alchimiste qui semble avoir été bon et humain pour son esclave; il l'associa à ses travaux et fit tous ses efforts pour l'amener à l'islamisme. Au bout d'un an, cet alchimiste-médecin ayant été appelé à Constantinople, où il mourut, Vincent passa en héritage à un neveu. Celui-ci, sachant que le roi de France chargeait son ambassadeur en Turquie de traiter du rachat des esclaves chrétiens, se hâta de revendre le sien.

Vincent fut donc acheté par un misérable Niçois, renégat pour être libre, et métayer dans la montagne; là, le paysan landais fut employé dans les champs. Jamais il ne s'est plaint de son maître, qui devait pourtant être dur au fidèle disciple d'une religion que lui avait reniée. Mais ce chrétien intéressa, intrigua les femmes du propriétaire : l'une était chrétienne schismatique; une autre, Turque, se sentit singulièrement attirée vers cet homme.. Elle l'allait trouver aux champs et causait avec lui; curieuse, elle s'informait de la manière de vivre des Français, des mœurs chrétiennes; elle demandait au prêtre de lui chanter quelque hymne de sa religion, et les accents des psaumes retentissaient dans le désert africain; enfin, elle le questionna sur la foi. Convaincue bientôt que son mari avait commis une grave faute en reniant le christianisme, la femme turque prêche véhémentement son seigneur et maître pour qu'il rentre au giron de l'Église; et voici le renégat, troublé, qui vient à son tour entretenir Vincent; voici le futur père de la Mission, l'apôtre de la charité, qui ramène cette brebis perdue. Et le pénitent, après dix mois d'attente et de préparation, s'évade avec son esclave et regagne la France. Singulière aventure, plus romanesque qu'un roman d'aventures.

Ils vinrent à Avignon. Le renégat y abjura solennellement ses erreurs et partit avec le vice-légat et Vincent de Paul pour Rome, où il entra au couvent.

A Rome, le vice-légat distingua sous l'enveloppe très

humble et encore rustique de Vincent une âme à mettre en valeur, un homme à lancer dans la vie; il le présenta aux ambassadeurs de Henri IV. Ceux-ci, frappés de la finesse native de ce paysan à peine échappé à l'esclavage, lui donnèrent une mission secrète pour Henri IV.

Au début de 1609, les grilles du Louvre s'ouvraient, non sans surprise, devant un prêtre au maintien modeste, aux vêtements élimés, porteur d'une lettre d'audience régulière pour le roi. Il entra dans le cabinet de son souverain aussi paisiblement que dans quelque presbytère de campagne. La porte se referma sur lui, et rien n'a jamais transpiré de l'entretien que saint Vincent de Paul eut avec Henri IV. Puis le prêtre ressortit sans bruit. Ceux qui l'avaient, avec curiosité, vu entrer au palais, l'oublièrent bien vite. Un solliciteur fût revenu. Le génie de Vincent ne se laissa pas deviner par celui d'Henri et le roi, qui avait voulu attacher saint François de Sales à la France, ne *vit* pas saint Vincent de Paul.

Celui-ci se retira dans une petite chambre presque en banlieue, près de la rue des Saints-Pères. Il la partageait avec un juge de ses compatriotes, venu pour un procès. Ce magistrat rangeait son argent dans l'armoire. Un jour, il sortit, oubliant de la fermer. Vincent était malade au lit. Un commissionnaire apporta des remèdes commandés, s'approcha subrepticement de l'armoire, prit le sac d'argent et s'éclipsa. Quand le juge constata le vol, sa colère se tourna contre son compagnon qui protesta vainement de son innocence, et le dénonça. L'accusation pesa six mois sur notre saint. Au bout de ce temps, le voleur, mourant, confessa son péché. Le juge ne savait comment demander assez pardon à son pieux compagnon, dont la patience ne s'était pas démentie un seul jour.

II

De sa petite chambre, Vincent allait souvent voir les malades à l'hôpital de la Charité. Un autre prêtre l'y rencontrait et c'est ainsi que le cardinal de Bérulle, fondateur de l'Oratoire, connut saint Vincent de Paul. Cette liaison de deux hommes si différents fut d'une extraordinaire fécondité en mettant le pauvre Landais en relation avec le profond théologien et la plus haute société du royaume.

Chez qui, sinon chez M. de Bérulle, aurait-il été remarqué par du Fresne, secrétaire des commandements de la reine Marguerite de Valois? Et qui donc, sinon M. de Bérulle, aurait préparé sa nomination d'aumônier de cette princesse? Saint Vincent de Paul, aumônier de Marguerite, de la première femme de Henri IV, de celle qui est restée célèbre sous le nom de la reine Margot, dont le souvenir évoque la cour spirituelle et galante des Valois, les horreurs de la Saint-Barthélemy et la poésie légère! Assagie par les années et par la vie, la reine, devenue dévote, s'occupait fort de bonnes œuvres et de construction de couvents. D'ailleurs, son aumônier conservait une grande liberté. Marguerite avait l'esprit vif et pénétrant des Valois. L'intelligence fine, un peu primesautière du prêtre de campagne, ses vives réparties, lui plurent. Elle se l'attacha.

C'est chez elle que Vincent apprit, sans jamais se départir de sa simplicité, à manœuvrer dans le monde de la cour: observateur silencieux, il apprit aussi bien vite à reconnaître, sous les dehors légers et brillants, les misères profondes de l'âme, aussi dignes de pitié que les misères du peuple, et il apprit à les soigner, lui, le futur aumônier des forçats.

Écoutez cette histoire qui rappelle par plus d'un point la tentation de saint François. Un docteur en Sorbonne se sentit envahi peu à peu par des doutes sur la foi; plus il songeait, plus il combattait, plus ses doutes augmentaient. Souffrant cruellement, il confia ses angoisses à M. de Paul; il se sentait devenir fou! Le prêtre, ému de sa douleur, le traita en savant, par le raisonnement : peine perdue! Alors, dans un splendide élan de charité chrétienne, Vincent, se jetant aux pieds du Sauveur, s'offrit pour le salut de cet homme. « Seigneur, délivrez-le de la tentation; qu'elle retombe sur moi, que je souffre à sa place! » Cette étrange et sublime prière fut entendue. Instantanément, le savant sentit la foi venir en lui, tandis que, lentement, le doute s'insinuait dans l'âme sainte de la victime volontaire. Qui eût dit; pendant les quatre années qui suivirent, que ce prêtre, qui se prodiguait près des pauvres et des malades, qui suivait les enseignements de M. de Bérulle et dirigeait les œuvres de Marguerite de Valois, qui eût dit qu'il se sentait défaillir de doute, qu'il portait le *Credo* comme un talisman sur son cœur, qu'il se le répétait comme on crie au secours, et que rien, rien ne venait soulager sa pauvre âme? Comme saint François avait crié son amour vers Celui qu'il se disait destiné à haïr, saint Vincent cria sa foi à Celui en qui il craignait de croire {moins. « Seigneur, je crois en vous! Du plus profond de l'abîme, Seigneur, je crie vers vous! Seigneur, secourez-moi, et je fais vœu de me consacrer à vous en la personne des pauvres, vos membres souffrants! »

Dans ce cri d'angoisse, Vincent a trouvé sa vraie voie. La délivrance est immédiate, la tentation est à jamais disparue. Il se relève, désormais serviteur pendant un demi-siècle.

Celui qui se traita toujours lui-même d'ignorant, d'écolier de quatrième, s'était mis à l'austère école de M. de Bérulle. Il ne songeait certes pas à se joindre aux oratoriens : il était trop humble, et sa tâche était ailleurs. Mais il pensait qu'un prêtre n'est jamais trop instruit. Souvenez-vous que François de Sales disait que l'ignorance du prêtre est un péché. Nous trouverons, au long de ce récit, de nombreux points de comparaison entre ces hommes d'origines si différentes. Plus j'étudie saint Vincent de Paul, plus je vois en lui le continuateur de l'évêque savoyard ; les idées qui ont germé chez l'un, l'autre les réalisera. Le baron d'Annecy et le pâtour landais eurent la même simplicité évangélique, le même amour des pauvres et des pécheurs, le même instinct des temps nouveaux qui venaient. Saint François est un précurseur : quand saint Vincent meurt, le grand siècle s'épanouit. Ils se connurent et s'aimèrent à Paris. L'évêque de Genève disait de l'aumônier : « C'est le plus saint prêtre du siècle, » et Vincent déclarait que c'était à M. de Genève qu'il devait d'avoir un peu dépouillé sa « rusticité » et de n'être plus un vrai « fagot d'épines ».

En 1611, le curé de Clichy (c'était alors une paroisse rurale des environs de Paris) entra à l'Oratoire et, sur l'avis de M. de Bérulle, demanda M. de Paul comme successeur. Le nouveau curé s'effraya d'abord de conduire tout un troupeau, de diriger tant d'âmes, d'administrer une paroisse. Néanmoins il partit par obéissance. A peine installé, il sentit toutes ses inquiétudes s'évanouir. Avez-vous quelquefois vu installer un nouveau curé? Il prend possession de tout ce qui constitue l'église : il baise l'autel, ouvre le tabernacle, sonne la cloche, s'assied dans le confessionnal, monte dans la chaire... Clichy était alors un coquet village en pleine campagne, peuplé de gens simples et où de riches Parisiens avaient leurs maisons des champs. Là, Vincent fut heureux. On est stupéfait de penser que son séjour y fut de moins d'un an, quand on voit tout ce qu'il accomplit dans la paroisse en ces quelques mois.

La population était *bonne*, comme on dirait maintenant, et considérait son pasteur comme son père; mais il y avait des pauvres, des malades, des gens plus ou moins abandonnés. Le chapeau râpé et la soutane verdie de Vincent furent bientôt populaires dans toutes les maisons. Il allait demander aux riches de quoi soulager les pauvres. Il fit mieux : l'église tombait en ruine, et nul ne pensait à la relever. Songez que nous sommes au sortir des guerres de religion, qui ont fait plus de mal encore aux églises que la Révolution; mais on jouissait alors d'un moment de paix avant d'autres guerres de religion et la guerre de Trente ans.

La cure faisait bien juste vivre le curé; pour trouver de l'argent, il fallait demander. Vincent commence ce rôle de quêteur, qu'il fera sa vie durant. Ces beaux messieurs de Paris peuvent faire les frais des réparations; l'église est pour eux comme pour le pauvre monde. Il s'adresse à Paris, il s'adresse à Marguerite de Valois; en moins d'un an, l'église était ce qu'elle est aujourd'hui. Le curé de Clichy s'attache de plus en plus à sa paroisse. Mais, comme pour l'éprouver en l'arrachant encore à ce qu'il aime, le cardinal le rappelle à Paris pour un préceptorat important.

Ce fut un déchirement pour saint Vincent, lui qui disait : « J'ai un si bon peuple, si obéissant à tout ce que je lui commande, que je me dis parfois que le pape n'est point si heureux que moi. » C'était ce bon peuple qu'il fallait quitter! Et il n'hésite pas; chargeant son petit mobilier sur une charrette à bras, il s'en vient à Paris chez M. de Bérulle. Ne trouvez-vous pas délicieux ce bon curé de campagne menant son charreton à travers les rues de la capitale, avec

sa soutane rapiécée, mais fort propre, sa démarche lente et
sa physionomie fine et indulgente? Ah! bon saint Vincent
de Paul, comme c'est bien de vous, cela!

III

C'était dans la famille de Gondi, une des plus puissantes
du royaume, que M. de Bérulle plaçait son protégé. Les de
Gondi, d'origine florentine, étaient venus en France à la
suite de Catherine de Médicis et avaient pris une large part
aux troubles du xvie siècle. En 1618, le chef de la famille
était général des galères et possesseur d'une immense fortune; d'esprit élevé, chrétien, il était digne de sa femme,
l'une des plus belles figures de ce temps. Ils avaient trois
fils : Pierre et Henri furent des élèves de saint Vincent; le
troisième, le plus célèbre, Paul de Gondi, fut le trop fameux
cardinal de Retz; mais à l'époque où nous sommes le précepteur n'avait pas encore affaire à lui.

Quelle va être l'attitude du prêtre de campagne dans ce
milieu si riche, dans ce train de grande maison? La position
d'un précepteur ecclésiastique est toujours délicate, encore
plus quand il est d'humble d'origine. A cette époque, en
outre, les différences de classes étaient très marquées, mais
le caractère sacré du prêtre le faisait appartenir à toutes.
Dans ces conjonctures, Vincent de Paul fut immédiatement
ce qu'il sera toute sa vie : humble comme homme, bon avec
les nombreux serviteurs, n'oubliant près des maîtres ni qu'il
était fils d'un pauvre paysan ni que le sacrement de l'ordre
l'avait revêtu de la plus haute dignité. Mme de Gondi, déjà
prévenue en sa faveur par M. de Bérulle, discerna immédiatement et son mérite et son originale sainteté; elle se mit
bientôt sous sa direction et y resta toute sa vie. Il sut aussi
avoir, en une très grave circonstance, non pas influence,
mais autorité sur le puissant seigneur qu'était M. de Gondi.

Vous savez combien la passion du duel faisait rage au
début du règne de Louis XIII, et la rigueur avec laquelle
Richelieu dut sévir contre cette lamentable coutume. M. de
Gondi, si bon chrétien fût-il, la trouvait naturelle. Un jour,
prévenu que le général, au mépris de la loi divine, allait sur

le terrain, Vincent le vit entrer à la chapelle, assister à la messe, et prier dévotement au moment de courir à l'homicide. Le prêtre laisse les assistants quitter la chapelle ; puis, seul avec son maître, il se jette à ses genoux, et hardiment : « Je sais, monseigneur, que vous avez dessein de vous battre en duel et de contrevenir ainsi aux lois divines. En vérité, je vous le dis, si vous persistez dans votre projet, Dieu exercera sa justice sur vous et sur votre postérité. » Surpris, troublé, M. de Gondi se redresse. Il regarde le précepteur de ses fils et rentre en lui-même ; la sainteté du lieu l'étreint ; accablé par la faute qu'il allait commettre, ayant devant les yeux l'avenir de ses enfants compromis comme le sien, il reste un moment sans parler, puis promet à Vincent de renoncer au duel.

Les de Gondi se déplaçaient fréquemment suivant que leurs propriétés les réclamaient ici ou là ; nous les voyons souvent à Folleville, en Picardie. La vie large du château, vie de chasse, de réceptions, au milieu des affaires, n'empêchait point Mme de Gondi et M. Vincent (comme on commençait de l'appeler) de s'occuper des pauvres et des paysans, *sujets* des Gondi. Et c'est ainsi qu'au chevet d'un mourant, qui passait pour juste et pieux, et qui avoua que, par honte, il avait caché plusieurs péchés mortels, ils eurent ensemble la vision de l'immense misère morale, de l'immense ignorance religieuse du peuple. Avec élan, Mme de Gondi supplia son directeur de prêcher la semaine suivante dans la paroisse sur la confession. Vincent ne se sentait pas orateur, néanmoins il parla ; son succès fut prodigieux, si prodigieux qu'on réclama sa présence dans tous les villages voisins ; si prodigieux que, ne pouvant suffire aux confessions, il dut réclamer l'aide de jésuites d'Amiens. Cette première mission à la campagne fut le germe de toute l'œuvre de saint Vincent de Paul.

Pourquoi, peu après, brusquement, sans prévenir, le précepteur quitta-t-il la maison où il faisait tant de bien, et s'enfuit-il un soir chez M. de Bérulle, d'où il repartit muni d'une lointaine cure de campagne ? Les raisons qu'il donna de sa retraite au cardinal durent être bien sérieuses, puisque celui-ci les approuva.

Il fallait toute la simplicité, tout l'amour de la pauvreté de

Vincent pour passer ainsi volontairement de l'opulente et « spirituelle » maison des Gondi à la cure de Châtillon-les-Dombes (aujourd'hui sur Chalaronne).

Le zèle apostolique du pauvre Landais pouvait trouver à s'exercer dans ce nouveau poste. La paroisse était plus importante que Clichy, mais le pays, jadis ravagé par les guerres de religion, ne s'en remettait ni matériellement, ni moralement. Le protestantisme y était encore puissant. Le peuple, fort éprouvé, était volontiers docile à la voix du prêtre, mais le clergé de la région n'était pas à la hauteur de sa tâche. La noblesse, catholique ou protestante, était turbulente et jouisseuse. Enfin, faut-il le dire? la malpropreté, le désordre de l'église, éloignaient les fidèles. Sans perdre un instant, comme s'il eût eu conscience que son séjour à Châtillon serait court, Vincent se mit à l'œuvre, et porta son activité partout à la fois.

Amoureux de la propreté, le curé fit d'abord nettoyer son église, et rendit au culte, sinon tout l'éclat, du moins toute la décence possible. Il réveilla le clergé voisin de sa torpeur, puis s'attaqua à cette noblesse qui devait donner le bon exemple et en donnait un mauvais. L'élan fut donné par la conversion d'un noble protestant, d'abord ennemi de Vincent, et bientôt son admirateur passionné, qui convertit à son tour une partie de sa famille. Le comte de Rougemont, célèbre par son humeur farouche et ses duels, alla un jour par curiosité entendre le curé, et sortit bouleversé de l'église ; son repentir et sa conversion eurent la violence de ses emportements : il vendit son château, ses terres, se dépouilla pour mieux suivre le Christ ; enfin, il brisa sa terrible épée. « Maintenant, je suis libre ! » s'écria-t-il.

Vous jugez si l'on parlait dans tous les environs du curé de Châtillon. Deux dames nobles et riches du pays, d'une vie assez évaporée, voulurent voir ce prêtre extraordinaire et vinrent curieusement lui faire visite. Le saint, démêlant ce qu'il y avait de bon en elles sous des dehors légers, les exhorta à changer de vie et à revenir à Dieu ; sa parole fut si persuasive que les deux amies se résolurent immédiatement à suivre ses avis. Sans hésiter, elles changèrent leur façon de vivre et se consacrèrent désormais à la visite des pauvres et des malades. Une épidémie de peste leur procura, hélas! un vaste champ d'action. Leur dévouement intelligent et inlassable donna à M. Vincent l'idée d'organiser leur charité pour la rendre plus féconde. L'une d'elles lui ayant demandé de recommander au prône une famille fort misérable et malade, il le fit avec empressement. Après la messe, notre curé s'en allait paisiblement chez ces malheureux, surpris de croiser en route tous ses paroissiens. Arrivé à la cabane, il la trouva encombrée d'une quantité de provisions qui risquaient de se gâter; il avait obtenu un effort de charité touchant, mais désordonné. Il pria les deux dames, avec quelques amies, de régler et de répartir les dons; ne pourraient-elles se relayer pour aller faire le pot-au-feu, soigner les malades,... etc.? Après trois mois d'essai, la première association de dames de Charité était fondée, et Vincent lui donnait quelques règles fixes. Désormais, l'exercice réglé de la charité n'est plus l'apanage exclusif des religieux : les laïques s'en mêlent; mais surtout, on distinguera maintenant les vrais pauvres, travailleurs et dignes d'intérêt et les mendiants; encore, chez ceux-ci, y a-t-il, à côté de paresseux invétérés, des infirmes et des gens de bonne volonté. La dame de Charité, dit saint Vincent, doit se montrer active, douce, souriante et gaie; sa charité en aura plus de prix. Qu'elle soigne les malades abandonnés comme ses enfants, et s'ils viennent à mourir, qu'elle les assiste et les ensevelisse de ses mains.

La Charité de Châtillon, approuvée par l'archevêque de Lyon, eut tant de succès qu'il s'en créa bientôt ailleurs. Quand saint Vincent mourut, il y en avait par toute la France.

Mais revenons un peu en arrière. M\ue de Gondi constata avec stupeur, avec épouvante, le départ de son directeur, du précepteur de ses fils. M. de Gondi reçut une lettre où Vincent l'informait de sa retraite. Les deux époux, bouleversés, se rendaient trop bien compte de la perte morale qu'était pour eux, pour leur famille, pour toute leur « gens », le départ d'un tel homme. Pour obtenir son retour, il fallait faire valoir que, sur une plus grande scène, son action bienfaisante serait profitable à un plus grand nombre. M. de Bérulle leur révélerait la cachette du saint homme et appuierait leur requête. Après quelques hésitations, le cardinal accepta et écrivit une lettre pressante à son protégé. Le curé était désolé ; seul, l'intérêt supérieur de la religion, le service des pauvres auxquels il avait voué sa vie, le décidèrent à rentrer à l'hôtel de Gondi.

Sa situation y fut un peu changée : il n'eut plus guère que la *direction* morale et religieuse des enfants ; mais il se vit et l'initiateur et l'exécuteur des œuvres pieuses dont l'idée bouillonnait dans le cerveau actif de Mme de Gondi et de sa belle-sœur, Mme de Maignelais, jeune veuve riche et pieuse, qui soutint de sa fortune et de son influence saint Vincent de Paul.

IV

En 1618, conduit par les événements qu'il ne cherchera jamais à devancer (je ne dis pas à prévoir), Vincent établit en Picardie la première Charité d'hommes. Très différente de celle des dames, ce sera l'assistance par le travail, une association contre la mendicité. Comme ressources pécuniaires : à la campagne, des troupeaux ; à la ville, des ateliers dont le produit ira aux protégés de la confrérie, et des ateliers d'apprentis ; il y a là en germe l'œuvre des orphelins d'Auteuil, et l'hospitalité de nuit. Quel merveilleux instinct des besoins modernes et des temps nouveaux !

Une autre œuvre, alors d'une actualité douloureuse, allait attirer l'attention de l'aumônier, et, sinon l'absorber (jamais une œuvre de Vincent n'a fait tort à une autre), du moins demander tout son cœur, toute sa délicatesse.

M. de Gondi était général des galères. Vous savez que ces vaisseaux royaux avaient comme rameurs des forçats, des galériens. C'étaient, quatre-vingt-dix-neuf fois sur cent, des gens de sac et de corde qui avaient bien mérité les travaux forcés. Mais leur sort était vraiment épouvantable : enchaînés jour et nuit à leur banc, à peine nourris, exposés à la chaleur du jour comme au froid de la nuit, sans abri en cas de combat, dévorés de vermine, jamais soignés, leurs épaules nues déchirées de coups de fouet, mutilés de la face à la moindre rébellion, mélangés dans une horrible promiscuité, les vicieux avec ceux qu'un crime peut-être accidentel avait

« Monseigneur, comme général des galères vous êtes responsables
devant Dieu de tous ces malheureux. »

conduits dans cette chiourme, les repris de justice avec des Turcs prisonniers de guerre, tout cela pêle-mêle, sans une lueur dans les esprits enténébrés et révoltés, sans un espoir (ce qui est la peine la plus atroce), sans autre encouragement que les jurons, les blasphèmes des bourreaux... L'enfer !

M. de Gondi, grand chrétien, s'épouvantait de cette situation sans y trouver remède. Certainement, quand il revenait chez lui, il parlait de la grande misère des forçats ; certainement aussi, dans ses visites aux hôpitaux, aux prisons, Vincent se trouva en contact avec des condamnés aux galères, et à qui, hélas ! on donnait un avant-goût de ce qui les attendait ! C'est en larmes qu'un jour il rentra chez M. de Gondi ; ce qu'il avait vu dans les cachots était trop horrible. « Monseigneur, comme général des galères, vous êtes responsable devant Dieu de tous ces malheureux et devez leur assurer les soins de l'âme et du corps jusqu'à ce qu'ils aillent purger leur peine, car leur âme est plus malade encore que leur corps ! » L'émotion de Vincent rencontrait celle de M. de Gondi ; celui-ci permit à son aumônier de faire pour ces malheureux ce qu'il jugerait bon. Sans perdre un moment, s'adjoignant M. Portail (que nous retrouverons souvent), il visita les forçats, s'occupant de chacun d'eux avec une sollicitude paternelle. Il les débarrassait de la vermine qui les infestait, pansait des plaies souvent gangreneuses, apportait des vêtements propres, de la nourriture... Ces soins corporels lui ouvraient les esprits ; alors, il se penchait vers ces âmes faussées, mauvaises, toutes surprises d'entendre parler avec compassion, d'inspirer autre chose que de l'horreur. Un rayon de soleil luisait dans les cachots infects.

Puis ce fut Marseille qui eut la visite de l'apôtre ; il y fit sur les galères ce qu'il avait fait dans les prisons ; il soigna des âmes plus malades encore que celles de Paris, parce qu'elles avaient plus souffert ; il côtoya des horreurs sans nom,... mais il eut la joie de ramener le nom de Jésus dans des bouches qui ne connaissaient plus que le blasphème, d'amener des Turcs au Christ ; il eut le bonheur, lui, innocent, de souffrir pour un coupable ! Le fait a été contesté : quand on en parlait devant saint Vincent, il détournait la conversation, mais n'opposait aucun démenti.

Voici, dit-on, ce qui se passa : Vincent de Paul, aumônier royal des galères, visitant les forçats, vit un condamné que les gardiens arrachaient aux bras de sa jeune femme. Avec la spontanéité des saints, il s'élance à sa place et se laisse attacher au banc d'infamie, river les fers à ses pieds. Il souffre, il souffre affreusement de cette chaîne, qui lui laissa une marque indélébile, il souffre des coups qu'il ne mérite pas et qui pleuvent sur lui comme sur les autres, et il est heureux, car ce qu'il souffre, un autre ne le souffre pas ! Inutile de vous dire que la charitable substitution fut bientôt découverte ; M. Vincent, délivré avec force excuses, s'enfuit de Marseille comme un voleur, devant le concert de louanges et de bénédictions qui l'accueillait partout.

Et je pense ici à notre pauvre marine actuelle, qui a trois aumôniers en tout ; à tant de braves marins, qui auraient besoin, eux aussi, de voir un Vincent de Paul traverser leur vie, à nos pêcheurs d'Islande ou de Terre-Neuve restant parfois des mois sans secours spirituels... O saint Vincent, du haut du ciel, aidez nos œuvres de mer !... Comme vous avez suscité des prêtres pour prêcher avec vous une mission sur les galères à la mer entre Bordeaux et la Rochelle, suscitez-nous des prêtres marins !

Et maintenant, revenez près de votre pénitente, Mme de Gondi, car la mère est frappée au cœur. Écoutez ces joyeux hallali dans les bois de Folleville. Les jeunes de Gondi et leurs amis ont forcé un cerf ! Hallali ! Nous l'avons ! Hardi, les chiens ! Henri de Gondi excite sa monture ; ses vingt ans s'enivrent de la chasse. Le cheval fait un faux pas, s'abat. Le cavalier, pris dans l'étrier, veut se dégager. Le cheval affolé cherche à se relever ; d'un coup de sabot, frappe le jeune homme... Oh ! saint Vincent, restez aux côtés de la mère, à qui l'on rapporte le cadavre de son fils ; ayez pitié d'elle ! Son cœur est brisé à jamais et sa tâche en ce monde n'est pas finie ; pour l'achever, elle a besoin de vous ; pour accomplir votre mission, vous avez besoin d'elle !

V

Depuis le jour mémorable où Vincent avait prêché d'abondance aux paysans de Folleville, Mme de Gondi rêvait de l'évangélisation des campagnes. Pour cela, il fallait des prêtres libres, dévoués, qui, sans désir de lucre, instruiraient et le peuple et le clergé. Celui-ci, hélas! en avait grand besoin. Celui des campagnes, je vous l'ai déjà dit, était particulièrement au-dessous de sa tâche; et cela faute de séminaires. Vincent avait prêché, avec le secours de quelques ecclésiastiques, des missions qui avaient donné de bons résultats. Un incident lui montra la nécessité de la régularité de la prédication. Il avait travaillé en Picardie à la conversion d'un protestant qui n'avait pas voulu se rendre, frappé de ce fait qu'il voyait les prêtres abonder dans les villes et abandonner les campagnes. Piqué au vif, M. Vincent organisa une mission au lieu même d'où le reproche était parti. L'idée des missions régulières avait fait un grand pas.

Mme de Gondi donna les fonds, l'archevêque de Paris donna l'ancien collège des Bons-Enfants, saint Vincent donna sa peine. Il n'eut d'abord qu'un disciple, Portail. Peu de temps après, un troisième prêtre se joignit à eux. On ne saurait rêver débuts plus modestes pour une œuvre qui couvre aujourd'hui l'univers. Les prêtres de la Mission, pendant neuf mois, allaient prêcher et instruire les campagnes. Puis, pendant que les paysans étaient entièrement pris par les travaux des champs, ils rentraient au collège se préparer à une nouvelle campagne.

Sitôt l'œuvre debout, Mme de Gondi mourut, et son mari, inconsolable, s'ensevelit à l'Oratoire. Pierre était désormais le chef de la famille; le dernier fils, Paul, bien que d'humeur peu ecclésiastique, fut, tout jeune, destiné à l'Église.

Revenons à l'humble Mission : ce fut le grain de sénevé planté en terre. Sans rien presser, sentant qu'il a le temps pour lui, le paysan landais le laissera germer et porter ses fruits. Il formait soigneusement ses disciples, ne redoutait pas la « rusticité » pour parler aux rustres (ce fut plus tard

6

qu'il exigea une science approfondie); il leur enseignait sa *petite méthode;* par là encore saint Vincent me rappelle saint François de Sales et me fait prévoir sainte Thérèse de Lisieux. « Cette méthode est que nous y allions tout bonnement dans nos discours, tout familièrement, de sorte que, jusqu'au moindre de nos auditeurs puisse nous entendre, sans toutefois employer de lanagge bas ou corrompu. » Cela vous semble tout simple, cette méthode ? Il n'y avait pas si longtemps que le père de saint François lui reprochait la simplicité de sa prédication. Malgré toute sa charité, saint Vincent n'a pas assez d'épigrammes pour désigner le langage emphatique : méthode pompeuse, fanfare, etc...

Dès 1632, la Mission était transférée à Saint-Lazare, dotée du revenu de quelques terres, sous la réserve (Saint-Lazare étant une ancienne léproserie) de soigner les lépreux qui se présenteraient et les fous enfermés au fond du jardin. De cette installation à Saint-Lazare vint le nom populaire des prêtres de la Mission : les Lazaristes.

Et aussitôt, nous voyons l'idée maîtresse de Vincent fructifier avec une rapidité qui montre combien elle était d'actualité. D'ailleurs, retenez bien ceci, qui peut étonner à première vue : personne n'a le sens de l'actualité comme les saints. C'est pourquoi leur œuvre est si diverse suivant les époques : nous les voyons successivement travailler à convertir et à maintenir les farouches barbares (sainte Geneviève, saint Rémy, saint Colomban, saint Léger); fonder des centres religieux ou hospitaliers (saint Odon, saint Bernard de Menthon); lancer les peuples contre les Sarrasins ou les hérétiques (saint Bruno, saint Bernard); maintenant, répandre l'instruction et la charité.

En quelques années, dans ces vastes locaux encore peu peuplés, Vincent crée les retraites pour les ordinants, les retraites pour les gens du monde, les conférences du mardi. Arrêtons-nous-y un moment. Comme toujours, l'idée ne fut pas de Vincent; il l'adopta seulement, la développa. On dit qu'elle vint de M. Olier.

Vous rappelez-vous ce petit Jean-Jacques Olier, qui donnait tant de soucis à sa mère, et que saint François distingua prophétiquement? Eh bien, c'est lui. On réunit chaque semaine les nouveaux ordonnés pour *asseoir* leur science. Le

Le cardinal fut si satisfait
qu'il demanda à Vincent quels prêtres il jugeait dignes de l'épiscopat.

mardi fut choisi pour des cours suivis. Saint-Lazare fut le centre d'une petite faculté de théologie très courue. Parmi ceux qui s'y pressèrent, citons Olier et Bossuet.

Conférences et retraites firent tant de bruit dans Paris que Richelieu, alors tout-puissant, voulut connaître leur fondateur. Et voici notre Vincent, figure déjà populaire, en tête-à-tête avec celui qui fait trembler la France et l'Europe. Et le terrible cardinal fut si satisfait qu'il demanda à Vincent quels prêtres il jugeait dignes de l'épiscopat, et se référa à son avis.

Une fondation en entraîne une autre, presque mécaniquement. La Mission prenait de l'importance; les novices s'y pressaient. Pour les instruire, Vincent créa le séminaire interne de Saint-Lazare. Voilà enfin ce que saint François désira toute sa vie et ne put réaliser! Séminaire veut dire semence, pépinière. Et le séminaire de Saint-Lazare nous amène à d'autres séminaires. Cette nouveauté frappa plusieurs évêques. Celui d'Annecy, le successeur de saint François de Sales, fut le premier à solliciter le concours de M. de Paul. Ce premier séminaire dut être remanié au bout de deux à trois ans. Pourquoi donc? Vincent l'avait tout de suite remarqué; de cette remarque va jaillir une nouvelle œuvre.

On avait fait un seul collège de jeunes gens déjà instruits, ayant parfois reçu les ordres mineurs, et d'enfants à la vocation incertaine, commençant leurs études, présentant seulement des dispositions au sacerdoce, ou que leur famille, d'autorité, destinait à l'Église. C'était assembler des éléments trop dissemblables. Vincent, rentré à Paris, laissa son idée faire son chemin et arriver tranquillement à son but. Ce but, c'était la création des petits séminaires. Nous sommes en 1642. Cette même année, Olier fonde Saint-Sulpice.

VI

Quelques mois auparavant, Vincent de Paul avait été douloureusement éprouvé par la disparition d'une grande figure religieuse du siècle : Mme de Chantal. En 1619, François de

Sales, fondant la Visitation de Paris, chercha un directeur pour les religieuses; on lui conseilla M. de Paul, alors inconnu. L'âme de l'évêque de Genève devina immédiatement celle de l'humble prêtre; il le choisit. C'est ainsi que M. Vincent se trouva en relations avec sainte Chantal, qui venait inspecter son couvent de Paris. Leur dernière entrevue eut lieu en novembre 1641. Mme de Chantal était âgée, usée par les austérités. Vincent, dont la carrière devait encore être longue, avait soixante-cinq ans. Tous deux savaient que c'était leur dernière rencontre. Elle, déjà malade, partit pour Moulins.

C'est alors que nous trouvons dans la vie très simple, presque terre-à-terre de Vincent, la seule vision, la seule extase, qu'il ait jamais révélée; encore parle-t-il de lui comme d'un tiers. « Cette personne se mit à genoux pour prier Dieu pour elle (Mme de Chantal) et faire un acte de contrition des péchés qu'elle avait commis... Il lui parut un globe comme de feu qui s'élevait de terre et s'alla joindre en la supérieure région de terre à un globe plus grand et plus lumineux, et les deux, réduits en un, s'élevèrent plus haut et se répandirent en un autre globe infiniment plus grand et plus lumineux que les autres, et il lui fut dit intérieurement que ce premier globe était l'âme de notre digne Mère, le deuxième, de notre bienheureux Père, et l'autre de l'essence divine; que l'âme de notre Mère s'était réunie à celle de notre bienheureux Père, et les deux à Dieu, notre souverain principe. » A ce moment, Mme de Chantal rendait le dernier soupir entre les bras de cette Marie des Ursins, duchesse de Montmorency, dont je vous ai déjà parlé.

Jamais le chagrin ne retarda aucune œuvre chez saint Vincent; nous avons vu que c'est à ce moment que naissaient les séminaires.

J'ai dit plus haut que sa silhouette modeste était fort populaire à Paris. Pourquoi? C'est que, tandis que nous parlions de la Mission, des retraites et des conférences, sans bruit, sans éclat, commençaient à ouvrer dans Paris les Filles de la Charité, celles que nous appelons les Sœurs de Saint-Vincent-de-Paul.

En 1633, les dames de Charité de Paris donnèrent à leur fondateur bien du souci; elles étaient suffisamment nom-

breuses. assez zélées, ne ménageaient pas leur argent, mais...
Il paraît qu'au xviie siècle, le tourbillon de la vie emportait
déjà les pauvres Parisiennes et ne leur laissait nul répit;
elles se voyaient trop souvent obligées de se faire remplacer
près des malheureux et des malades par leurs domestiques.
L'association risquait fort de se voir détournée de son but
primitif : l'assistance par les dames du monde.

C'est ici le moment de parler d'une femme dont le nom
est aussi inséparable de celui de saint Vincent de Paul que
celui de Mme de Chantal est inséparable du nom de saint
François de Sales : sainte Louise de Marillac, plus connue
sous le nom de Mlle Le Gras. Nièce de deux seigneurs
victimes de leur dévouement à Marie de Médicis; veuve d'un
secrétaire de cette reine, n'ayant qu'un fils, Louise de Marillac fut le bras droit de saint Vincent dans ses œuvres charitables. L'usage a prévalu de l'appeler Mlle Le Gras.

Ils réunirent quatre ou cinq braves filles de la campagne,
comme on en trouvait encore à cette époque lointaine :
fortes, simples, courageuses, pieuses, qui allaient à peu près
remplacer les dames de Charité défaillantes. Ces « bonnes
filles » logèrent comme elles purent chez qui voulut les
héberger, et furent réparties entre les paroisses qui en
avaient le plus besoin. Elles n'étaient liées par aucun vœu,
étaient à peine plus que des filles de servive, au service surtout des malades. Et pour vous montrer tout de suite que
l'esprit des Filles de la Charité fut immédiatement ce qu'il a
toujours été, écoutez :

Marguerite Nazeau était une gardeuse de moutons; elle
apprit, on ne sait comment, à lire et à écrire, et fit profiter
de sa science ceux qui l'entouraient; très pauvre elle-même,
elle trouvait moyen d'économiser sur ses gains pour aider
aux études de pauvres clercs. Vincent la découvrit au cours
d'une mission et la fit venir à Paris. Installée sur la paroisse
Saint-Paul, elle sut ajouter à son dévouement la grâce, la
gaieté, qui en doublent le prix. Puis, un jour, elle recueillit
dans sa petite chambre une pauvre femme malade et la
soigna. Cette femme n'avait rien moins que la peste. Marguerite prit la peste et mourut, tout simplement, comme
elle avait vécu. N'est-ce pas là la vraie sœur de charité?

Cette dispersion des Filles ne valait rien; on les installa

dans une petite maison de la rue Saint-Victor. C'est déjà une communauté mais une communauté laïque. Les fondateurs pensaient d'autant moins à la transformer en ordre religieux qu'à cette époque encore, qui disait religieuse, disait cloître; rappelez-vous l'échec de saint François avec la Visitation.

Les servantes des pauvres, même filles de la campagne, ne doivent pas travailler comme des manœuvres. D'accord avec Mlle Le Gras, Vincent les forma moralement, dans un esprit évangélique. Il leur fit chaque semaine une de ces conférences dont il avait le secret; il parlait d'abondance, et ne pensait pas plus à conserver ses instructions, que saint François ses directions à Mme de Charmoisy. Heureusement, Mlle Le Gras, fort moderne en cela, prenait des notes, et nous a conservé ces précieux enseignements.

Laissons couler quelques années, que ces « bonnes Filles » se développent, se répandent silencieusement dans les hôpitaux et les quartiers pauvres de Paris. Nous voici en 1641, et elles ajoutent une corde à leur arc en ouvrant les « petites écoles ». Qu'est-ce encore là? Tout simplement des asiles pour les petits enfants du peuple parisien; quelque chose entre l'école maternelle et l'école primaire, l'école des Sœurs, en un mot. Les enfants y apprennent à lire et à écrire, on leur enseigne la religion, l'amour de Dieu et le respect du roi. Avec ce bagage, on peut partir pour la vie. Les Filles sont là dans leur élément; la preuve en est que, aujourd'hui, dans les pays lointains, à côté des prêtres lazaristes, nous trouvons l'école, la garderie, l'orphelinat des Sœurs.

L'œuvre prenait une grande extension et un caractère de plus en plus religieux. En 1642, les Filles pressaient leur directeur de les autoriser à faire des vœux. Vincent, fort perplexe, hésitait : prononcer des vœux, c'est être religieuse; être religieuse, c'est s'enfermer dans un cloître, prier Dieu pour les autres, et non aller aux autres au nom de Dieu. Il autorisa des vœux d'un an, qui furent prononcés le 25 mars 1642. Mais rappelez-vous bien que les Sœurs grises, comme on les appelait déjà, étaient des séculières et non des religieuses.

En même temps, Vincent groupait les dames de Charité

pour la visite des prisons et des hôpitaux. Une pieuse émulation s'empara de la haute société parisienne pour ces visites si pénibles. Ce fut un entraînement général. Anne d'Autriche sollicita la présidence d'honneur de la société. Si j'osais, je dirais : ce fut un engouement; mais je n'ose parler ainsi d'une œuvre qui subsista jusqu'à cette Révolution, qui essaya de faire de toutes pièces une nouvelle France sur le corps palpitant de l'ancienne.

VII

Mais je vous entends soupirer avec impatience : « Depuis tant de pages qu'on nous parle de saint Vincent de Paul, nous ne voyons pas encore la moindre allusion aux enfants trouvés ! »

La tradition veut qu'en plein hiver, par une neige épaisse, le soir, saint Vincent ait aperçu deux pauvres bébés abandonnés au coin d'une rue, les ait ramassés et emportés. Ce n'est pas tout à fait cela.

Un soir, je ne sais en quelle saison, le vieux prêtre rentrait d'une mission, lorsqu'il vit un misérable qui s'exerçait froidement à déformer les membres d'un nouveau-né pour en faire plus tard un de ces mendiants aux infirmités repoussantes qui pullulaient dans les rues de Paris et se réfugiaient dans les cours de miracles, misérables et dangereux malfaiteurs. Se jeter sur l'homme, lui arracher l'enfant et l'emporter sous son manteau, fut pour le vieillard l'affaire d'un instant. Mais que faire de cette pauvre petite proie ? Il va rue Saint-Landry frapper à une maison qu'on appelait la Couche. C'est là qu'on recueillait les enfants abandonnés à la rue.

« Mais alors, direz-vous, saint Vincent n'a pas *inventé* les enfants trouvés ?

— Saint Vincent n'a rien inventé. Il a pris ce que son siècle lui donnait ou ce que ses contemporains lui offraient, et l'a ennobli, purifié, perfectionné, au point de le faire sien. Avant saint Vincent, des prêtres ont prêché dans les campagne, des femmes ont secouru les pauvres et soigné les malades, mais autrement. Autre temps, autres mœurs;

saint Vincent a compris et modifié les mœurs, voilà tout· C'est déjà beaucoup.

Donc, Vincent entre à la Couche avec son léger fardeau, et recule épouvanté. Figurez-vous deux ou trois cents marmots entassés dans un réduit infect, couverts de vermine, à peine nourris, criant ou gémissant en face d'une femme et de ses deux servantes, indifférentes à tant de misère, impuissantes en tous cas. Les trois quart des bébés mouraient de faim, souvent sans baptême ; d'autres étaient achetés pour quelques sous, par des gens qui opéraient des suppositions ou des substitutions d'enfants pour des motifs peu avouables. Devant une telle misère morale et physique, Vincent ne put retenir ses larmes. Pour la première fois, se mettant en avant, il réunit ses dames, les émeut sans peine, et l'on décide de venir au secours de quelques enfants, ne pouvant, hélas ! en prendre trois cents pour commencer.

Ils furent confiés aux Filles de la Charité. Une œuvre si utile rencontra de hauts appuis ; Louis XIII donna une rente de quatre mille livres. Mais le nombre des enfants augmentant, il fallait trouver de nouvelles ressources ; le roi donnait, et les Dames de Charité ; Mlle Le Gras s'usait, s'épuisait, pour assurer le nécessaire aux enfants trouvés ; son ingéniosité rivalisait avec celle de saint Vincent pour suffire à tout au milieu de la misère croissante de la guerre de Trente ans et de la Fronde (j'anticipe un peu sur les événements pour ne pas couper ce récit). Hélas ! un jour vint où elle n'eut plus *rien* devant elle. Il fallait abandonner l'œuvre, rejeter les enfants à la rue...

Comme un homme qui se noie tente de revenir à la surface de l'eau, Vincent fit un suprême effort. Il réunit encore les dames qui avaient déjà tant donné. Cette séance est si célèbre, non seulement dans les annales de la charité, mais même dans l'histoire, que j'ose à peine vous en parler ; et pourtant... Il ne leur cacha pas la détresse profonde de l'œuvre, les difficultés qui s'accumulaient ; son émotion gagna l'assistance : « Vous êtes libres, mesdames, n'ayant point d'engagement ; vous pouvez vous retirer dès aujourd'hui. Mais avant de prendre une résolution, réfléchissez bien à ce que vous avez fait et à ce que vous voulez faire. Or sus, mesdames, la compassion et la charité vous ont fait adopter ces petits. Vous avez été leurs mères selon la grâce depuis que leurs mères selon la nature les ont abandonnés; leur vie et leur mort sont entre vos mains. »

Que répondre? Comment ne pas se priver, en ces temps de misère, pour tous ces petits? L'œuvre des enfants trouvés était définitivement fondée.

J'ai un peu anticipé sur les dates, vous ai-je dit. Il nous faut revenir en arrière et nous tourner vers des spectacles bien différents.

Nous sommes en pleine guerre de Trente ans. La guerre de Trente ans, pour ses ravages, sa sauvagerie, la misère qu'elle laissa derrière elle, n'est comparable qu'aux pires guerres de religion et à la Grande Guerre. Imaginez, il y a dix ans, des prêtres de la Mission pénétrant dans nos provinces envahies et venant rendre compte à saint Vincent de Paul de ce qu'ils ont vu. Voilà. Les soudards de Guillaume valaient les reîtres de Wallenstein; la grippe espagnole valait la peste. Nous retrouvons les villages brûlés, les habitants massacrés, les propriétés anéanties. Et ce ne sont là que les désastres matériels. Continuons notre enquête; la comparaison s'impose de plus en plus. Voyez ces populations hébétées de souffrance, qui fuient on ne sait où; voyez, dans les régions envahies, ces femmes et ces jeunes filles qui n'ont pu s'évader, victimes des brutalités allemandes ou suédoises; voyez ces enfants errants, qui ne savent où se réfugier, qui ont oublié, dans leur effroi, jusqu'au nom de leur village; voyez ces familles nobles, oiseaux blessés par la guerre, qui s'abattent sur Paris, y terrent leur misère et leurs besoins, trop fières pour mendier un secours; voyez ces espaces immenses, champs funèbres, sur lesquels croassent les corbeaux, ruines fumantes, où des cadavres décomposés répandent l'infection et de nouveau la mort, et les larmes, et les révoltes, et les blasphèmes, et les malédictions qui montent vers le Ciel plus encore que les plaintes. Cela, c'est la guerre de Trente ans comme celle de 1914!

Et c'est à ces désespérés qu'ira l'immense charité de saint Vincent de Paul. La Mission avait déjà pris un grand développement; les Lazaristes s'en allaient pendant des mois, deux par deux, comme les apôtres que Notre-Seigneur envoyait devant lui, dans les régions dévastées comme dans les autres, plus peut-être. Leurs rapports étaient d'une netteté, d'un détail, qui ne laissaient aucune place au doute.

Là encore il fallait agir, agir immédiatement, et pour agir, il fallait de l'argent. Et saint Vincent parle, quête, supplie. Faut-il, pour l'amour du prochain, s'imposer des restrictions? Il donnera l'exemple, ne mangera que du pain bis, ne prendra qu'un repas; ce qu'il économisera ainsi ira en Lorraine. Comment ne pas suivre un tel homme? L'exemple parti d'en bas jaillira en une gerbe magnifique : les grandes dames feront des largesses; l'une d'elles donnera d'un coup quarante mille livres. Anne d'Autriche n'a plus d'argent? Voici ses bijoux : c'est un diamant de six mille livres, des pendants d'oreilles de dix-sept mille, et, modestement, elle réclame le secret de son aumône; mais Vincent veut publier la générosité de la reine; celle de Pologne, Marie de Gonzague, envoie douze mille livres, et à travers quelles difficultés!...

La guerre se prolongeait, et la guerre civile venait en augmenter l'horreur. « Donnez, donnez, » disait M. Vincent. Lui, donnait l'argent destiné à remplacer son vieux cheval boiteux. Et les Françaises, ruinées par leur charité, donnaient aux Français ruinés par l'étranger. Un jour, elles n'eurent plus rien a donner.

Jadis, quand saint Anthelme ouvrait inlassablement ses greniers pour parer aux famines du Bugey, le Seigneur multipliait miraculeusement son grain. Fera-t-il moins aujourd'hui pour son fidèle serviteur Vincent? Non, mais le miracle prendra une autre forme : une idée géniale, celle-ci vraie création du saint.

Déjà, pour assurer des ressources aux enfants trouvés, il avait fait travailler manuellement les Sœurs et vendu leur travail. Vente de charité. Cette fois, il fit imprimer les rapports des missionnaires sur les provinces où ils prêchaient, et les fit vendre pour quelques sous à la porte des églises. Ce fut un succès; on s'arrachait les « petites feuilles ». Bientôt il fallut en assurer la périodicité, puis les réunir en petites brochures, « le magasin charitable »! L'argent tombait dans la bourse du banquier des malheureux. En même temps, car il fallait tout mener de front, des Filles de la Charité partaient à la suite des Lazaristes, pour soigner

M. de Paul, en avril 1643, fut mandé à Saint-Germain où le roi était fort mal.

les malades et les blessés, recueillir et diriger sur Paris des jeunes filles de Lorraine et les soustraire aux horreurs qui les attendaient.

Mais tous ces réfugiés, vous savez comme moi les dépenses qu'ils occasionnent dans une ville, l'embarras qu'ils suscitent, en dépit des bonnes volontés de tous. Vincent y pourvut encore; pendant huit ans il les soutint, et quand la paix vint enfin, il soutint en leur place les Irlandais chassés par Cromwell. Pour secourir les affamés, il crée dans les régions dévastées les « potages économiques », ancêtres des fourneaux économiques, qui sauvèrent combien de milliers de corps, et par là combien de milliers d'âmes!

Car n'oubliez pas ceci : toutes ces fondations, toutes ces créations charitables, amenées par le besoin du moment, veulent atteindre les âmes en soignant les corps. Lorsque les prêtres de la Mission, les Filles de la Charité, Vincent lui-même, allaient sur ces champs d'horreur, ils n'oubliaient pas que « l'homme ne vit pas seulement de pain, mais de toute parole qui sort de la bouche de Dieu ».

Nous devons ici une mention spéciale à un hardi lazariste, Matthieu Renard, qui accomplit des missions extraordinaires avec un bonheur qui tient du miracle. Il quittait Paris lourdement chargé, car à cette époque l'or et l'argent n'étaient pas en billets de banque, et il emporta jusqu'à vingt mille livres avec lui. Le pays était infesté non seulement d'ennemis, mais de ces bandes organisées de voleurs et d'assassins, qui naissent spontanément aux époques de désordre. Cinquante-quatre fois Matthieu Renard fit le voyage de Lorraine, et cinquante-quatre fois il passa, tantôt déroutant ses ennemis, tantôt s'imposant à eux et s'en faisant respecter.

Pendant des années et des années, Vincent de Paul et les siens soutinrent cet immense effort. La politique de Richelieu exigeait la continuation de la guerre pour l'abaissement de la maison d'Autriche et la grandeur de la France; notre saint, lui, voyait surtout la misère intérieure. Il alla jusqu'à supplier avec larmes Richelieu de donner la paix au pauvre peuple. « Hélas! lui dit le ministre, la paix ne dépend pas uniquement de moi. »

VIII

Le grand cardinal est mort, et Louis XIII va le suivre dans la tombe. Pieux et pur, ce roi trop méconnu sent le besoin d'un secours puissant pour passer de ce monde à l'éternité. M. de Paul, en avril 1643, fut mandé à Saint-Germain, où le roi était fort mal. Le saint prépara cette grande âme à paraître devant Dieu. Le 13 mai, devant une nombreuse assistance, Louis XIII annonça prophétiquement la victoire de Rocroy. Le 14 mai, il s'éteignait en récitant le *Te Deum*. Le roi est mort, vive le roi !

Ce roi, un bébé, c'est Louis XIV.

Avant d'entrer dans ce nouveau règne, d'aborder les troubles de la Fronde, jetons un coup d'œil sur l'œuvre maîtresse de saint Vincent : la Mission et les Filles de la Charité.

Les Lazaristes restèrent longtemps au nombre d'une dizaine environ, puis, brusquement, ils se développèrent : ils étaient connus, et leur recrutement était assuré par le séminaire. Nous les voyons alors, non seulement parcourir toute la France, mais s'étendre au dehors. Les voici en Corse, en Irlande, en Écosse, en Angleterre, aux Hébrides, où ils sont emprisonnés pour avoir enseigné la religion romaine. Du vivant de leur fondateur, ils sont appelés en Pologne, s'installent en Tunisie, libérateurs d'esclaves là où saint Vincent fut esclave, et agents consulaires de Louis XIV. Ils vont plus loin encore ; et pour eux, l'humble paysan landais est plein d'ambition : il entrevoit déjà l'évangélisation de la Chine. Sans pousser jusqu'en Extrême-Orient, les Lazaristes du XVIIe siècle accompagnent nos colons à Bourbon, à Maurice, à Madagascar. Vous savez la part immense, prépondérante, qu'ils ont maintenant dans les missions de Chine. Et cela, parce qu'un jour une noble Française et un saint prêtre se rencontrèrent au chevet d'un paysan mourant.

Tout en lançant ses prêtres et ses filles à la conquête du monde, Vincent de Paul, déjà vieux et surchargé, se voyait imposer d'entrer au Conseil de conscience, institué

pour aider l'inexpérience de la régente dans le choix
des évêques et des abbés. Le pauvre Vincent fit tout
pour en être écarté; Anne d'Autriche ayant tenu bon,
il s'inclina. Prenant sa tâche à cœur, il parvint à faire
réformer pour un temps bien des abus : grâce à lui, on ne
put être pourvu d'une abbaye avant d'avoir dix ans; il fut
interdit d'élever des enfants à l'épiscopat, on exigea même
un an de prêtrise. Réformer n'est rien quand on a pour soi
la régente; appliquer la réforme est plus difficile. Vincent
s'en aperçut quand il lui fallut résister aux sollicitations,
parfois aux menaces. La mère d'un candidat évincé, hors
d'elle, n'alla-t-elle pas un jour jusqu'à lui jeter à la tête un
tabouret qui le blessa... Ah! il n'aimait pas, le pauvre saint,
aller au Louvre où il sentait, sous des dehors aimables, la
sourde opposition de Mazarin. Mais, comme chez lui la
gaieté de l'esprit français ne perdait jamais ses droits, il
riait de lui-même en apercevant dans les glaces de Venise
son visage ridé, sa vieille soutane toujours « nette », mais
si usée, si rapiécée, et son chapeau râpé. « Ah le maroufle! »
s'écria-t-il un jour en se regardant. Mais le maroufle tenait
tête à tous les orages pour le bien de l'Église. Et M. de
Mazarin, « qui trouvait fort commode l'autre façon d'aller »,
autrement dit l'octroi des évêchés et des abbayes à ses
créatures, ne pouvant le combattre en face, résolut de l'évin-
cer peu à peu. De graves événements, où le pouvoir royal
faillit sombrer devant la noblesse menaçante, vinrent l'y
aider; je veux parler de la Fronde.

N'attendez pas de moi un récit de la Fronde. Nous nous
égarerions ensemble dans cet imbroglio. Mais voyons ce
qu'était cette société si organisée, si sérieuse, si austère
même, qui va se jeter par deux fois dans la plus folle des
aventures, et voyons un de ses chefs les plus fameux, le
coadjuteur de Retz, Paul de Gondi.

Vous vous rappelez cet adolescent brillant, que la mort de
son frère Henri dirigea vers l'Église « pour conserver dans
la famille de Gondi l'archevêché de Paris ». Hélas! le jeune
Paul joua une infâme comédie aux siens : comédie, sa conversion; comédie, sa vocation; comédie, son repentir d'une
jeunesse orageuse; comédie, sa retraite à Saint-Lazare. Il
en sort avec le « parti de faire le mal par dessein ». Et saint

7

Vincent l'aimait, pourtant ! Jusqu'à quel point fut-il sa dupe ? Paul de Gondi, cardinal et coadjuteur, avait tout pour faire un factieux, un révolté.

A côté de ce brillant premier s'agite une noblesse turbulente, matée à grand'peine par Richelieu, qui veut prendre sa revanche, secouer le joug de l'autorité. Ses chefs seront de Retz, La Rochefoucauld, Condé, Mlle de Montpensier, Mme de Chevreuse. La haute bourgeoisie parisienne, qui donna le branle par la Fronde parlementaire, se laissera emporter par le monvement antiroyaliste, en haine de Mazarin ; mais, au fond, elle ne demandera qu'à revenir à son maître. Et que d'esprits creux, que de cerveaux brûlés, que de pêcheurs en eau trouble vont s'agiter à la faveur de la guerre civile ! Que de misères, avouées ou dissimulées, fondront sur notre pauvre pays, tout pantelant de la guerre de Trente ans !

Par ses relations, ses amitiés, toutes opposées à Mazarin, Vincent se trouve tout naturellement avec les frondeurs ; par son dévouement à la pénible tâche de la régente, par la confiance que lui témoigne la reine, il est contre la Fronde. Disons-le tout de suite, M. Vincent évita tant qu'il put, durant sa longue existence, de se mêler de la politique. Pendant ces années douloureuses, il se tiendra sur une extrême réserve, fidèle à sa vocation charitable, à son roi, à ses amis.

Là bouillante population parisienne s'est soulevée, la reine a dû fuir à Saint-Germain avec ses fils, la cour, Mazarin. Condé est chargé de bloquer Paris rebelle et de le réduire à merci. La colère de la population s'accroît de la perspective de la misère et de la famine. La reine offensée, Paris irrité, se dressent l'une contre l'autre : situation sans issue, à moins que Mazarin ne se retire. Le parti de Vincent est pris ; il part sur son pauvre vieux cheval avec un prêtre de la Mission, M. du Courneau. C'était au milieu de la nuit, dans Paris en armes, hérissée de barrières. Les deux voyageurs étaient arrêtés à chaque coin de rue. Rendons cette justice aux Parisiens : dès qu'ils reconnaissaient cette figure familière, les menaces se changeaient en aide. Ce n'étaient pas seulement les hommes qui « rechignaient » à laisser passer les deux pèlerins ; les éléments s'en mêlaient : la Seine

La mère d'un candidat évincé, hors d'elle, n'alla-t-elle pas un jour
jusqu'à lui jeter à la tête un tabouret.

débordée inondait le pont de Neuilly; Vincent s'y engagea bravement, suivi de du Courneau qui, dit-il, « trémoussait de peur ». Ils furent trempés jusqu'aux os, mais arrivèrent sans accident à Saint-Germain.

Le bruit se répandit comme la foudre, à la cour, que les Parisiens, effrayés, envoyaient M. de Paul en ambassadeur pour négocier leur reddition; aussi le soi-disant ambassadeur fut-il accueilli avec empressement par Anne d'Autriche. Elle dut être bien déçue, la pauvre régente, quand, au lieu de l'humble requête qu'elle attendait, le membre du Conseil de conscience lui dépeignit l'affreuse misère de la capitale, l'injustice qu'il y avait à rendre près d'un million de malheureux responsables du crime de quelques-uns, lui dit quel apaisement elle obtiendrait en éloignant, au moins pour un temps, M. le cardinal, objet de la haine publique. Anne, surprise, émue, promit d'adoucir le blocus, et Vincent passa chez Mazarin. Sans changer de thème, il changea de ton. Mazarin, toujours maître de lui, ne se fâcha pas, même quand le prêtre lui dit : « Monseigneur, cédez au temps, jetez-vous à la mer pour calmer l'orage! » Le rôle de Jonas ne tentait nullement Mazarin, qui sut éconduire très aimablement l'importun. Vincent avait échoué. Il quitta Saint-Germain, mais ne rentra pas à Paris. Ceux qui le vénéraient hier l'accusaient aujourd'hui de trahison; *le Mazarin* l'avait acheté! Vincent de Paul acheté?... Quelle invraisemblance! Et pourtant, la colère du peuple monte. Ne pouvant atteindre le saint, il se jette sur la Mission, la saccage et se gorge de provisions.

Vincent se rend tristement chez Mme d'Aiguillon, à Richelieu. Les Parisiens affamés ouvrent leurs portes aux troupes royales. Le 18 août 1649, Anne d'Autriche et Louis XIV entrent dans Paris avec Condé et Mazarin. La Fronde parlementaire était vaincue. Anne d'Autriche manda auprès d'elle saint Vincent, alors malade à Richelieu; un désir de la reine était un ordre. Mme d'Aiguillon fournit au convalescent un petit carrosse à deux chevaux pour son voyage. Vincent, de retour à Paris, voulait renvoyer immédiatement ce somptueux équipage qui effarouchait son humilité; mais il eut tout le monde contre lui : Mme d'Aiguillon, les dames de Charité, les missionnaires, et même la reine et l'archevêque, qui imposèrent le modeste carrosse au prêtre presque infirme. Bientôt la voiture de M. Vincent fut aussi populaire à Paris que l'avait été son cheval boiteux ; mais, sous prétexte charité, il servait à tout Saint-Lazare.

Les intrigues pour ou contre Mazarin se nouaient et s'embrouillaient dans le monde de la cour. Le cardinal de Retz était dans son élément. L'arrestation des meneurs, Condé, Conti, Longueville, met le feu aux poudres. Paris se lève encore une fois. C'est la fameuse marche contre Saint-Germain, qui fait déjà prévoir la marche sur Versailles d'octobre 1789. Il faut céder au flot populaire. Anne d'Autriche, vraiment reine, ouvre aux rebelles la chambre de son fils : « Ne faites point de bruit, dit-elle simplement, le roi dort. » Et le peuple, dompté soudain, défile silencieusement devant le lit d'enfant. Mazarin démissionne, mais la guerre civile est déchaînée dans toute la France. C'est le désordre, l'anarchie, la misère. Ah ! Les Lazaristes et les Sœurs grises peuvent courir le pays ; jamais on n'a eu plus besoin d'eux ! Saint Vincent, à soixante-quinze ans, assiste, impuissant et navré, à ce drame poignant, mais non immobile : les provinces dévastées le revoient ; il distribue d'énormes secours, soigne les pestiférés, enterre les morts.

Trois ans la guerre dura. Enfin, un universel besoin de paix, l'habileté de Mazarin, amenèrent une détente. Le 21 octobre 1652, Louis XIV adolescent rentrait dans Paris qui l'acclamait ; mais il ne devait jamais oublier les quatre années atroces qu'il venait de vivre.

Trois mois après, Mazarin, éloigné un moment par politique, revenait définitivement au pouvoir. Pour lui c'était l'heure de la vengeance ; pour saint Vincent, ce fut l'occasion de payer sa dette de reconnaissancee à la famille de Gondi. M. de Gondi, retiré à Villepreux, n'avait point pris part à la Fronde ; mais, père du cardinal de Retz, il fut exilé à Clermont. Quant à Paul de Gondi, toujours agressif et mordant malgré sa défaite, il se montra partout ; il fut bientôt arrêté, enfermé à Vincennes, puis à Nantes. Vincent n'avait jamais caché au jeune cardinal qu'il désapprouvait et sa vie, et sa conduite politique ; mais Paul de Gondi était malheureux aujourd'hui. Vincent emprunta de l'argent pour le prêter à Retz, qui refusa, après l'évasion de Nantes. Le cardinal courut maintes aventures, gagna Rome. Vincent y envoya aux Lazaristes l'ordre de l'héberger. Mazarin l'apprit; son irritation fut telle que notre ambassadeur, Hugues de Lionne, reçut avis de faire rentrer les Lazaristes en France. Le coup atteignait directement saint Vincent. Il n'en témoigna ni offense ni regret de sa conduite.

IX

La paix renaissait en France. Le vieil apôtre pouvait, comme Siméon, murmurer : *Nunc dimittis, Domine...* A quatre-vingts ans, on peut aspirer au ciel; mais sa tâche n'était pas terminée. Il n'avait pas paré à tous les genres de misères.

Un anonyme lui fournit l'occasion de faire un nouveau bien en lui donnant cent mille livres pour telle fondation qu'il voudrait. De ces cent mille livres naquit un hospice, refuge pour les vieillards des deux sexes, qui y trouveraient un abri et un travail approprié à leur état. Remarquons en passant que jamais saint Vincent de Paul n'a dispensé du travail quiconque pouvait faire un ouvrage, si minime soit-il; toute sa vie il combattit la mendicité, qu'il considé-rait comme dégradante et encourageant le vice. L'hospice du Nom-de-Jésus fut ouvert en 1653. Mais (ceci vous sur-prendra) les intéressés ne furent généralement pas enthou-siastes de cette nouveauté : l'hospice leur semblait une pri-son; ils préféraient leur vie dans les carrefours de Paris, vie libre, vie dangereuse parfois de coupeurs de bourses ou de tire-laine, vie de cours de miracles, où l'on simule les plus affreuses infirmités pour émouvoir le passant. Mais juste-ment, cette gent était trop dangereuse pour que le roi, le cardinal, la société entière, n'appuient pas la tentative de saint Vincent. De l'hôpital du Nom-de-Jésus sortit l'Hôpital général. Le roi, le Parlement, tout le monde donna pour cette œuvre. Notre saint eût voulu commencer petitement, par deux ou trois cents pauvres venus là de bon gré (Paris, dit-on, comptait 40000 mendiants). Mais Louis XIV rendit en 1657 une ordonnance interdisant la mendicité et répartissant les mendiants dans divers asiles. C'était un commencement d'établissement *officiel* de la charité. Le fondateur des Sœurs grises n'aimait pas cela ; il était pour la liberté dans la charité ; mais il dut s'incliner.

Saint Vincent commence de préparer son départ. Pour où ? demanderez-vous. Eh ! pour le ciel ! Il l'a bien gagné ! Mais ne fallait-il pas, auparavent, mettre ordre à ses affaires, autrement dit, maintenant qu'ils agissaient depuis trente ans, donner des constitutions définitives aux prêtres de la Mission et aux Filles de la Charité, mettre en ordonnances le résultat d'une longue expérience ? Arrêtons-nous une dernière fois près de Louise de Marillac.

Depuis longtemps, la sainte femme pressait Vincent de donner une forme définitive à son admirable institution ; elle craignait de le voir disparaître avant que ce fût fait. Lui, souriait de cette impatience :

« Femme de peu de foi, que n'avez-vous plus de confiance ? Le Sauveur du monde se rapportait à son Père pour l'état de toute l'Église, et vous pensez que, pour une poignée de filles, il vous manquera ? Allez, mademoiselle, humiliez-vous devant Dieu ! »

Et les Filles, sans règles absolues, partaient pour l'Inde, pour l'Afrique, pour la Pologne, où elles se dévouaient jusqu'à la mort dans Varsovie pestiférée.

Enfin, en 1647, saint Vincent cède ; les constitutions sont rédigées, approuvées, envoyées au Parlement pour être enregistrées. Qu'arriva-t-il ? Nul ne l'a su : les constitutions disparurent si bien qu'on n'en a jamais retrouvé trace. Puis la Fronde ravagea la France comme un incendie et s'éteignit. Saint Vincent et sainte Louise refirent les constitutions sur un tout autre plan. En 1647, ils n'avaient pas encore tous deux l'expérience qu'ils croyaient.

C'est ici qu'il nous faut placer cette définition si nette que le fondateur donne de ses « Filles ».

« Ce ne sont pas des religieuses, car qui dit religieuses dit un cloître, et les Filles de la Charité doivent aller partout. Elles n'auront pour monastère que la maison des malades, pour cellule qu'une chambre de louage, pour chapelle que l'église de la paroisse, pour cloître que les rues de la ville ou les salles des hôpitaux, pour clôture que l'obéissance, pour grille que la crainte de Dieu et pour voile que la sainte modestie. »

Leur costume? Celui des femmes du peuple, celui qu'elles portaient déjà, avec la cornette blanche des paysannes d'Ile-de-France.

Vincent vivait toujours. Il ne marchait plus, mais il prêchait encore aux siens; il devait, avant de mourir, faire préparer sa place en paradis par ses deux plus fidèles disciples.

Au début de 1660, M. Portail et Louise de Marillac tombèrent malades en même temps et furent bientôt à toute extrémité. Le 14 février, tous deux reçurent les derniers sacrements. Vincent se fit porter près de M. Portail et l'assista en ce moment redoutable. Mlle Le Gras traîna un mois encore, et son saint directeur, trop faible, ne put aller jusqu'à elle.

« Vous partez devant moi, mademoiselle, lui écrivit-il; j'espère qu'en peu, je vous reverrai au ciel. »

Il dut attendre quelques mois encore. Dans ce corps tout décrépit, criblé d'infirmités, l'esprit vivait, toujours jeune, toujours actif. Le 27 août, pour la dernière fois, il réunit ses Filles et désigna leur supérieure; ce fut par lettre qu'il nomma son propre successeur à la Mission.

Le 27 septembre 1660, à 4 heures du matin, il s'éteignit sans agonie, murmurant :

« J'ai confiance. »

Il avait eu confiance pendant quatre-vingt-quatre ans, pendant toute sa vie.

Nous sommes à la fin de 1660. Dans quelques mois, Mazarin mourant léguera à Louis XIV une France saine, forte, ardente, la France des Turenne, des Tourville, des Colbert, des Racine, des Bossuet, une France façonnée par des saints, qui éblouira le monde par son éclat et le conquerra par ses missionnaires.

QUATRIÈME RÉCIT

SAINT JEAN-BAPTISTE DE LA SALLE
(1651-1719)

> « Qui reçoit en mon nom un enfant
> me reçoit. »

I

Ici, rien de brillant, peu de pittoresque. Jean-Baptiste de La Salle ne fit pas trembler les rois comme Colomban, ne combattit pas les calvinistes comme François de Sales; il ne fut pas martyr; il ne sauva pas la France agonisante; il ne fut pas favorisé de visions miraculeuses; il n'est pas célèbre par le feu de sa prédication. « Alors qu'a-t-il donc fait ce saint qui n'a rien fait? — Oh! quelque chose de très simple et de très humble :. il a fondé l'Institut des Frères des Écoles chrétiennes, il a inventé l'enseignement professionnel, l'enseignement secondaire moderne, l'école du dimanche, les écoles normales d'instituteurs. — Et c'est cela que vous voulez nous raconter? Ce sera intéressant! — Au premier abord, peut-être pas; mais cet homme a transformé la société, la mentalité du peuple; il a conquis après sa mort l'Orient et l'Occident; et, pour témoignage de sa mission, il a subi les persécutions, les calomnies, il a connu l'agonie de la désespérance après avoir tout quitté pour le Christ. »

Nous sommes en 1651, à Reims, en pleine Fronde, c'est-à-dire au milieu de ces horreurs dont je vous ai parlé déjà. La famille de La Salle est riche et bien posée dans la ville; le père de notre saint est conseiller au présidial (noblesse de robe) et possède l'hôtel de la Cloche, où il abrite ses sept enfants. Jean-Baptiste est l'aîné. Le père, homme droit

Il semble avoir gardé un médiocre souvenir de ce débordement de latin.

et chrétien, forme lui-même, dans la crainte et l'amour de Dieu, l'enfant que le Créateur lui a confié; il pétrit son âme comme une pâte nourrissante. L'enfant, doux et pieux, « gai sans être évaporé, dévot sans grimaces », se prête admirablement à cette éducation. Il aime Dieu, comme dit saint François de Sales, « rondement, naïvement, à la vieille française ». A neuf ans, il entre au collège des Bons-Enfants, dont la fondation remontait à Louis le Débonnaire; le voilà pris dans l'engrenage des humanités : neuf ans de latin étudié dans des grammaires en latin avec des cours en latin, des récréations et des repas en latin. Il semble avoir gardé un médiocre souvenir de ce débordement de latin. A dix-huit ans, maître ès arts, Jean ne possède que l'antiquité classique, la philosophie d'Aristote. Mais il sait qu'il existe une science plus pure et plus saine que les lettres profanes, et il souhaite se consacrer à Dieu.

Bien que Jean-Baptiste fût l'aîné, c'est-à-dire destiné à continuer la race, sa vocation ne rencontra pas d'opposition réelle dans sa famille. Un de ses parents se démit en sa faveur de sa charge de chanoine à la cathédrale de Reims. Alors le jeune homme, tout en remplissant scrupuleusement ses fonctions, se prépara à la prêtrise, comme externe d'abord; puis il partit pour Saint-Sulpice.

Vous vous rappelez que l'abbé Olier avait fondé là le premier grand séminaire de France. C'était, en 1670, le centre d'une véritable petite cité scolaire. Comme étudiant, Jean-Baptiste eut à s'occuper des classes de catéchisme. Du reste ses fonctions ne l'attiraient pas. Ce séjour à Saint-Sulpice ne fut pas long : rappelé à Reims par la mort de ses parents, Jean, à vingt et un ans, est chef de famille, tuteur de ses six frères et sœurs, à la tête d'une fortune importante, chanoine, mais non pas prêtre. Il terminera ses études sur place, tout en surveillant les écoles. Le Seigneur le préparait peu à peu à sa destinée, mais lui ne sentait pas là une vocation.

L'enseignement populaire n'était pas brillant à cette époque. Les écoles paroissiales et monastiques du moyen âge avaient périclité ou s'étaient transformées en collèges. Le XVIᵉ siècle, siècle de renaissance, mais surtout de guerres civiles, avait vu s'éteindre l'instruction primaire.

Sous Henri IV, tout était à reconstruire : dans les grandes villes, les paroisses avaient reconstitué leurs écoles ; les Filles de la Charité avaient à Paris les « petites écoles » ; mais il n'y avait ni unité ni ensemble dans ces tentatives ; et surtout, le personnel enseignant laissait à désirer. Les Visitandines et les Ursulines recevaient et instruisaient les filles tant bien que mal ; seules, les Filles de la Charité allaient au peuple. Pour les garçons, quand on le pouvait, on s'adressait à un clerc ; mais, dans les campagnes, c'était presque impossible. On trouvait bien des maîtres laïques qui étaient convenablement rétribués, cependant faute de préparation pour eux-mêmes, ils étaient à peine aptes à enseigner à leurs élèves la lecture, l'écriture, le calcul et les éléments du catéchisme. Enfin, ces écoles étaient payantes ; rares étaient les villes où existait l'instruction gratuite. Voilà, en raccourci, de quels élèves, de quels maîtres, le chanoine de Reims eut à s'occuper, sur quoi il eut la haute main. Il ne se doutait guère de l'engrenage dans lequel il venait de mettre le doigt.

Le chanoine Nicolas Roland vient de mourir prématurément à Reims, laissant sa fortune aux écoles, sa succession à Jean-Baptiste de la Salle.

« Si j'avais su alors, dit plus tard celui-ci, que le soin que je prenais des maîtres d'école eût dû me faire un devoir de demeurer avec eux, je l'aurais abandonné. Je mettais au-dessus de mon valet ceux que j'employais aux écoles. »

Vous le voyez, ce ne fut pas avec la vocation d'une Jeanne de Chantal ou d'une Colette que M. de La Salle accomplit son œuvre. Il fut lentement conduit par les événements.

Pour ses écoles, pour les réformes qu'il entrevoyait déjà, il était en correspondance avec diverses personnes de Paris ou de Rouen, que ces questions préoccupaient comme lui. Et c'est ainsi qu'une Rémoise, de Rouen, lui envoya un beau jour Adrien Nyel, homme actif, entreprenant, qui avait rétabli les écoles de charité à Rouen. M. de La Salle et lui fondent l'école gratuite de la paroisse Saint-Maurice dont Nyel sera le maître : c'était le 15 août 1679. Une autre suivit quelques semaines plus tard. Trois autres maîtres s'étaient offerts ; tous vivaient chez le curé. Mais Adrien Nyel ne sut s'imposer aucune régularité dans ses fonctions; admirable organisateur, il ne sut pas diriger, et Jean de La Salle, qui avait cru pouvoir présider de haut, s'aperçut vite qu'il devait prendre ses maîtres en main et les former lui-même.

Vous allez tomber des nues, vous, modernes : la première règle qu'il leur donna fut la régularité des heures de lever, de repas, de classe. Une troisième école s'ouvre dès Noël, mais les maîtres, irréguliers, relâchés, ne sont pas à la hauteur de leur mission. M. de La Salle hésite. Il n'est pas homme à coups de tête ou à décisions promptes; il sent qu'il faut installer ces maîtres, d'extraction populaire, assez grossiers, chez lui, homme d'éducation raffinée comme sa vie, au milieu de ses frères. Cela demande réflexion; un de ses inspirateurs de Paris, consulté, lui dit sans ambages : « Voulez-vous former vos maîtres à la piété et leur faire aimer leur état : vous devez les loger et vivre en leur société. »

Saint Jean dut en frissonner d'angoisse et cela lui coûter affreusement, plus que tant d'autres sacrifices en apparence plus durs; mais vous savez qu'il n'y a que le premier pas qui coûte : ce premier pas, c'était d'avoir ces maîtres à sa table et de faire avec eux une lecture pieuse commentée. Il obtint ainsi une amélioration sensible et dans la tenue des classes, et dans le moral des maîtres. En 1681, il fait le second pas, il les installe carrément chez lui.

Ah! ce fut un beau tapage, une vraie levée de boucliers dans la famille! Jean-Baptiste s'abaissait à ce contact perpétuel avec des gens du commun, sans éducation, dont il imposait la société aux siens! C'était déchoir! On enleva à son influence ses deux plus jeunes frères. Le chanoine, blessé dans ses affections, ne dit rien, mais ne céda pas. Il était désormais lancé dans une voie où il ne devait plus s'arrêter. On voulait entraver son œuvre. Silencieusement, il se mit à l'aimer dans ces maîtres, dans ces élèves qu'il prit à cœur d'élever.

Dès 1683, on lui demande des écoles dans les Ardennes, en Lorraine, à Laon. L'élan est donné; mais comme le ruisseau qui sort du rocher, la fondation, encore sans nom, sans règle, devra frayer sa voie à travers mille obstacles, rebrousser chemin quelquefois avant de courir librement à travers le monde.

Le 24 juin 1682 est regardé comme la date de la véritable fondation de l'Institut. Qu'était-ce à ce moment-là ? La réunion de dix ou douze jeunes gens de bonne volonté, habitués à vivre en commun, mais non en communauté. L'austérité de la règle de M. de La Salle en rebute plusieurs ; d'autres n'ont point d'aptitude pour l'enseignement. On vient,... on se retire : c'est un flux et reflux de sujets ; rien encore de fixe. Puis, ce qui effrayait ces jeunes gens, c'était l'esprit de pauvreté imposé par le fondateur. Vainement celui-ci les rassurait-il au nom du Christ : « Ne vous inquiétez ni de ce que vous mangerez, ni de ce que vous boirez... Considérez les lis des champs. » Les Frères ne considéraient que leur dénuement... et la situation de M. de La Salle. Il est facile de prêcher le détachement de toutes choses quand on a une belle prébende, un hôtel et de la fortune personnelle ! Jean-Baptiste pensa bientôt de même. Pour que vécût cette œuvre qui maintenant le passionnait, il fallait que, pauvre et libre, il fût entièrement associé aux Frères. Hésitant par nature, il consulta : « Dépouillez-vous de tous vos biens et même de votre bénéfice, » dit l'un. « Conservez votre fortune pour les écoles, » dit l'autre. La famille, encore une fois, s'indignait ; les oppositions surgissaient de tous côtés. Elles s'aplanirent subitement, comme un lac après la tempête. Le 16 août 1683, il avait dépouillé son titre de chanoine. Quant à son patrimoine, les événements s'en chargèrent bientôt : une atroce famine, en 1684, suivie d'un dur hiver, et il ne restait plus que deux cents livres de rente au riche Rémois. Et la famille comme la société, qui avait sourdement grondé contre l'abandon des grandeurs humaines, admira sans réserve l'abandon des richesses. La rudesse de l'hiver régla la question de l'habit. Ce fut cette année-là que les Frères revêtirent l'espèce de capote à manches flottantes que portaient les paysans de Champagne et qui leur a valu dans certaines provinces le nom de Frères Quatre-Bras. M. de La Salle leur donna la soutane et le rabat uni qui marquaient leur caractère religieux ; quant au tricorne, c'était déjà une coiffure usuelle. Jean-Baptiste refusa prudemment de rédiger encore une règle insuffisamment expérimentée, et de laisser les

Frères prononcer des vœux. Il n'autorisa que des engagements d'un an : au bout de l'année, quatre frères sur douze ne les renouvelèrent pas.

Malgré bien des tâtonnements, l'Institut prend de l'extension; il lui faut un noviciat; ce qui est plus intéressant, pour nous autres du xxᵉ siècle, c'est une *idée;* au premier abord, cela ne semble rien, une idée, mais parfois tout un monde est là en germe. M. de La Salle, insuffisant à fournir tous les Frères qu'on lui demandait, pria les curés ruraux de lui envoyer quelques jeunes gens qu'il formerait comme maîtres laïques : idée féconde, qui nous conduira, plus tard, aux écoles normales d'instituteurs. Ceux-là recevaient avant toute chose une vigoureuse formation catholique, puis allaient à travers les villages de France semer le vrai savoir.

II

Au xviiᵉ siècle déjà, une œuvre n'avait ses lettres patentes, son succès consacré, que si Paris la « grand'ville » avait dit oui. Aussi Jean de La Salle part-il avec deux Frères pour la capitale. Certes, les écoles abondaient à Paris; mais que de rivalités entre les *petites écoles,* les *écoles de charité,* les *écoles buissonnières* sans contrôle, libres comme jadis les écoles en pleins champs des protestants, les *écoles annexes* des collèges, et les *Maîtres écrivains* (écrivains publics), qui avaient le droit d'enseigner l'écriture! Que de querelles, que de bruit dans cette volière humaine de l'enseignement primaire! Et surtout, quelle méthode!...

Les alphabets étaient en latin; le maître faisait travailler individuellement chaque enfant; pendant ce temps-là, les autres perdaient leur temps, ou bien les plus avancés enseignaient vaille que vaille les plus petits, méthodes lentes et pénibles qui font penser à un chariot embourbé! A cela, Jean de La Salle va opposer une méthode absolument nouvelle : les écoliers n'auront un psautier latin entre les mains que lorsqu'ils sauront parfaitement lire en français; les maîtres feront travailler les élèves par groupes en ayant soin que chacun suive attentivement la leçon; ils interrogeront

8

les enfants, provoqueront leurs questions, s'efforceront d'ouvrir leur intelligence; ils soigneront tout spécialement l'enseignement de l'écriture et de l'orthographe, apprendront aux plus grands à rédiger des actes usuels. — Sous le rapport de l'écriture et de l'orthographe, les Frères n'ont jamais craint de concurrence, et leurs élèves ont toujours été recherchés dans les emplois nécessitant une belle écriture; mais les Frères sont chassés de France, et la machine à écrire a partout droit de cité. — Enfin, les Écoles chrétiennes s'appliquent à former de solides chrétiens par l'étude du catéchisme et des devoirs d'instruction religieuse. Et surtout, maîtres et élèves doivent être réguliers à la classe. Voilà ce que M. de La Salle établit d'abord dans le quartier Saint-Sulpice, puis, rapidement, dans d'autres. Et ces fondations furent « un sujet de contradiction pour beaucoup ». Les familles se précipitaient sur ces écoles bien tenues, où les enfants étaient surveillés en même temps qu'instruits; mais toutes les autres écoles se soulevèrent : on exhiba des règlements, des privilèges, on cria, on plaida, il y eut des émeutes, des écoles pillées;... c'est tout juste si le Parlement n'eut pas à intervenir!

Au milieu de ces luttes, M. de La Salle marchait imperturbablement vers le progrès qu'exigeaient ces temps nouveaux qu'il sentait confusément sans les deviner pourtant. Il installe carrément un noviciat auprès de Paris, à Vaugirard. Là, l'austérité et le zèle religieux sont intenses, mais aussi la misère. Figurez-vous qu'on ne faisait même pas de cuisine : un Frère allait chaque jour à Paris chercher les restes de la cure et du séminaire de Saint-Sulpice. S'il y en avait beaucoup, tant mieux; si l'on manquait, tant pis.

Le fondateur multipliait pour lui les jeûnes, les macérations, la discipline, les veilles et les oraisons. Il s'y épuisait, comme saint Bernard; ce ne fut pas l'estomac qui en souffrit, mais les rhumatismes devinrent un martyre pour lui, et parfois l'obligèrent à s'arrêter complètement.

Dans ces conditions, vous jugez de ce que furent pour les Frères et pour les novices les famines de 1693 et 94. Ils n'avaient *rien*, et ceux qui leur faisaient l'aumône mouraient de faim, eux aussi. Le Frère quêteur, à supposer qu'il aurait réuni quelques dons à Paris, eût été dévalisé avant d'avoir regagné Vaugirard! Il fallut se réfugier à Paris, à l'école de la rue Princesse. Et même là, il arriva parfois que les Frères, réunis au réfectoire, disaient le *Benedicite,* puis immédiatement les *Grâces,* et partaient, ayant dîné *par cœur.* Et en même temps, la subvention annuelle de Saint-Sulpice faisait défaut. « Ne vous troublez pas, disait M. de La Salle; notre Père céleste sait de quoi vous avez besoin. » Et de fait, il leur arrivait de temps en temps un don inattendu qui permettait d'attendre plus patiemment des jours meilleurs.

Comme les vocations s'épurent et s'affermissent dans l'épreuve, ce fut à la suite de ces deux rudes années que les Frères insistèrent de nouveau pour être admis aux vœux perpétuels : il leur semblait, sans cela, être des mercenaires engagés pour un an à un maître, qu'ils quittent pour un autre, sans s'attacher jamais à personne. Cette fois Jean-Baptiste céda partiellement : douze Frères, spécialement préparés, prononcèrent les vœux perpétuels d'obéissance et de stabilité. Mais n'oubliez pas que ces Frères n'étaient pas et ne furent jamais prêtres; ce sont les Frères « ignorantins ». Pourquoi cette appellation? Oh! tout simplement parce qu'ils n'ont pas besoin de savoir le latin, et que s'ils l'ont appris, ils s'appliqueront systématiquement à n'en rien laisser paraître.

Voici un nouveau curé à Saint-Sulpice : M. de La Chétardie, on ne peut mieux disposé pour les écoles chrétiennes et qui fera de la vie une lourde croix pour M. de La Salle. Il visita les écoles des Frères, en réclama de nouvelles, promit de les soutenir de toutes ses forces. L'heure des vraies épreuves, des épreuves morales, allait bientôt sonner. Au commencement pourtant tout alla bien. Grâce à M. de La Chétardie, le noviciat fut installé à Paris, vers le Luxembourg, et dédié à saint Cassien, maître d'école, martyr des persécutions romaines. Les Frères eurent bientôt, sur la paroisse Saint-Sulpice, environ mille enfants qui, outre les éléments, apprenaient de la géométrie, du dessin, de l'architecture. Ces élèves pouvaient prendre à l'école un repas par jour (cantine scolaire).

C'était bien, trop bien, hélas! car c'est alors que la jalousie des autres écoles déchaîna ces troubles, ces procès, dont je vous ai parlé; mais, pas plus que des défections qui affectèrent douloureusement le saint, ces événements ne ralentirent les progrès de l'Institut. Nous voyons à Paris un pensionnat, première ébauche de l'enseignement moderne; ce pensionnat était destiné à de jeunes Irlandais, fidèles aux Stuarts et surtout au catholicisme, qui avaient suivi Jacques II dans son exil à Saint-Germain. Si vous vous souvenez bien, saint Vincent de Paul avait déjà porté secours aux Irlandais, victimes de Cromwell. La France a toujours aimé et accueilli les Irlandais qui, jadis, lui envoyaient des saints. En même temps s'ouvre, toujours à Saint-Sulpice, une école du dimanche, tenant à la fois du patronage et du cours d'adultes.

Hélas! les maîtres chargés de cet enseignement un peu supérieur s'enorgueillirent de leur science; ils furent de ces demi-savants, si fréquents aujourd'hui, et désertèrent l'humble école primaire. Les autres Frères, effrayés de cet exemple, se refusaient aux études nécessaires pour les remplacer. En même temps, le séminaire des instituteurs de campagne périclitait. M. de La Chétardie, attribuant ces échecs à l'austérité de la règle, voulait obliger le supérieur à la modifier. L'œuvre chancelait,... elle sembla s'écrouler au retour d'un voyage du fondateur à Reims. Son remplaçant à Paris, Frère Michel, dur et autoritaire, avait donné prise aux objections de La Chétardie; l'archevêque fit une enquête... et cassa M. de La Salle!

Grand émoi, grande effervescence au noviciat. Les Frères ne veulent que Jean-Baptiste, que Mgr de Paris menace d'exiler. Puis tout semble s'apaiser un peu. Le noviciat, transporté dans le populeux faubourg Saint-Antoine, y est plus pauvre que jamais, mais, dans ce milieu ouvrier, l'école dominicale renaît au profit de tous.

Grandissant dans la persécution, les écoles se répandent en province : Chartres, Calais, Troyes, Avignon, Darnétal, enfin Rouen. La persécution, sournoise ou avouée, redouble à Paris; c'est encore la lutte violente, le sac du noviciat, la dispersion des Frères. Quelques-uns se réfugient sur la paroisse Saint-Roch. Rouen appelait Jean de La Salle : il accourut.

III

Là, son œuvre, son Institut, prendront, avec toute leur ampleur, leur physionomie définitive. C'était en 1705. Les débuts furent durs. Mais bientôt Mme de Louvois, belle-sœur de l'archevêque de Reims, loua aux Frères dans d'excellentes conditions, une propriété, Saint-Yon, sur la paroisse Saint-Sever. C'était l'installation rêvée pour un noviciat : une grande demeure seigneuriale, des communs importants dans un vaste enclos ombragé. Je crois le voir, ce Saint-Yon, sous le ciel léger de Rouen, embué des vapeurs de la Seine, ces pelouses, ces vallées, ces immenses frondaisons bruissant au moindre vent,... une maison noble, symétrique, enfilant l'avenue de verdure et regardant un peu du haut de sa grandeur les communs, aujourd'hui devenus ses égaux. Et partout, des Frères de tous les âges, de tous les milieux sociaux, les élèves du collège, et plus loin, à part, les enfants « libertins » enfermés là sur la demande des parents.

Qu'est-ce encore que ces nouveautés? Le précurseur de Jean de La Salle, Nicolas Roland, disait : « Si saint Paul et saint Denis revenaient, ils se feraient maîtres d'école! » Ils revenaient, les deux apôtres, sous les traits de Jean de La Salle.

Sous Louis XIV, de grands changements se produisirent dans la vie économique du royaume. L'industrie était née, et avec elle l'usine, l'afflux des ouvriers vers les villes, de nouvelles sources de richesse, et des nouveaux riches. Ces enrichis voulaient pour leurs enfants mieux et plus que l'instruction primaire, mais non les neuf années de latin et de philosophie de l'enseignement secondaire. A ceux-là, il fallait des connaissances solides, pratiques, pour de futurs commerçants et fabricants. M. de La Salle leur assure à Saint-Yon, à côté d'une sérieuse formation religieuse, une instruction commerciale; on y pousse l'enseignement des mathématiques, du dessin, de l'architecture. Mais, pas plus là qu'ailleurs, je ne trouve trace d'histoire, de géographie, de langues vivantes; pour cela, les temps ne sont pas encore venus. Au cours, ces jeunes gens en rencontrent d'autres dont ils sont soigneusement séparés le reste du temps. Ce sont de ces mauvais sujets qui font le désespoir de leur famille ; si Saint-Yon ne leur était ouvert, ils traîneraient, « sur lettres de petit cachet », dans des prisons où ils ne s'amenderaient nullement. Tandis que sous la discipline sévère, mais paternelle du collège, beaucoup reviennent à un esprit meilleur, et peuvent, au bout de quelques années, être rendus sans crainte à leur famille. Et voilà, à côté de l'enseignement moderne, *la maison paternelle,* qu'il ne faut pas confondre avec la maison de correction.

M. de La Salle eût été parfaitement heureux si,... si Paris, la ville lumière, n'eût continué de le persécuter indignement, bien que les familles tinssent essentiellement à confier leurs enfants aux Frères des Écoles chrétiennes. De plus, la santé du saint, de plus en plus délabrée, l'arrêtait souvent ; c'est alors qu'il composait les ouvrages nécessaires à la conduite de ses entreprises qui se multipliaient. Après Dijon, voici le Midi qui s'ébranle : Marseille, Mende, Grenoble, Valréas, enfin Alais et Les Vans (Ardèche). Ces dernières fondations ont une importance toute spéciale, car elles sont en plein pays huguenot, citadelles avancées du catholicisme reprenant peu à peu le Languedoc. Ne pouvant surveiller personnellement toutes ces maisons, M. de La Salle crée l'office de visiteur, autrement dit des inspecteurs qui les voient chaque année.

La misère amenée en France par la guerre de succession d'Espagne, des hivers rigoureux, se faisaient durement sentir chez les Frères, le scorbut s'en mêla. N'importe, les écoles se multipliaient ; même, Saint-Sulpice rouvrait l'école dominicale. Mais aux Vans, il y avait persécution contre les catholiques. Alors, Jean-Baptiste décida de partir pour le Midi ; le Nord pouvait actuellement se passer de lui... croyait-il. Hélas ! il lui faut bientôt revenir précipitamment à Paris où l'attend la plus inique injustice.

C'est une histoire bien embrouillée. Un jeune Clément voulut, de ses deniers, fonder une école professionnelle, et acheta une maison à Saint-Denis. N'ayant pas vingt-cinq ans et ne pouvant dès lors passer d'actes en son nom, il pria un ami, M. Rogier, de servir de prête-nom. Mais voici que ce jeune Clément obtient un riche bénéfice ; aussitôt, tout

Il retrouve un peu de tranquillité d'âme en faisant la classe
aux petits enfants.

change de face : sa fondation ne l'intéresse plus, il renie sa dette ; bien mieux : M. de La Salle, qui avait mis dans l'affaire le peu qu'il possédait, se voit accusé de lui avoir extorqué de l'argent en abusant de sa minorité et est poursuivi devant les tribunaux ! L'abbé Clément gagne son procès, et M. Rogier, qui n'avait donné que son nom, se voit adjuger la maison de Saint-Denis. De plus, l'arrêt était rédigé dans les termes les plus blessants pour Jean-Baptiste.

Les Frères, atterrés, osaient à peine communiquer avec leur Père, retourné à Marseille, et ne le traitaient plus de supérieur. Pour la première fois, M. de La Salle, désespéré, se crut abandonné de ses enfants. Cessant de correspondre avec Paris, au grand dam de ses fondations, il résolut de se consacrer au Midi. Il y devait rencontrer encore bien des croix !

Marseille l'avait appelé, accueilli, installé, entouré de mille prévenances ; subitement, le vent tourne. Voici que la règle, trop austère, doit être modifiée : elle est préjudiciable à la santé des maîtres et des élèves ; les objections se multiplient ; les obstacles surgissent de tous côtés... Qu'y a-t-il donc ? Fort probablement le jansénisme, puissant à Marseille, après avoir cru s'attacher M. de La Salle, le voit incorruptible, et veut briser alors ce qu'il a élevé. On monte les novices contre lui ; épuisé, découragé, Jean-Baptiste, espérant que, lui parti, tout s'apaisera, veut s'embarquer pour Rome.

Le voici au port, ce port qui a vu tant de saints, depuis Lazare le ressuscité jusqu'à M. Vincent, en passant par saint Éloi... Un navire va le recevoir ; ce sera l'exil, mais peut-être aussi la paix. Et voici que devant lui se dresse l'évêque Belzunce, son protecteur : « Ne partez pas,... restez-nous, » dit-il avec une douce autorité. Docile, mais brisé, M. de La Salle rentre au noviciat. Il ne sait plus que faire ; la lumière céleste, la confiance, l'ont abandonné. Il se laisse emporter par le courant, ballotter par les événements ; il lui faut la retraite. Après une halte bienfaisante à la Sainte-Baume, il remonte vers Grenoble, y retrouve un peu de tranquillité d'âme en faisant, comme un simple Frère, la classe aux petits enfants ; la Grande-Chartreuse le voit... Quelle paix chez ces fils de saint Bruno, quelle sainteté dans cette solitude bénie! Après une épouvantable crise de rhumatisme, il va en pèlerinage non loin de là, à Parménie, sans se douter des conséquences qu'aurait ce voyage.

Voici d'abord un jeune homme de haute noblesse, converti après bien des aventures, à la suite d'une blessure reçue à Malplaquet, mais qui ne sait de quel côté Dieu l'appelle. Le contact de Jean de La Salle lui est une révélation. Le jeune seigneur, dépouillant tous ses privilèges, revêt la soutane et la capote des Frères ; sous le nom de [Frère Irénée il se montre à Avignon, détestable professeur, mais remarquable conducteur de novices... Puis, une humble fille, sœur Louise, qui a ressuscité le pèlerinage et l'ermitage de Parménie, rend au malheureux prêtre le courage qui l'avait abandonné, la force qu'il n'avait plus : « Vous devez persévérer dans votre travail jusqu'à la fin, lui dit-elle... Le Seigneur veut que vous retourniez à Paris et que vous vous y rendiez à vos Frères. »

Comme pour appuyer cet avis, la communauté de Paris appelle instamment son fondateur. Retourner là-bas, en ce lieu de persécution ! Jean-Baptiste en frissonne, mais il part, car l'œuvre s'anémie, il faut lui rendre la santé. Il visite en route plusieurs maisons et débarque enfin dans la capitale.

La première nouvelle qu'il apprend est une mort, une mort qui va simplifier son retour, mais dont il ne peut se réjouir : M. de La Chétardie, curé de Saint-Sulpice, vient de disparaître ; il avait toujours aimé les Frères ; mais par son obstination à vouloir les dominer, à vouloir surtout faire changer leur règle, il avait déchaîné la persécution et fait le mal là où il voulait faire le bien. M. de La Salle trouva au contraire un appui dans son successeur. C'était en 1714.

Le séjour du fondateur à Paris ne fut pas long. Le noviciat y était bien peu de chose maintenant ; trop d'esprits étaient encore agités par les luttes des années précédentes ; de plus, la mort de Louis XIV, la retraite de Mme de Maintenon à Saint-Cyr, enlevaient deux protecteurs de l'Institut à Paris et Versailles tandis que tout attirait M. de La Salle à Saint-Yon. Mais brisé par l'âge, les épreuves, les infirmités, prévoyant et sa mort et les différends qui déchireraient l'Institut si l'on attendait ce moment pour élire un supérieur, il exigea que cette élection eût lieu maintenant ; lui, rentrait dans le rang. Le nouveau supérieur, Frère Barthélemy, avait assuré l'intérim pendant le douloureux exil de M. de La Salle ; il ne fit que reprendre un poste qu'il connaissait.

Je ne m'étendrai pas sur les dernières années de notre saint, remplies par le travail, la souffrance et la prière : en 1717, il donne à la règle sa rédaction définitive ; il fait un dernier séjour à Paris, où l'une des nombreuses injustices commises à son égard est réparée : M. Rogier lui laisse, par testament, 260000 livres, pour l'indemniser de l'inique affaire Clément.

Revenu à Rouen, il semble qu'il n'ait plus que le souffle. Pourtant il trouve encore moyen de soustraire ses Frères à l'influence janséniste ; il se soumet entièrement à la bulle *Unigenitus*, et cette soumission sans réserve lui apportera le suprême chagrin, la suprême épreuve ! son frère : le chanoine Louis, se regimba, fut au nombre des *appelants ;* Jean-Baptiste, malgré son affection, rompit avec lui.

L'archevêque de Rouen, dont Saint-Simon a pu dire : « Sa bonté et sa piété le firent estimer ; ses bêtises et ses travers, détester, » le poursuit pour un différend qui s'est élevé entre les Frères et la paroisse Saint-Sever. Accusé de mensonge, saint Jean se voit retirer ses pouvoirs de confesseur ! Il était alors presque à l'agonie. Averti de l'inique décision, il se soumit, comme toujours, sans protester. Tantôt mieux, tantôt plus mal, il traîna tout le carême. Le Vendredi saint, il expira, à 4 heures du matin, laissant à la France catholique un merveilleux instrument d'apostolat à l'intérieur et dans le monde entier.

Oh ! il y eut de nouvelles tribulations ! Les Frères triomphèrent silencieusement de toutes. La Révolution les dispersa, Napoléon les rappela. Lorsque le ministre Duruy, sous le second Empire, institua l'enseignement spécial, il en fit remonter l'initiative à saint Jean-Baptiste de La Salle.

Et aujourd'hui ? Les Frères, chassés de France, instruisent des légions d'enfants en Amérique et en Orient ; leur méthode d'enseignement est universelle ; des écoles professionnelles, des cours post-scolaires se sont ouverts partout. Pour les « libertins » d'aujourd'hui, les maisons paternelles, les colonies agricoles, ont fait plus que les lettres de *petit cachet* ou les maisons de correction. Mais, hélas ! nous aurions bien besoin que saint Paul et saint Denis reviennent, maîtres d'école, imposer à nos ministres de l'Instruction publique un saint Jean-Baptiste de La Salle et ses Frères!

CINQUIÈME RÉCIT

LA BIENHEUREUSE
ANNE-MARIE JAVOUHEY
(1779-1858)

> « Le royaume des cieux est semblable au levain qu'une femme prend et met dans trois mesures de farine jusqu'à ce que la pâte soit entièrement levée. »

I

Retournons dans cette Bourgogne, où je vous ai tant de fois conduits, non loin du confluent de la Saône et du Doubs, chez des fermiers aisés. Une fille, Anne-Marie, vient de naître chez Balthazar Javouhey. Elle sera de cette race vigoureuse et saine des paysans de France : gaie, active, persévérante, jolie et d'esprit vif, ce qui ne nuit en rien.

Son enfance fut celle de tous les enfants de Chamblanc, dans les années heureuses qui précédèrent la Révolution. Elle allait à l'école, elle allait aux champs, elle aimait rire et jouer, mais surtout elle aimait Dieu et la sainte Vierge. Elle fit sa première communion dans le courant de 1789. Il était temps : la Révolution allait passer sur Chamblanc comme sur le reste de la France!

Le curé refuse le serment à la Constitution civile du clergé. Balthazar Javouhey, qui pourtant est maire, refuse de reconnaître le prêtre assermenté ; pendant quelque temps, Nanette alla parfois à la messe schismatique plutôt que de se priver de l'église.

Mais, chut ! on frappe à la porte... C'est le soir... Un prêtre réfractaire, demandé par un mourant aux environs, ignore son chemin. Nanette se propose comme guide. Qui donc, au pays, se méfierait d'une enfant de douze ans qui va à la messe constitutionnelle, la propre fille du maire ? Les voilà tous deux dans la nuit, le prêtre traqué et la fillette ; ils causent, elle se confie à celui qui s'est fié à elle. Cette nuit-là, un mourant fut administré par un prêtre fidèle, et une enfant de bonne volonté comprit qu'elle devait avant tout fuir le clergé constitutionnel.

Nanette ne connaissait pas la peur. A partir de ce jour-là, pendant toute la Terreur, elle fut la providence des prêtres fugitifs. Nul ne savait comme elle les cacher, les ravitailler, assurer des réunions, des offices clandestins ; nul ne savait dépister les *patriotes* qui cherchaient les *traîtres* ; elle les faisait rafraîchir, riait, plaisantait avec eux, pour laisser aux fugitifs le temps de prendre du champ. Celui qu'on traquait était-il dans la maison, elle le cachait dans un coin, puis innocemment : « Monsieur l'abbé ?... Oh ! oui, je l'ai aperçu il y a un moment, il ne peut pas être loin ; il a dû prendre telle direction. » Les soldats partis, le prêtre délivré prenait, bien entendu, la direction opposée.

Avec l'abbé Ballanche, qui fut l'apôtre de la région de Seurre, Anne-Marie assure positivement le service divin ; elle trouve des locaux pour la messe, fait le catéchisme aux enfants, sans se douter que c'est là sa vocation. En été, les travaux des champs amènent bien quelques difficultés à ces réunions, car Balthazar Javouhey, autoritaire et laborieux, met tous ses enfants au travail. Contre vents et marées, Nanette continue son apostolat.

En 1798, dans une ferme qu'exploitent les Javouhey, des paysans viennent, par petits groupes, de toutes les directions, avant que le jour luise. On poste des sentinelles qui, au besoin, donneront l'alerte et dans la grande salle de ferme se déroulent les cérémonies de la première communion. Puis, l'abbé Ballanche congédie ses paroissiens en leur recommandant la discrétion la plus absolue, et chacun s'en va, mystérieusement comme il est venu. En 1799, il fallut s'entourer des mêmes précautions. Mais avec Bonaparte renaissent l'ordre et le calme; le Concordat est signé, les prêtres reprennent leur poste.

Nanette a vingt ans, elle est jolie et le sait; elle aime la parure, la danse et ne déteste pas qu'on lui fasse la cour. Fille d'un riche cultivateur, elle se mariera quand elle le voudra. Mais cette boute-en-train (elle le sera toute sa vie) n'est pas une évaporée; elle s'est fait un petit oratoire au jardin; sous l'influence de M. Ballanche, elle fréquente les sacrements, et lorsqu'un jeune *pays* vient demander sa main, elle lui répond qu'elle a renoncé au monde pour Dieu.

Entrer en religion vers 1802, il n'y avait guère à y songer. La Révolution avait fait table rase de toutes les congrégations, de toutes les abbayes, de toutes les règles, de toutes les traditions; elles refleuriront, comme refleurissent violettes et primevères dans nos provinces dévastées, mais alors rien n'était encore fait.

Pendant des années, Anne-Marie tâtonna. Je ne m'attarde pas sur ses efforts infructueux, car j'ai hâte de vous la montrer là où elle fut vraiment originale et novatrice. Elle avait dix-neuf ans, nous dit-elle, quand la Mère du Sauveur lui montra « d'une manière extraordinaire » sa vraie voie; Nanette ne s'explique pas davantage. Elle lutta pour obtenir le consentement de son père, très bon mais très emporté, et qui commençait toujours par dire non. Enfin, dans une chambre convertie en chapelle, elle prononce entre les mains de M. Ballanche le vœu « de dépenser sa vie au service de l'enfance et de la douleur ». Toute son œuvre est là.

Avec ses trois sœurs et les servantes, elle forme comme une petite communauté qui a sa règle, mais que rien ne distingue extérieurement, pas même les travaux, qui sont ceux des femmes et des cultivateurs. Cette sérieuse initiation à la vie agricole sera plus tard pour Anne-Marie d'un précieux secours.

Elle veut enseigner les enfants; son père pousse les hauts cris : la fille de Balthazar Javouhey ne doit pas être maîtresse d'école. Elle tient bon; son école sera singulièrement

A partir de ce jour-là, pendant toute la Terreur elle fut la Providence
des prêtres fugitifs.

buissonnière; elle fait la classe... là où elle peut, mais avec entrain, constamment dérangée par le terrible père Javouhey.

Mais tout cela, c'est du provisoire; Anne-Marie aspire à la vie de communauté. Son père est sceptique : « Tu es faite pour commander, sauras-tu obéir? » dit-il, rééditant sans s'en douter, le mot de saint François de Sales sur Angélique Arnaud. Elle entre au noviciat des Filles de la Charité de Besançon, qui venait de se fonder. Au bout d'un an, elle va prononcer ses vœux; ses parents sont là... La cérémonie n'a pas lieu. Que s'est-il donc passé? Simplement l'intervention divine. Après quelques jours d'angoisse, Anne-Marie, désespérée, avait crié au Seigneur : « Que voulez donc de moi? » Il lui avait répondu : « Je me servirai de toi pour de grandes choses! » Quelques jours plus tard, elle voyait sa cellule remplie d'enfants de toutes les couleurs : des noirs, des jaunes, des mulâtres, et la voix mystérieuse qui lui avait déjà parlé lui disait : « Ce sont là les enfants que je te donne: sainte Thérèse sera la protectrice de ton œuvre. » Nanette reste éblouie et stupéfaite. L'ignorante enfant de la Révolution ne soupçonnait pas d'autre race que la race blanche! Elle quitta les Filles de la Charité et revint ouvrir une école à Seurre.

Et c'est toujours l'éternelle histoire des détresses, des déboires, de la pauvreté, des critiques des voisins, et la lutte avec son terrible père. Aussi, au bout de quelque temps, Nanette va retrouver à Dôle dom de L'Estrange, qui rétablissait la Trappe en Europe. Elle est novice trappistine; mais, hélas! la voix mystérieuse la harcèle comme à Besançon. « Orgueil! » déclare son confesseur.

Heureusement, avant la vêture, le Père de L'Estrange a les confidences de la novice. « Venez demain me trouver avant la messe, » dit cet homme éminent, frappé de ce qu'elle lui révèle. Le lendemain, après qu'elle l'a assuré de sa soumission : « Assistez simplement à la messe, dit-il, et communiez; ensuite, vous serez libre de suivre l'attrait de Dieu et de fonder votre congrégation. »

Elle part, apaisée, pour Souvans où, avec une compagne, elle reprend sa dure vie de maîtresse d'école gratuite. Mais la confiance en Dieu ne l'abandonne pas, et la Providence répond à cette confiance : son instrument, c'est M. Javouhey, toujours grognant, toujours vitupérant, mais qui ne peut pourtant laisser Nanette manquer de tout !

Cependant, la congrégation ne naissait pas ; en 1805, elle ne se composait réellement que des quatre demoiselles Javouhey : Anne-Marie, Pierrette, Françoise, Claudine.

II

Cette année-là, Chalon-sur-Saône fut le théâtre de journées inoubliables. Pie VII, revenant du sacre de Napoléon, y passa les fêtes de Pâques. M. Javouhey y conduisit ses filles ; les quatre jeunes paysannes, en coiffes, communièrent à Saint-Pierre de la main du pape, et obtinrent la faveur de lui être présentées. Mis au courant des projets de Nanette, Pie VII les bénit. De ce jour, l'œuvre marcha.

Le curé de Saint-Pierre propose son aide aux demoiselles Javouhey et les fixe à Chalon. Les voici place Saint-Pierre, cachant encore leur qualité de religieuses pour ne pas effaroucher la population : il y avait si peu de temps que la paix était revenue ! Ce ne fut qu'au bout d'un an ou deux, qu'installées plus grandement, ayant fait des recrues, ayant des écoles et une filature pour les orphelines, elles eurent leur chapelle qu'elles firent bénir dans une cérémonie intime, et consacrer à saint Joseph. La fondation, sortant des langes, s'appela de ce jour « Institut Saint-Joseph ». En 1807, les quatre demoiselles Javouhey et cinq autres jeunes filles prononcent leurs vœux entre les mains de l'évêque d'Autun et reçoivent le voile. Désormais, le sort en est jeté, elles vont se lancer à la conquête du monde.

La Mère Javouhey se montre dès le début de sa carrière ce qu'elle sera toujours : entreprenante et décidée. On lui prête à Autun, pour trois ans, l'ancien et splendide grand séminaire (aujourd'hui école de cavalerie) ; elle y installe une école d'enfants pauvres, un pensionnat payant, un atelier de filature et de soierie, un premier noviciat. Bien mieux : nous sommes en pleines guerres de l'Empire ; Autun est un centre de prisonniers, trop souvent, hélas ! décimés par la variole et le typhus. Anne-Marie soigne les soldats, soigne les officiers, secourt les prisonniers de passage qui vont être échangés... Vous voyez comme, immédiatement, elle satisfait aux engagements pris devant M. Ballanche. Elle répare les bâtiments, relève, construit. Un jour, elle n'a plus d'argent.

Bravement, elle confesse ses méfaits charitables à son père. Balthazar Javouhey, maintenant conquis par ses filles, publie qu'il prend à sa charge toutes leurs dettes. Et tout cela pour que, au bout de trois ans, on ne leur laisse pas ce grand séminaire où elles sont déjà chez elles! Où aller? Un ancien couvent est à vendre à Cluny. Pauvre Cluny, qui n'est plus que l'ombre de ce qu'elle fut! Anne-Marie achète. M. Javouhey paye. Là, l'Institut est chez lui, son noviciat, déjà nombreux, bien installé, et de la vieille petite ville historique, la jeune société prend le nom d'Institut Saint-Joseph-de-Cluny. Déjà il a débordé le diocèse : Meaux le réclame.

En 1814, la Mère vient à Paris, sentant probablement, comme jadis saint Jean de La Salle, que tant qu'elle n'*aura* pas Paris, elle n'aura rien. On y *miséra* bien au début, comme de juste. Heureusement, les sœurs furent appréciées par le diocèse, qui leur confia une école, puis par le département, qui leur en donna d'autres. C'était en 1816. Désormais, Saint-Joseph est connu : le voici à Bailleul, à Beauvais. Il sort de l'enfance, et, avec l'audace de la jeunesse, court à des exploits sans précédents.

Nos colonies, négligées, abandonnées pendant la période révolutionnaire et l'Empire, nous avaient été en grande partie rendues au traité de Vienne; celles qui avaient déjà, avant 89, une véritable population française, renaissaient peu à peu. L'intendant de l'île Bourbon (la Réunion), se trouvant alors à Paris, entendit parler des écoles de la Mère Javouhey et désira entretenir cette religieuse. Le résultat de l'entrevue fut qu'il lui demanda des sœurs pour son île. Anne-Marie dut rester un peu interdite à cette proposition. L'intendant lui parla alors de Bourbon, des diverses populations qui l'habitaient. Quand la fondatrice sut qu'à côté des créoles, il y avait des milliers de noirs et de mulâtres, elle n'hésita plus. N'était-ce pas là ceux que Dieu lui destinait?

En même temps, le ministre de l'Intérieur lui proposa des hôpitaux aux colonies. On croit rêver, aujourd'hui, en voyant le gouvernement solliciter des religieuses pour tenir des écoles et soigner des malades ! A bien des points de vue, il faisait meilleur vivre sous la Restauration que sous la troisième République.

La Mère Javouhey accepta. Le 10 janvier 1817, elle accompagnait à Rochefort quatre religieuses, qui s'embarquaient avec l'intendant et un missionnaire pour Bourbon.

C'était le premier coup d'aile de ces grands oiseaux voyageurs que furent, et que sont encore, les sœurs de Saint-Joseph. Anne-Marie restait au nid, mais sa pensée, pendant cinq mois, suivit ses filles sur cette mer qu'elle avait entrevue, sur cette terre exotique qu'elle ne s'imaginait pas, vers ces noirs, ces jaunes, que longtemps elle n'avait pas soupçonnés.

Bientôt, les sœurs avaient cinq écoles dans la colonie et réclamaient de nouvelles compagnes ; quatre autres partirent. La Mère mourait du désir de les accompagner... Patientez, ma Mère, votre tour va venir ; les filles de Balthazar Javouhey, les petites paysannes bourguignonnes, vont embrasser le monde colonial français !

A côté du succès, l'épreuve. La supérieure de Bourbon meurt, en désignant sœur Thaïs pour la remplacer provisoirement ; la Mère Javouhey ne ratifia pas ce choix et envoya sœur Bathilde. Il avait coulé bien des mois, un an peut-être ; sœur Thaïs ne voulut point céder la place, et elle eut pour elle le préfet apostolique et le gouverneur. Sœur Bathilde, après avoir lutté et patienté quelque temps, revint en France pour rendre compte. Alors, la Mère Javouhey envoya du Sénégal sa plus jeune sœur, Mère Rosalie, une maîtresse femme, qui se heurta aux mêmes résistances. Cet étrange conflit dura plusieurs années à l'état aigu : les dissidentes étant soutenues par le clergé, qui avait reçu la défense d'admettre aux sacrements les religieuses de Mère Rosalie. Vous jugez du scandale à Bourbon ! Cependant la Nanette d'autrefois se remuait ; l'archevêque de Paris, les évêques d'Autun et de Beauvais intervinrent ; l'interdit fut levé, et le ministre de la Marine donna l'ordre de rapatrier les révoltées.

Si je vous raconte ce triste épisode, c'est que ce genre d'épreuve suivra la Mère Javouhey dans toute sa carrière, qu'il en sera la caractéristique : cette sainte, chose inouïe, sera persécutée par le clergé de trois parties du monde !

N'allez pas croire que, pendant ces douloureuses années, la Mère Javouhey soit restée immobile en France à attendre de tristes et irrégulières nouvelles. Je crois que nous n'avons pas encore vu de femme aussi active, aussi remuante! Les Antilles réclament ses sœurs; elle en envoie à Saint-Pierre de la Martinique, alors dans son épanouissement, aujourd'hui champ de mort et d'épouvante; à Basse-Terre de la Guadeloupe. L'épreuve, là, fut un cyclone qui dévasta l'île, et une épidémie de fièvre jaune. Les sœurs, non acclimatées, ne résistèrent pas; il fallut combler les vides, revivifier l'œuvre. Comme un général qui lance sa garde, Anne-Marie envoie comme supérieure aux Antilles sa sœur, Mère Marie-Thérèse. Les novices, heureusement affluent à Cluny, car il faut des troupes fraîches. On les veut à Saint-Pierre et Miquelon;... à l'autre bout du monde, on les veut à Pondichéry.

Anne-Marie suffit à tout, aux climats glacés comme aux climats brûlants, aux créoles comme aux Hindous. Et à propos de l'Inde, je veux vous signaler une petite particularité qui montre la grande intelligence, la largeur de vue, la souplesse d'esprit de cette paysanne qui, à dix-huit ans, ignorait qu'il y eût des hommes de couleur. Quand vous ne connaîtriez de l'Inde que ce qu'en disent les manuels d'histoire de France, vous sauriez toujours que c'est un pays sacré, où il y a des castes saintes et des castes impures; qu'Hindous, mulâtres et Européens sont profondément séparés les uns des autres, quoique cette séparation soit moins forte en Inde française qu'en Inde anglaise.

A Pondichéry, deux établissements très différents furent fondés; la ville blanche eut une école gratuite et un pensionnat; la ville noire eut pour les Topazines une école et des ateliers; mais la ville noire, pays de mission, était sous la juridiction d'un vicaire apostolique, la ville blanche, pays catholique, avait son préfet; et les pauvres sœurs étaient dans les deux villes! Il y eut encore là bien des tracasseries, qui ne tournèrent cependant pas au tragique comme à Bourbon. Plus tard, une autre ville française de l'Inde, Karikal, réclama des sœurs. Elles y allèrent, et sur leur Institut se greffa un Institut indigène. C'est ici qu'il nous faut bien faire attention : ces sœurs indigènes étaient naturellement catholiques, mais elles n'avaient pas pour cela renoncé à leur caste d'origine, et surtout leurs familles n'y avaient pas renoncé pour elles. Aussi, cette communauté de Karikal est-elle d'une profonde originalité. Chaque sœur est logée, nourrie, habillée, suivant les règles de sa caste ; chacune de ces Malabaresses a son lit, sa vaisselle, conformes au rite ; et, dans cet étrange couvent, les familles viennent s'assurer que les religieuses ne contreviennent pas aux règles ancestrales. D'ailleurs, unies de cœur et d'esprit dans le Christ, et solidement reliées au tronc : l'Institut Saint-Joseph-de-Cluny.

A la même époque, sous Charles X, les Antilles anglaises demandent nos sœurs, qui s'égaillent à la Trinidad, à Grenade, à Sainte-Lucie, et créent là aussi des sœurs indigènes.

« Mais dans toutes ces fondations, direz-vous, si je vois la main de la Mère Javouhey, je ne la vois pas, elle, peinant avec ses sœurs si loin de France ? » C'est que je vous ai d'abord parlé des pays où elle n'alla pas, car elle ne pouvait être partout, surtout dans un temps où les communications n'étaient pas des plus faciles entre la métropole et ses colonies ; mais, allez ! vous ne lui reprocherez plus d'être sédentaire, à cette religieuse si prodigieusement active, qu'elle me semble posséder le don d'ubiquité !

III

Le Sénégal, que nous avait restitué le traité de Vienne, ne ressemblait guère au Sénégal d'aujourd'hui. Plage sablonneuse, stérile, malsaine, séparée de l'Océan par une barre aussi redoutable qu'une rangée de récifs. La capitale, Saint-Louis, était une bourgade de quatre à cinq mille habitants, dont deux cent vingt blancs et plus de sept mille esclaves. L'île de Gorée comptait plus de quatre mille esclaves pour quinze cents habitants libres, dont quarante blancs. Et il faut voir ce qu'ils étaient, ces blancs ! Je vous assure que les nègres valaient mieux, car s'ils étaient sauvages, ils n'étaient pas corrompus. Les blancs, au lieu d'élever les noirs, ne fût-ce que par leur exemple, s'abaissaient jusqu'à la bête humaine. Le christianisme n'était qu'un mot. « Si je vous disais ce qui se passe ici, écrivait Mère Rosalie, ma lettre ressemblerait à un mauvais roman. »

Voilà le milieu où le gouvernement français demanda à la Mère Javouhey d'envoyer des religieuses, voilà le poste qu'elle accepta avec joie pour elles. Notre apôtre voudrait partir elle-même ; hélas ! elle ne le peut pas encore. Elle se contente de conduire toute une petite caravane et son frère Pierre à Rochefort. En route, nos bons paysans français qui, en fait de religieuses, ne connaissaient plus que les sœurs de Saint-Vincent-de-Paul — ô Révolution, tu avait passé par là ! — s'ébahissaient de ce costume, de ces voiles. Une brave femme ne prit-elle pas la Mère Javouhey pour la sainte Vierge ? Notre joyeuse Bourguignonne dut rire de bon cœur ce jour-là...

Des navires de l'État attendent les religieuses ; elles s'embarquent avec des troupes, des fonctionnaires, du |matériel. Six semaines après, sous la direction de Mère Rosalie, elles s'installaient à Saint-Louis. Aujourd'hui, en douze jours, elles iraient de Brest à Dakar, arrivant dans l'un des ports les plus modernes, les mieux aménagés de l'Océan.

La situation était douloureusement pittoresque. Des écoles ? cela n'existait pas. Les sœurs en fondent une pour les mulâtres et les nègres libres, qui est bientôt pleine, une autre pour les Européennes. On leur confie l'hôpital,... mais là tout est à faire. Eh ! mon Dieu, elles feront tout, c'est bien simple. Figurez-vous qu'il n'y avait pas d'église à Saint-Louis ; les sœurs organisent une chapelle dans la salle la plus convenable de l'hôpital. Aujourd'hui s'élève à Dakar une magnifique cathédrale, type de la belle église coloniale bien comprise. La note comique est donnée par les noirs esclaves. Leur ahurissement (le mot n'est pas trop fort) fut grand en voyant arriver toutes ces femmes sans hommes. « Qu'avez-vous fait de vos maris ? Comment êtes-vous venues sans eux ? » Ils ne savaient pas, les pauvres ignorants, que c'était le céleste Époux lui-même qui avait conduit ses apôtres sur cette plage inhospitalière. Mais ce que les esclaves comprirent vite, c'est le courage, la piété, le dévouement, de ces « Filles du Ciel ».

Les mauvais jours vinrent bientôt, causés (encore !) par le préfet apostolique qui, prétextant le découragement, partit brusquement en jetant l'interdit sur Saint-Louis et Gorée. Singulière manière d'évangéliser un pays aux mœurs perdues, d'encourager des femmes venues de si loin pour mettre debout une œuvre d'avenir incertain! Les religieuses suppléaient de leur mieux près des malades au manque de prêtres. Mais elles, elles pouvaient dire, hélas! « J'ai eu faim, j'ai eu soif, et nul ne m'a rassasié. »

Ce ne fut qu'au bout de dix-huit mois que la Mère Javouhey obtint que le curé de Gorée vînt au chef-lieu de la colonie. Peu après, débarquait un nouveau préfet apostolique, mieux inspiré que son prédécesseur, et deux religieuses. Celles-ci apportaient de France des étrennes, qui furent reçues avec bénédiction. Savez-vous ce que c'était? Cinq barriques de pommes de terre dont on fit des largesses.

La supérieure se rongeait en France malgré de multiples occupations. Elle partit, sans prévenir, accompagna des sœurs à Rochefort, monta sur le navire et ne descendit pas. Elle tangua et roula jusqu'à Saint-Louis, envoya Mère Rosalie se reposer en France et prit sa place. Comme il fallait s'y attendre, les préférences de la Mère vont aux nègres. N'est-ce pas eux que Dieu lui avait donnés? Et puis, ces nègres (j'entends les libres) étaient des créatures douces, fines parfois, et qui ne remarquaient que trop l'inconduite des Européens. Ils disaient naïvement :

« Qui donc est le Dieu des blancs? Il ne le prient jamais. »

Et je pense ici aux conversations de Psichari et du jeune chef arabe dans le désert sur ce même sujet douloureux, et au trouble de l'officier français, qui ne priait pas encore, devant la pure, mais stérile prière du musulman.

L'activité d'Anne-Marie ne se confine pas à Saint-Louis. Elle installe un petit hôpital à Gorée, puis part pour l'intérieur avec quelques sœurs. A Dagana, à 160 kilomètres, peut-être, sur le Sénégal, les domaines concèdent à l'Institut un terrain important pour y établir une colonie agricole. Là, la fille du cultivateur bourguignon reparaît; elle se fait chef d'équipe, construit un village noir, qu'elle sépare soigneusement de l'enclos réservé aux sœurs; on se garde des fauves; on se garde des incursions des curieux et surtout des curieuses. Songez donc : les sœurs ont une glace, et il est si amusant de s'y faire des grimaces et de constater qu'il n'y a personne par derrière! Les hommes, plus graves, s'étonnent simplement de l'activité, du savoir-faire de la Mère, et sont surpris d'avoir une femme comme chef. Du reste, son autorité est indiscutée. La petite colonie possède douze bonnes vaches laitières; la terre est riche et produit sans peine. A Dagana on est heureux. Alors, une épidémie terrible s'abat sur ce petit monde : peste? choléra?... je ne sais; mais ce que je sais, c'est que l'hygiène n'y était pas, il y a cent ans, ce qu'elle est maintenant, surtout l'hygiène des colonies, et que le terrible climat du Sénégal s'en mêlant, la mortalité fut effrayante. Naturellement, Mère Javouhey se prodiguait, se multipliait près de ses fils noirs, les soignant, les consolant, recevant leur dernier soupir. C'était trop pour un tempérament surmené par le travail, les privations, la chaleur tropicale. La Mère tomba à son tour. Elle eut des soins dévoués, car le gouverneur, la sachant atteinte, un bateau remonta le fleuve pour ramener la malade en un lieu moins sauvage.

L'influence de la Mère Javouhey grandissait au Sénégal; sa renommée croissait en France; la duchesse d'Angoulême s'intéressait et s'intéressa toujours à son œuvre. Mais les difficultés spirituelles de l'entreprise étaient plus dures à vaincre que les difficultés matérielles. Brusquement, le préfet apostolique quitte le Sénégal pour l'île de Saint-Domingue, et voici de nouveau les pauvres sœurs sans prêtre. Hélas! le clergé colonial n'était pas, il s'en faut, ce qu'il est devenu grâce à tant d'œuvres du XIXe siècle.

« Il faut, écrivait la Mère Javouhey au directeur des Colonies, bien du courage et de la vertu à de pauvres religieuses pour se soutenir au milieu des impies Européens sans le secours de la religion. »

Cette détresse morale ne l'empêche pas d'étendre son champ d'action; rappelez-vous que c'est à ce moment qu'elle prend pied aux Antilles et aux Indes. Maintenant ce sont les Anglais qui l'appellent à Sainte-Marie-de-Bathurst et à Sierra-Leone. Elle y emmène une petite négresse, que sa sœur Rosalie a jadis achetée pour l'élever. Florence s'attacha passionnément à la Mère qui l'instruisait en vue du baptême; mais si la jeune fille s'annonçait bonne chrétienne, l'idée du baptême l'effrayait et l'attristait. Pourquoi? Mais pourquoi?

« C'est qu'aucun des miens n'a jamais été chrétien, et qu'au paradis je ne les rencontrerai pas ! »

La Mère, très douce, ne brusqua rien ; un jour enfin, Florence vint la trouver :

« Tu peux me choisir un parrain; je suis décidée maintenant à recevoir le baptême.

— Qu'est-ce qui t'a décidée?

— Je t'aime maintenant plus que mes parents, et je veux être ton esclave dans le paradis des blancs. »

L'enfant suivit sa mère à Sierra-Leone. Ce voyage, si court sur la carte, fut des plus pénibles : mauvaises côtes, mauvaise mer, mauvais bateau, mal de mer intense. Anne-Marie n'y échappa jamais, ce qui gênait fort ses oraisons; et quand on pense aux traversées qu'elle fit dans ces conditions...

Elle arriva à Sierra-Leone au début d'une épidémie des pays chauds. Elle fut héroïque, s'oubliant pour ses chers nègres, baptisant les enfants et les agonisants, et ce dut être un spectacle singulièrement nouveau pour les Anglais, chez qui la pitié et l'affection pour l'homme de couleur sont exceptionnelles. Le climat aidant, la pauvre religieuse succombat sous tant de fatigues et fut bientôt à deux doigts de la mort. On raconte que Florence, affolée, courut la montagne, la montagne des Lions, pour cueillir des simples qu'elle connaissait et qui sauvèrent sa bienfaitrice.

Lorsque la Mère, accablée au milieu des souffrances par le souvenir et de ses sœurs et de sa famille, peut-être, sans se l'avouer, par le mal du pays, put enfin revenir à Saint-Louis, on dut la porter en hamac du port à la maison de Saint-Joseph; il fallait la rapatrier dès qu'elle pourrait supporter le voyage. Quand elle partit, elle avait déjà repris à Saint-Louis son rôle d'apôtre; les *signares* (dames mûlatresses) se l'arrachaient : c'était à qui l'aurait à dîner, et lui ferait raconter des histoires du bon Dieu; et elle, inlassablement, venait, racontait, instruisait, baptisait. Elle sema, sur ce sol ingrat, ce que d'autres récoltent aujourd'hui.

Le jour de son départ fut un jour de deuil pour la colonie; tous l'accompagnaient jusqu'à l'embarcation, et les nègres ramassaient le sable que ses pieds avaient foulé pour témoigner qu'ils aspiraient à son retour.

Quand elle débarqua à Rochefort, en 1824, sa mère venait de mourir. Balthazar Javouhey devait vivre encore cinq ans.

Ce que la vaillante femme n'avait pu faire au Sénégal pendant son séjour, elle le fit depuis en France : ce fut d'abord, à Gorée, une école ménagère pour les fillettes esclaves, où l'on se conformait autant que possible aux mœurs africaines ; ensuite une école pour les petits garçons, mais cet essai échoua ; enfin, elle tenta une œuvre pour la formation d'un clergé indigène. Là encore, il était trop tôt. La Mère avait ramené en France un groupe de jeunes nègres pour les faire instruire à ses frais et les faire ordonner. Le climat de France fut trop dur pour plusieurs qui moururent de la poitrine ; d'autres n'eurent pas la vocation ; trois seulement persistèrent. La première messe dite par un prêtre nègre fut célébrée solennellement aux Tuileries devant Louis-Philippe et la famille royale. La reine Marie-Amélie combla le jeune prêtre de tout ce qui pouvait lui être utile au Sénégal ; puis il repartit avec ses camarades pour l'Afrique.

IV

Anne-Marie resta à peu près quatre ans en France, et tout en travaillant activement au développement de ses maisons de la métropole, elle prépara, les deux dernières années, une nouvelle campagne coloniale, cette fois en Amérique du Sud, et dans des circonstances particulièrement délicates.

La colonisation de la Guyane n'a jamais donné des résultats encourageants. Pourquoi? Le climat n'y est pas pire qu'en Cochinchine ou au Sénégal. On a cru y trouver de l'or, et l'on a été déçu ; mais on n'a pas fait attention que le vrai trésor de la Guyane, c'était sa forêt, sa forêt équatoriale de bois précieux qu'on n'a pas su mettre en valeur.

Deux essais successifs de colonisation sous Louis XVIII ont échoué ou donné de maigres résultats pour de gros frais. Seule, Cayenne est organisée. Anne-Marie, dès 1822, y envoie quelques sœurs pour l'éducation des jeunes filles. Peu d'années après, le gouvernement lui demande nettement son aide pour une nouvelle tentative en Guyane. La Mère réfléchit, pesant le pour et le contre, se rendant très bien compte des difficultés, des oppositions qu'elle rencontrerait. Elle fit, comme un général, tout un plan de campagne, campagne pacifique. Le gouvernement approuva tout; alors elle accepta. L'année 1827 se passa en préparatifs. Pour coloniser, elle veut des colons; elle en cherche là où elle est connue : à Brest, à Rochefort, à Bailleul et même à Chamblanc. Pourtant, le Bourguignon n'est généralement pas grand voyageur ni chercheur d'aventures, comme le Basque, le Breton, le Savoyard. Elle réunit son monde à Brest : trente-six religieuses, cinquante-deux colons engagés pour plusieurs années. L'heure est grave; jamais Saint-Joseph n'en a vécu encore de pareille. Aussi, avant de franchir le seuil de la communauté, les sœurs peuvent, à genoux, chanter le *Veni Creator*. Oh oui! venez, Esprit créateur, soutenir celles qui vont fonder une colonie! Deux navires reçoivent les émigrants et un fils Javouhey, Louis. Pierre, qui avait fait le Sénégal, rejoignit un peu plus tard sa sœur en Guyane. L'arrivée fut tout un événement pour Cayenne. Mère Marie-Thérèse était venue de la Martinique recevoir sa sœur dans cette Amérique où elle devait tant aimer, tant souffrir, par ceux-là même qui l'avaient appelée!

La Mère Javouhey ne perd pas son temps en effusions; venue pour travailler, elle se met rapidement à l'ouvrage. On lui adjoint vingt-cinq nègres et vingt-cinq négresses, esclaves des domaines, qui, eux, sont faits au climat et dressés à l'obéissance. Un prêtre étranger de Cayenne veut bien assurer ses services à la colonie naissante. Et en route pour Mana! A la grâce de Dieu! celui qui s'aide, le Ciel l'aidera.

Mana est admirablement située; deux rivières navigables et poissonneuses l'arrosent. La forêt de bois précieux est toute proche. Les colons jouissent de prairies de quinze à vingt kilomètres de long. Il y a déjà trois cents têtes de bétail sur un terrain qui pourrait en nourrir quinze cents. Une petite goélette et huit embarcations assurent les communications avec Cayenne. Mais dans l'ancienne colonie abandonnée, tout est à faire. La Mère Javouhey installe d'abord une chapelle... « Notre-Seigneur premier servi, » disait Jeanne d'Arc; puis des bâtiments provisoires pour les sœurs. Les colons se casent tant bien que mal dans les anciens logements abandonnés. De la première colonie, une seule famille reste. Elle dut être précieuse à la Mère au moins comme agent de renseignements. La fille du fermier de Chamblanc trace des rues, édifie des maisons, installe des ateliers, le tout avec son activité débordante et son inaltérable bonne humeur. Elle est le chef d'une communauté laïque, mais théocratique, si j'ose ainsi dire, comme de sa communauté religieuse. Dans le règlement qu'elle édicte, et à l'application duquel elle veille soigneusement, Dieu tient la première place. Elle a choisi ses colons de façon à avoir à Mana les ouvriers indispensables à l'œuvre naissante, et chaque jour, elle donne partout le coup d'œil du maître. On défriche, on chasse, on pêche, on jardine ; les sœurs travaillent comme les autres, riant et bavardant, ou chantant des cantiques. Naturellement, fidèle à sa vocation, la Mère installe une école et un hôpital.

Après quatre mois, l'énergique femme écrivait :

« On croirait qu'il y a quatre ans que nous sommes ici ; je ne crois pas qu'on puisse faire mieux en si peu de temps. Nos santés sont bonnes. »

Notons cette dernière phrase ; en un temps où, comme je vous l'ai dit, l'hygiène coloniale n'était guère connue, nous ne voyons jamais les sœurs souffrir réellement du climat, en dehors des moments d'épidémie. Il paraît que, sous ce rapport, la Guyane vaut mieux que sa réputation. Pourtant, lorsque le gouverneur vint, à deux reprises, pendant la saison sèche et pendant la saison des pluies, visiter l'originale fondation, il conclut que « le climat torride altérait progressivement la santé des blancs, laissant peu d'espoir d'une population nombreuse et active, d'autant que le moral ne s'affaisse pas moins promptement que le physique. — Si les hommes, riposte la Mère Javouhey, ressemblaient aux sœurs en bonne volonté, courage et endurance, ce serait trop beau ! Il faut, au contraire, les soutenir et les remonter. Les moindres difficultés les arrêtent ou les dépitent. »

Et pourtant, les sœurs souffraient d'avoir si rarement un prêtre à Mana ! Mais elles savaient souffrir mieux que les colons.

L'affaire une fois bien lancée, Anne-Marie profita de ce

qu'elle était en Amérique pour visiter toutes ses maisons des Antilles, voyage plus long et plus compliqué qu'on ne le croirait à première vue : les distances sont grandes. Et cela me rappelle un missionnaire français qui prêchait à la Nouvelle-Orléans et à qui des compatriotes écrivirent du Canada :

« Passez chez nous en retournant en Europe. »

Le crochet était de plusieurs jours de chemin de fer, mais peu importait,... c'était toujours en Amérique.

De retour à Mana, notre colonisatrice de génie constata que l'élan ne s'était pas ralenti et que même de nouveaux sujets venaient à elle. C'étaient des nègres libres ou des mulâtres de Cayenne qui faisaient d'excellents ouvriers. C'étaient aussi des nègres marrons. « Qu'est-ce que ces gens-là? » allez-vous demander. C'étaient de malheureux esclaves, las des mauvais traitements, évadés dans l'impénétrable forêt où ils vivaient dans la crainte d'être la proie des fauves ou d'être repris et de subir un sort pire que la mort. Une vingtaine d'entre eux, harcelés par la police, vinrent se réfugier à Mana, implorant la pitié des sœurs. La Mère Javouhey n'hésite pas ; elle s'embarque pour Cayenne, révèle hardiment qu'elle recèle ce bétail humain, et s'en porte acheteuse sans marchander. Elle paye ; les vingt hommes sont à elle maintenant. Elle étend ce bienfait à d'autres (on dit qu'elle dépensa en esclaves 40 à 45000 francs ; les Antilles aidèrent à sa générosité). Le dernier achat eut lieu à la suite de scènes horribles : un blanc, plus sauvage que le noir le plus sauvage, n'inventa-t-il pas, pour châtier un esclave paresseux, de le faire enduire d'huile par ses compagnons de misère et de le faire tenir par eux au-dessus d'un brasier jusqu'à ce que le corps fut calciné? Les esclaves terrorisés n'avaient osé désobéir ; mais, après le supplice, révoltés, épouvantés, ils s'en furent trouver le gouverneur.

La Mère Javouhey était, par bonheur, à Cayenne ce jour-là. Le gouverneur bouleversé, lui conta ce qui venait de se passer. Secouée d'une immense pitié, la supérieure acheta sur-le-champ les malheureux ; *sur-le-champ* était prudent : quelle vengeance un maître aussi cruel ne tirerait-il pas d'une dénonciation?

1830, révolution de Juillet. Mana y perd sa protectrice, la

duchesse d'Angoulême. Le nouveau gouvernement suspend les subventions ; Anne-Marie puise dans ses économies. Les colons ne souffrent guère, mais les pauvres sœurs sont à la peine. Et c'est l'histoire que nous avons vue tant de fois se renouveler au cours des siècles : les religieuses se nourrissant à grand'peine d'herbes et de racines, la supérieure cachant ses larmes d'angoisse, se privant encore pour ses filles, mais ne désespérant jamais de la Providence. Et à ce moment, la plupart des colons amenés de France, leur engagement terminé, réclament leur prime pour retourner au pays. La caisse de la Guyane est vide, mais la Martinique et la Guadeloupe viennent la remplir.

Ces années 1830-31 comptent certainement parmi les plus rudes de la grande religieuse coloniale. Tout s'abattait sur elle à la fois : pénurie de fonds (mais plaie d'argent n'est pas mortelle), hostilité du conseil colonial de Cayenne, rapports mensongers des commissaires, antipathie des colons qui voient d'un mauvais œil la libération de tant d'esclaves ; mouvement sourd, mais général, des esclaves contre les créoles : Antilles, Inde, Bourbon, Sénégal. Ce n'était pas la révolte comme jadis à Saint-Domingue, mais on sentait l'explosion toute prête. Enfin, pour comble de malheur, la fièvre jaune ravageait Saint-Louis ; cinq religieuses en furent victimes. Moralement et matériellement, la Mère tint tête à tout. Aux rapports mensongers, elle opposa des rapports étayés de preuves ; elle trouva de l'argent, soutint ses communautés alarmées. A Mana, les sœurs firent preuve d'une endurance extraordinaire, et la colonie, maintenant composée de noirs, resta fidèle et unie.

La bourrasque passa ; le gouvernement de Juillet prit une attitude favorable à Mana ; la Mère Javouhey eut la propriété de ce qu'elle exploitait ; alors elle créa une sucrerie et une rhumerie. Tout ce qu'elle fit dans ce coin de Guyane pour l'amour de Dieu et du prochain prouve ce que l'on pourrait tirer de cette colonie en y travaillant dans des vues un peu hautes, en reprenant simplement l'œuvre de la Mère Javouhey dans l'esprit qui l'animait.

Enfin le Seigneur, comme pour récompenser tant de vertus, envoya un prêtre, un aumônier à Mana, un véritable missionnaire. Quel soulagement ! Un prêtre... il faut avoir lu des chroniques de mission pour comprendre toute la joie que comporte ce cri :

« Nous avons un prêtre! »

La Mère, maintenant que tout va bien, peut quitter Mana, non pour se reposer (une idée si étrange ne lui vint jamais), mais pour courir à d'autres travaux. Pourtant, sa tâche n'est pas finie en Guyane. Vous allez revoir, sous une forme plus moderne, dans la lointaine et sauvage Amérique, le geste délicat des Radegonde, des Anthelme, des Louis : la charité divine, sous une enveloppe humaine, se penchant tendrement sur les lépreux. Encore des lépreux!... Oui, encore. Ils étaient relégués, misérables, aux îles du Salut, sur la côte, et si mal soignés! Anne-Marie avait vu la détresse de leur âme.

« J'ai dans l'Accarouany, dit l'inlassable apôtre, un vaste terrain isolé traversé par la rivière, dont une partie est en plein rapport. Laissez-moi recevoir ces quatre-vingts malheureux. Il ne leur faut pas grand'chose : deux sœurs et deux noirs suffiront à les soigner; notre aumônier ira les visiter de temps à autre, ainsi que le médecin. Je me charge de tout. »

Vous comprenez si le gouverneur accepta! Les pauvres noirs, rongés de lèpre, se crurent en paradis dans ce domaine boisé, arrosé, où des religieuses les soignaient et les consolaient. « La charité ne passera pas, » a écrit saint Paul. La pitié pour les lépreux non plus, car le XXe siècle connaît encore la lèpre, et je sais un prêtre qui a tout laissé, situation, relations, fortune, famille, et est parti, sans espoir de retour, soigner les lépreux dans une île d'Océanie. Et alors que tant de choses ont péri, des sœurs de Saint-Joseph, sous les grands arbres de l'Accarouany, soignent encore les lépreux et leur font partager leurs travaux.

V

Maintenant tout est en ordre, la Mère peut partir. Le 15 août 1833, elle débarquait à Brest.

Avant son départ, pleine de pitié pour la misère morale

Lamartine, le célèbre poète, est chargé du rapport.

de Recouvrance, qui n'était pas alors reliée à Brest par l'immense pont tournant, elle y avait créé des écoles. Son retour en France fut signalé par la prise de possession d'hospices d'aliénés à Rouen et Alençon. Voilà une forme de là charité qui, je l'avoue, me fait frissonner plus encore que les léproseries!

Dans ce Saint-Yon dont nous avons tant parlé du temps de Jean de La Salle, d'où la Révolution chassa les Frères, l'archevêque de Rouen établit les sœurs de Saint-Joseph à la garde des aliénés. Parlons d'Alençon. Comment peut-on croire que, sous Louis-Philippe, en pleine France, quatre-vingts aliénés, mélangés à des malades, vécussent dans une sorte de refuge, pêle-mêle avec des furieux hirsutes, à demi nus, dont on n'approchait qu'en tremblant? La Mère nous a laissé de sa première visite un tableau à faire frémir, qui évoque à la fois le souvenir des forçats dans les chiourmes et de la Couche, où les enfants trouvés mouraient dans la malpropreté.

Notre Nanette d'autrefois s'installe dans la place; elle nettoie, elle purifie, elle calme les furieux, enlève un mort laissé dans le coin d'une salle, met ordre à ce désordre et fait de ce bouge un asile décent.

C'est pendant ce séjour en France que la sainte femme fonda une importante maison à Paris dans le quartier de Monceau, avec pensionnat et maison de retraite pour les dames. Cette fondation devait être la source de bien des tribulations. Tenez, j'aime mieux vous dire cela tout de suite, le plus vite possible, pour ne plus y revenir, car mon sujet, c'est l'apostolat colonial de la Mère Javouhey. Mais son chemin fut semé de croix, en France comme hors de France, par le fait de trois prélats : d'abord Mgr d'Héricourt, évêque d'Autun, qui prétendait avoir la haute main sur l'Institut Saint-Joseph dont le noviciat finit par se transporter à Paris; puis Mgr Affre, la future victime des journées de Juin, enfin, l'évêque de Beauvais. Pendant des années, la Mère et les sœurs subirent des tracasseries, des vexations de toutes sortes, dont la plus pénible ne fut pas la calomnie, mais la privation du saint Sacrement dans la chapelle. Rien pourtant n'arrêta les progrès de Saint-Joseph. Tout cela, je ne fais que vous l'indiquer en passant. Entrer dans les détails serait fastidieux et nous entraînerait trop loin. Revenons à l'énergique famille Javouhey. Pierre, hélas! le second de sa sœur au Senégal et en Guyane, vient de mourir. Il va bien manquer dans la mission qui va être confiée à la Mère.

Il nous faut ici faire une petite digression. La Révolution avait proclamé que tous les hommes étaient libres et égaux; pourtant l'esclavage existait toujours. En réalité, ce n'était pas un mal que l'on n'eût pas, d'un trait de plume, donné la liberté à des millions, peut-être, d'esclaves qui n'y étaient pas préparés. La révolte de Saint-Domingue, en 1791, plus tard les émeutes et les profonds troubles économiques qui ont ébranlé les colonies, surtout en Amérique, prouvent que l'on aurait dû agir plus progressivement encore. Mais, ce qui était impardonnable, c'était la traite des noirs : les nègres traqués en Afrique, entassés comme du bétail,… même pas, comme des ballots, dans les cales des bâtiments négriers et vendus en Amérique! Les Portugais se distinguaient dans cette triste industrie. Dès 1831, le gouvernement français prohibait la traite des noirs et ordonnait la capture des négriers. Les esclaves ainsi délivrés étaient déclarés libres, mais ne pourraient jouir de cette liberté qu'au bout de sept ans : sage mesure transitoire.

Or, bientôt cinq cents noirs environ furent ainsi réunis dans les ateliers de Cayenne; ils y travaillaient durement, mais on entrevoyait avec effroi leur émancipation. Qu'en ferait-on, et que ne feraient-ils pas, une fois libres? Alors, le gouvernement de la Guyane se souvint de cette Mère Javouhey, qu'il avait laissé calomnier, et de son œuvre originale de Mana; pourquoi ne la reprendrait-elle pas avec ces nouveaux éléments? Comme nous sommes en plein régime parlementaire, avec commissions et sous-commissions, l'affaire est soumise à Paris. Lamartine, le célèbre poète, est chargé du rapport. Si Lamartine fut un homme politique discutable, du moins son esprit élevé, sa grande envolée, surent saisir le caractère d'Anne-Marie Javouhey. Il mit sous les yeux de ses compatriotes le travail accompli à Mana et dans l'Accarouany, et réclama de nouveau le concours éclairé de la supérieure.

Celle-ci n'accepta pas tout de suite. L'œuvre était périlleuse et pleine d'aléas; elle fit ses conditions, le gouvernement s'inclina. Alors, cette femme, que Louis-Philippe proclamait un grand homme, dit oui. Ses conditions, les voici en quelques mots : isolement complet de Mana, nul rapport entre Cayenne et les noirs ; indépendance entière de la Mère dans sa colonie ; aucune ingérance, aucun contrôle de fonctionnaires. Elle n'admet que la haute surveillance du gouverneur.

Cette entreprise était si hardie, si hasardeuse, qu'elle ne rencontra guère que des sceptiques. Le préfet apostolique n'alla-t-il pas jusqu'à dire que « la réussite serait à ses yeux un aussi grand prodige que la conversion du monde par le moyen de douze apôtres ? » Eh bien, monsieur le préfet, le prodige s'est accompli.

C'était en 1835. Anne-Marie, voyant avant tout le côté spirituel de son œuvre, tient à partir elle-même, quoique mille liens la retiennent en France. Mais elle a toujours présente à l'esprit sa vision de jeunesse. « Mes fils noirs m'appellent : je cours à eux. » Louis-Philippe tient à entretenir lui-même la voyageuse. « Pendant huit jours, écrit sœur Bathilde, l'ancienne supérieure de Bourbon, la Mère et moi allâmes dans le plus grand secret voir le roi. » Dans le plus grand secret, car Louis-Philippe, homme d'expérience, craignait fort que cette œuvre d'émancipation des noirs ne soulevât les blancs. « On nous faisait passer par des couloirs intérieurs, afin d'éviter tout ce qui aurait pu donner l'éveil. » C'est aux Tuileries, devant la famille royale, que la Mère Javouhey entendit la messe de départ.

Et puis, en route pour de nouveaux travaux, de nouvelles épreuves, de nouvelles croix ! Un mois de mal de mer, et voici la fondatrice devant la barre de Saint-Louis. Comment résister au désir d'aller revoir encore ses sœurs du Sénégal ? Elle y va ; pour une visite rapide, elle court, en canot, le danger de la barre. A l'aller tout se passe sans grand dommage ; mais au retour à bord, la Mère manque de périr, par la faute de nègres mécontents, et c'est miracle qu'elle débarque saine et sauve, avec six jeunes négresses qu'elle a achetées pour Mana.

Son entreprise était vraiment inouïe d'audace, étant donnée la qualité des colons ; bon nombre de ces malheureux étaient de véritables brigands, capables de tous les méfaits, de tous les crimes. Le capitaine de la goélette qui les transporte d e Cayenne à Mana réclame des gendarmes. La Mère Javouhey, avec une crânerie superbe, refuse. L'escorte des cinquante hommes qu'elle emmène pour commencer, se composera d'elle-même et d'une sœur. Certes, les sœurs coloniales en avaient parfois vu de dures; mais celle-ci dut souvent trembler. Elle comptait sans l'ascendant extraordinaire de la supérieure, cet ascendant des saints devant lequel tout plie.

On débute dans les pires conditions : la famine. Eh oui! en plein XIXe siècle, nous retrouvons la famine, comme nous avons retrouvé la lèpre, nos deux vieilles ennemies; il ne manque que la peste. La famine, quand on est chef et responsable de six ou sept cents personnes, dont un certain nombre de gredins! Elle en pleura parfois d'angoisse, la pauvre reine blanche, comme l'appelaient ironiquement les Cayennais, mais elle tint, et elle vainquit; elle vainquit si bien qu'elle finit par ravitailler Cayenne, éprouvée comme Mana, où elle comptait autant de détracteurs que jadis. N'est-ce pas là une belle application de la parole de saint Paul : « Si votre ennemi a faim, donnez-lui à manger; s'il a soif, donnez-lui à boire... » La haine de ses ennemis ne désarma pas pour cela; n'alla-t-on pas jusqu'à se venger d'elle sur les nègres qui n'avaient pas encore rejoint Mana? N'alla-t-on pas jusqu'à tenter de la faire disparaître?... Oh! subrepticement, en essayant de provoquer le naufrage de l'embarcation qui la ramenait de l'Accarouany. Mais Dieu la protégeait; le canot glissa sans encombre au milieu des racines et des palétuviers, où un misérable le dirigeait. La Reine, pour toute punition, envoya le coupable travaille r en forêt, et reprit paisiblement le gouvernement de son royaume.

Avant elle, Dieu y régnait : tous les jours, une sœur ou elle-même faisait aux nègres une heure de catéchisme. Elle avait mis prudemment sous la tutelle immédiate des religieuses les jeunes filles amenées du Sénégal; au bout de quelque temps, elle les maria. Un groupe scolaire pour les gamins des deux sexes, une crèche pour les bébés dont les mères travaillaient, c'était déjà toute une organisation sociale. Chacun devait trois jours de travail par semaine à la communauté qui se suffisait à elle-même pour tout. Les résultats, en deux ans, furent inespérés. Les hommes étaient baptisés et assouplis à la loi du travail, du travail libre. Il fallait se rendre à l'évidence : une simple femme avait réussi là où des hommes n'avaient osé rien essayer. La reine blanche jugeait les délits, et ses jugements étaient respectés. Mais elle laissait soigneusement sa colonie sans contact avec le reste de la Guyane.

En 1838, la supérieure eut la récompense de ses efforts. Le prince de Joinville, fils de Louis-Philippe et officier de marine, croisant en Amérique, reçut de la reine l'ordre d'aller saluer la Mère Javouhey de sa part.

Quelle émotion à Mana! Le fils du roi vient voir les pauvres nègres! Il vient de l'autre bout du monde, la Mère l'a dit. Et voici les noirs qui préparent une réception... princière. Ce dut être pittoresque, cette visite sur laquelle je n'ai malheureusement pas de détails. Accompagnés de la supérieure, le jeune officier et son état-major visitent tout, vont partout; les cris, les acclamations, montent de tous côtés : « Vive notre chère Mère! » Et elle, qui veut s'effacer : « Ce n'est pas moi, c'est le prince que vous devez saluer. » Joinville part le lendemain pour l'Accarouany. Ce prince est mort très âgé, mais il garda toujours le souvenir de cette visite. Si sa chair dut frissonner d'horreur et de répulsion à la vue de ces corps en lambeaux, de ces plaies hideuses, son âme noble dut tressaillir d'allégresse à la vue de la charité dont les lépreux étaient l'objet, devant l'ingéniosité qui rendait supportable leur réclusion; et son caractère aventureux, bien français et bien « fils de France », dut se réjouir d'avoir connu sœur Alexis Denfert. Ah! celle-là, c'est une maîtresse femme, la digne seconde de la Mère Javouhey! C'est elle qui a organisé la léproserie, elle qui soigne les malades et dirige les cultures. Et si l'on craint de manquer de vivres, sœur Alexis, comme les Indiens ses voisins, va en forêt et tue quelque biche ou quelques oiseaux pour la nourriture de ses nègres. Aussi le prince fait hommage à l'étonnante religieuse... d'un beau fusil de chasse qui la comble de joie.

L'heure de l'émancipation des premiers noirs approchait; en vue de ce moment critique, la Mère munit chaque homme d'une case, d'un terrain, d'outils et d'ustensiles de ménage. Mêlant toujours le spirituel au temporel, elle demande au préfet apostolique de leur prêcher une retraite. Enfin, le gouverneur vient en grande pompe, au bruit du canon et des cloches, accompagné d'un cortège officiel. Il y a messe solennelle, discours, visites, félicitations, enfin, remise aux libérés des chartes de liberté, et, ce qui impressionna peut-être autant ces presque sauvages, don à chacun. d'une paire de souliers... Voilà le vrai signe de l'homme libre! (Ces souliers, du reste, après avoir été étrennés, furent rangés comme des reliques dans les cases).

Tandis qu'un tel succès aurait dû faire tomber toutes les préventions, la vie de notre sainte en Guyane ne sera désormais qu'une longue épreuve. On l'accuse de vivre aux dépens des lépreux; on veut surtout empêcher la libération des noirs de suivre son cours, car les blancs se croient perdus s'ils n'ont plus leurs esclaves. Ils gagnent à leur cause le préfet apostolique. Le mouvement de persécution s'étend, s'accroît d'autant plus que le clergé colonial n'était pas toujours ce qu'il aurait dû être; ainsi, il ne voyait guère la nécessité de catéchiser les esclaves : cela leur donnait l'esprit d'émancipation. Si bien que se renouvellent les persécutions de jadis, à Bourbon et au Sénégal. La supérieure se voit refuser les sacrements, en pleine église de Cayenne, à Sinnamary, partout où le préfet a juridiction; il parvient à la faire interdire même en Guyane hollandaise. Elle endura quinze mois ce supplice.

Sur l'avis de quelques amis fidèles, elle résolut, la santé délabrée, de rentrer en France. Avant ce départ, la reine blanche dota son royaume d'un nouvel hôpital avec une maternité et d'une belle et grande église, digne des convertis de Mana, une église ornée, peut-être construite avec ces bois précieux, ces bois incomparables, que fournit à profusion la forêt guyanaise. Le 18 mai 1843, elle quittait pour jamais Mana, et quelques jours plus tard, elle s'embarquait à Cayenne pour une longue et dangereuse traversée, sans que fût levé l'interdit qui pesait sur elle. Elle dit simplement au prêtre qui lui refusait les sacrements : « Eh bien! mon père, s'il m'arrive un malheur, vous en répondrez devant Dieu. »

Son œuvre et son influence lui survécurent : si ses noirs

Un chef du peuple arrête la voiture de la religieuse.

trouvaient un peu trop que ce qui était aux sœurs était à eux « parce qu'ils étaient leurs frères », en revanche, lors de l'émancipation générale des esclaves, on ne vit pas dans la région de Mana des scènes de désordre, de pillage, parfois de meurtres, qui désolèrent les Antilles. Ajoutons que la Providence des esclaves sut compatir au coup terrible que fut pour les blancs l'émancipation. Par ses sœurs, elle les secourut, moralement surtout, dans toutes les colonies, et multiplia en France les démarches pour leur faire obtenir les indemnités promises.

VI

Hélas! Louis-Philippe et Marie-Amélie ne sont plus là, ni le prince de Joinville! La rafale de 48 a passé, emportant la royauté, ouvrant l'ère des grands troubles populaires.

Anne-Marie est à ce moment à Brie-Comte-Robert. Malgré ses soixante-neuf ans, elle accourt à Paris. Alors se produit en sens inverse ce qui se produisit pour saint Vincent de Paul. Ce Paris de février 48 est tout enfiévré, tout frémissant, prêt à faire explosion, hérissé de barricades; l'entrée en est gardée... comme au temps d'Étienne-Marcel. Un chef du peuple arrête la voiture de la religieuse : « Descendez! » La vieille supérieure, intrépide et souriante, répond tranquillement : « Mais ce n'est que la Mère Javouhey! — La Mère Javouhey?... » Et le révolutionnaire, se tournant vers ses troupes : « Bas les armes! Qu'on laisse passer la citoyenne : c'est une brave femme! » Deuxième barricade, deuxième arrêt. Elle dut payer cher son cocher... On la couche en joue. La voyageuse fait un signe amical au commandant qui allait ordonner le feu. « Ah! s'écrie-t-il, c'est la *générale* Javouhey! un grand homme, celle-là! » Et il lui donne une escorte.

Février, ce n'est rien; voici bientôt les sanglantes journées de Juin. « Nous ne sommes pas mortes, écrivait la Mère Javouhey, mais nous l'avons échappé belle. » Les sœurs sont partout au premier rang dans les hôpitaux et les ambulances. Mgr Affre, qui causa tant de soucis à l'Institut, mais s'était pleinement réconcilié avec lui, tombe héroïquement sur une barricade en apportant des paroles de concorde aux deux partis... Puis, c'est l'atroce répression de troubles atroces, les déportations en masse.

Alors se redresse la grande colonisatrice, la reine blanche de Mana. Elle veut que son œuvre soit préservée, qu'aucun ferment socialiste et révolutionnaire ne la contamine. Elle obtient gain de cause. Mais elle sait qu'ailleurs il faudra bien que ses maisons soient en contact avec ces déportés, bien coupables certes, mais parfois plus malheureux que fautifs. Ah! cette Nanette qui jouait de si bons tours aux patriotes de 93 pour le bien de la religion est toujours celle qui écrit aux sœurs de Madagascar : « Il ne faut pas vous effrayer. Les sœurs doivent toujours être prêtes à tout ce qui peut procurer le bien de la religion. » Et elle trace à nouveau une vraie mission d'apôtre envers ces égarés, envers surtout ceux qui sont accompagnés de leurs enfants.

Il nous faut à présent quitter cette grande figure, si française, si catholique. Anne-Marie a encore deux années à vivre, deux années qu'elle dépensera, sans compter ses fatigues, au service des maisons de France. Elle est constamment en route, dans notre pays secoué par les révolutions, toujours gaie, toujours aimable et aimée, recommandant sans se lasser à ses filles de n'être point des « religieuses de paille », d'aimer la propreté, d'agir « bonnement et simplement », de « mener tout rondement »; elle aurait pu dire : « comme moi ». A cela, elle ajoute : « Soyez gaies. » L'esprit fusait chez elle comme un jet de vapeur trop longtemps comprimée; elle se moquait parfois, étant Bourguignonne, mais doucement, comme ce jour où une religieuse de Paris se lamentait de quitter la capitale sans avoir vu le roi. La Mère se lève : « Je pars. — Où donc allez-vous? — Eh! chercher le roi, pour que ma sœur le regarde! » Elle était ferme. A une religieuse qui ne voulait pas aller à Bourbon, mais dans une autre colonie, elle dit tout net : « Mon enfant, choisissez : ou vous partirez pour Bourbon, ou vous rentrerez dans votre famille. » Mais elle savait sourire aux courages tremblants et les réconforter d'un regard. Aussi l'aimait-on; par amour, on n'eût pas voulu être une femmelette; on était apôtre, comme cette sœur Julienne, à Bourbon, toute petite sur un cheval trop grand, bravant tous les obstacles, même un torrent débordé, pour aller baptiser un nègre mourant.

C'est cette Mère qui s'en va, laissant orphelins les enfants de toutes couleurs que la Vierge lui avait confiés... Orphelins ? Non, ils avaient désormais une mère au ciel et des sœurs sur la terre. On raconte que, pendant longtemps, à Mana, lorsqu'une sœur mourait, les nègres, avant de fermer la tombe, criaient à la défunte : « Souhaite là-haut le bonjour à la Mère Générale, et dis-lui de prier pour nous. »

Elle est morte sans agonie à Senlis, le 15 juillet 1851. Et maintenant, pour suivre la voie qu'elle a tracée, elle a des maisons dans les cinq parties du monde, de Miquelon à Tahiti, de l'Irlande à Madagascar. Elle a montré le chemin, ouvert la porte sur le monde noir. Un Lavigerie, un Augouard, un Foucault, ont compris son geste, et ont suivi.

SIXIÈME RÉCIT

SAINT JEAN-MARIE VIANNEY
CURÉ D'ARS (1786-1859)

> « Aux jours de sa vie, il a été agréable à Dieu et a été trouvé juste ; aux temps de la colère, il est devenu la réconciliation des hommes. »

I

Huysmans se plaint, dans une boutade, de ce que, depuis la grande sainte Thérèse, il n'y a plus de saints mystiques, il n'y a que des saints pratiques. Reproche qui fait sourire quand on pense, d'une part, au sens pratique de la vie que possédait la grande carmélite, et, d'autre part, à ces grandes figures du xixe siècle, appelées familièrement : le curé d'Ars, Bernadette, la « petite sœur Thérèse »! Sans bouger de leur poste, ils ont déterminé un mouvement sans précédent ; ils ont été missionnaires, non pas comme Anne-Marie Javouhey, en accourant chez les peuples déshérités, mais en amenant à eux et par eux, à la sainte Vierge et à son divin Fils, l'humanité tout entière : Ars, Lourdes, Lisieux, voilà les dernières étapes de notre grand pèlerinage chez les saints de France.

Aux environs de Lyon, à Dardilly, à l'entrée de ce qu'on appelle le Mont-d'Or, naquit, le 8 mai 1786, Jean-Marie Vianney. Ses parents étaient des cultivateurs, propriétaires de leur maison et de leur champ, qui savaient prélever de nombreuses aumônes en nature sur leur petit avoir. Jean, le quatrième enfant, suça la piété et la charité avec le lait de sa mère ; jamais il ne vit refuser au mendiant une écuellée de soupe, au chemineau une couche dans la grange, au voyageur transi, le coin de la cheminée. Il ne se souvint pas plus du jour où il connut et aima la Vierge Marie que de celui où il connut sa propre mère.

Celle-ci, en s'occupant également de tous ses enfants, voyait, dans le secret de son âme, que Jean-Marie était autre que ses frères et sœurs. Le petit paysan priait aussi naturellement qu'il mangeait ou dormait ; sans savoir son catéchisme, il en appliquait la règle : on doit toujours prier. Il a cinq ans lorsque l'épouvantable trombe révolutionnaire ferme avec fracas toutes les églises, disperse les prêtres comme des feuilles mortes. Debout dans la tempête, comme Nanette Javouhey, Jean-Marie, bien petit, réunit ses camarades devant un autel de gazon, fait avec eux sa prière, et leur répète comme un sermon : « Soyez bien sages et aimez bien le bon Dieu ! » (Ce qu'il répétera jusqu'au dernier jour, comme saint Jean.)

Dispersés, vous ai-je dit, comme des feuilles par un vent d'hiver, les prêtres se réunissent mystérieusement, et vont, comme aux premiers temps du christianisme, célébrer secrètement le culte divin. La France est devenue un pays de missions, comme la Corée ou le Sénégal ! Quatre missionnaires de Lyon, déguisés en ouvriers, firent d'Ecully, entre

Dardilly et Lyon, leur quartier général. Nous verrons à l'œuvre M. Balley, qui ne cessa pas son ministère, comme M. Ballanche à Seurre. Les fidèles aidaient les prêtres à préparer des réunions secrètes; la famille Vianney y venait souvent, ayant une sœur à Ecully. Et c'est ainsi que, pour le futur curé d'Ars, la première vision du prêtre et du sacerdoce a été la vision de deux confesseurs bravant la proscription et la mort pour annoncer la parole de Dieu.

Cet enfant étonnamment pur qui « ne connut le mal qu'au confessionnal, de la bouche des pécheurs », reçut pour la première fois le sacrement de pénitence à onze ans. Un an après, Jean-Marie faisait sa première communion dans une maison particulière; de grands chars de foin placés devant les fenêtres, dérobaient aux regards indiscrets le mystère qui s'accomplissait en dépit des lois humaines.

Puis l'enfant retourna à ces travaux des champs, à ces actes de charité qu'aucune révolution n'a jamais interrompus. Peu à peu, la tempête s'apaise en France. Bonaparte rouvre les églises, et Jean-Marie, ému, les larmes aux yeux, revoit la pompe liturgique dont il n'avait peut-être nul souvenir. Son instruction religieuse était rudimentaire; il la complétait en lisant chaque jour quelques pages de l'Évangile ou de la vie des saints; le curé d'Ars a toujours beaucoup étudié les saints; il s'en est pénétré, imbibé,... et il est devenu lui-même un saint.

Paysan actif, gai, malicieux, il a le mot pour rire, il aurait volontiers aussi la répartie qui emporte le morceau, mais la charité sait lui fermer la bouche. Dès toujours, le sacerdoce l'a tenté; mais quand, à seize ans, il en parle à son père, celui-ci, bon catholique pourtant, s'oppose à sa vocation : il lui faut doter Catherine, racheter un fils de la conscription... comment payer encore le séminaire? Jean-Marie s'incline et retourne à la culture; Dieu l'attendra, mais l'aura.

En 1805, enfin, il entre à l'école presbytérale d'Ecully, où M. Balley le formera. Tout le monde connaît le curé d'Ars; personne ne connaît M. Balley : c'est pourtant à M. Balley que nous devons le curé d'Ars. Le jeune Vianney, à dix-neuf ans, ne sait pas un mot de latin; il a quelques notions de français, d'arithmétique, d'histoire et de géographie, peu d'aptitudes intellectuelles, une mémoire rebelle ; mais son âme est pure comme un cristal. Ses dix années d'études seront pénibles, semées de difficultés provenant, soit du manque de base, soit des événements extérieurs. Mais, en 1807, le cardinal Fesch, archevêque de Lyon, oncle de Napoléon, lui donne avec la confirmation les sept dons du Saint-Esprit. Si le don de science ne doit se manifester que plus tard, les autres, surtout ceux de sagesse et de piété, il les a dans leur plénitude. Pourtant, découragé un moment, il demande un congé que M. Balley lui refuse : « Ton père voudra te garder, et alors, adieu le salut des âmes ! » M. Balley l'entendait-il déjà, l'appel de ces milliers d'âmes pour qui le curé d'Ars ferait violence au ciel ? Et Jean-Marie reste, ou pour mieux dire, se rend à pied au tombeau de saint François-Régis pour qui il eut toujours une grande dévotion, à la Louvesc, en pleines Cévennes. S'il n'eût déjà possédé la vertu d'humilité, il l'eût acquise pendant ce dur voyage ; car, dans toutes les maisons, toutes les fermes, où ce grand gaillard demandait à coucher ou à manger, on lui donnait rarement cette hospitalité que les Vianney ne refusaient jamais, et le pèlerin recevait plus d'insultes que de secours. Que lui importe ? Saint François-Régis l'exauce en lui accordant plus de facilité pour ses dures études.

Nous sommes en 1809. La guerre d'Espagne bat son plein ; et Napoléon, en Autriche, lance divisions sur divisions à Essling et à Wagram. « Des hommes ! Il me faut des hommes ! » crie-t-il impérieusement à la France, et la France en donne, en donne toujours. S'il le faut, elle puisera dans les séminaires. La grossière formule : « Les curés sac au dos ! » est pour la première fois édictée. Jean-Marie Vianney, étudiant ecclésiastique, mais n'ayant encore reçu aucun ordre, se voit donner sa feuille de route. Devant ce nouvel obstacle à sa vocation, il tombe malade et est hospitalisé à Roanne. Il est à peine rétabli que le régiment part pour l'Espagne. Le futur curé d'Ars oublie dans la prière l'heure du rassemblement. Quand il sort de l'église, les troupes sont déjà loin. Il lui faut rejoindre, seul à travers la campagne, son régiment la nuit le surprend dans la solitude. Un paysan qui passe soulage le pauvre garçon de son sac, propose de le guider jusqu'au bivouac qui, assure-t-il, n'est pas

La nuit le surprend dans la solitude.

loin. Quand les deux compagnons s'arrêtèrent, ils étaient, non au campement, mais au village des Noës, dans les montagnes de l'Allier.

Étrange agglomération à cette époque, et qui me rappelle ces farouches villages de protestants, qui se cachaient et se gardaient eux-mêmes dans les Cévennes ! Les Noës était un un refuge de réfractaires haïssant Napoléon, le régime impérial, et fuyant le service militaire. Milieu extraordinaire de gens volontairement hors la loi, et que protégeait le maire. Celui-ci refuse de remettre Vianney en route, et le garde prisonnier comme instituteur de cette petite république. En outre de sa classe, le séminariste en fait bientôt une d'évangile et de vie des saints. Ce ne fut qu'au bout de deux ans qu'il put faire passer de ses nouvelles à ses parents. Tirés de leur inquiétude mortelle, ceux-ci travaillèrent activement à régulariser cette singulière situation ; leur dernier fils aplanit les difficultés en s'engageant, moyennant trois mille francs que son frère lui laisserait sur l'héritage paternel. Aux Noës, on pleura le départ de Jean-Marie comme celui d'un saint ; lui, va reprendre ses études si étrangement interrompues. A vingt-six ans, il fait sa philosophie !

Au bout de l'année, le cardinal Fesch le déclare incapable d'entrer au grand séminaire. C'est l'écroulement de tout, c'est la fin... Non ! M. Balley obtient un sursis pour son protégé ; il lui refait sa philosophie dans un esprit pratique, avec l'expérience de la vie et des hommes. Le grand séminaire ouvre enfin ses portes à l'étudiant. On était en 1814, l'étoile de Napoléon avait disparu, la France envahie voyait les Autrichiens à Lyon et à Mâcon, Louis XVIII venait panser les plaies de la patrie, et derrière les murs d'un séminaire, humble, effacé, un jeune paysan grandissait silencieusement en sainteté. Puis ce sont les Cent-Jours, Waterloo... Une semaine après la tragique défaite, Jean-Marie Vianney est ordonné prêtre. Sa préparation humaine est achevée ; à Dieu maintenant de le pétrir pour en faire cette figure unique : le curé d'Ars.

Il est, à Ecully, vicaire de ce M. Balley, qui l'a deviné, formé, qui sera, malgré son grand âge, son premier pénitent. En 1817, M. Balley mort, le curé d'Ars mort, M. Vianney est envoyé dans ce village de deux cents âmes, indifférent et mou. « Mon ami, lui dit le vicaire général, vous êtes nommé dans une petite paroisse où il n'y a pas beaucoup d'amour de Dieu; vous en mettrez. »

II

Jean-Marie s'incline et part, inconscient de la prodigieuse mission qui l'attend.

Qu'était-ce donc que cet Ars dont nul n'avait jamais entendu parler, dont tout le monde parle maintenant? Un petit village des Dombes. Rien de remarquable, rien d'intéressant; un pays plat, sans la richesse des plaines de l'Ouest, sans l'animation d'un grand cours d'eau; ni misère, ni fortune; pas de vices, mais peu de vertus; pas d'anticléricalisme, mais guère de religion; en tout, au physique comme au moral, une personnalité neutre. Seul, le château d'Ars mettait un peu de grandeur dans ce décor en grisaille; seule, une église basse y rappelait Dieu. Air mou, un peu lourd, population molle, un peu lourde... Voilà ce que trouvait l'abbé Vianney après tant de travail et de déboires. Il constata bientôt avec tristesse que l'église était déserte en semaine, que, le dimanche, les hommes étaient moins assidus à l'office qu'au cabaret; que ceux qui venaient à la messe bâillaient sans vergogne pendant le sermon, et que, dès que le prêtre descendait les marches de l'autel, c'était à qui sortirait le premier de l'église. Quand les hommes faisaient leurs pâques, c'était presque en cachette. Vous rappelez-vous l'ardeur des paysans d'Ecully ou de Chamblanc pour pratiquer clandestinement leur religion persécutée, trente ans auparavant? Qu'on en était loin! Et l'indélicatesse, sinon la déshonnêteté vis-à-vis du bien d'autrui et dans les marchés, et les mille petits travaux qu'on réservait pour le dimanche, un pauvre prêtre candide, peu instruit, peu éloquent, sauraitil changer tout cela?

L'abbé Vianney avait, quant à son rôle, deux maximes dont il ne se départit jamais: d'abord, un curé ne doit jamais se persuader qu'il ne pourra rien faire dans sa paroisse, si stériles qu'aient été longtemps ses efforts; puis:

il ne doit jamais penser, eût-il fait beaucoup, qu'il a fait assez. En appliquant sans faiblir ces deux principes, il a amené un monde à lui.

Il n'avait pas tant d'ambition : secouer un peu ses paroissiens, leur apprendre à aimer Dieu, voilà ce qu'il désira tout d'abord. Que fit-il pour cela? Mon Dieu!... rien. Il fit comme tout le monde. Après une visite d'arrivée à tous ses paroissiens, il alla les voir par bonne amitié, au moment où toute la famille était à table, dans ces maisons bressannes en pisé, qui donnent un aspect pauvre à un pays qui ne l'est pas; sans jamais rien accepter, le paysan de Dardilly parlait aux paysans d'Ars; puis, insensiblement, le curé se substituait au cultivateur et parlait du Dieu créateur et sauveur aux travailleurs de la terre. On s'habitua vite à le voir ainsi, un quart d'heure chez l'un, vingt minutes chez l'autre; il fit rapidement partie du village, il fut du pays, même quand un remaniement territorial du diocèse détacha Ars de Lyon pour le donner à Belley. Parce qu'il était discret, qu'il ne faisait jamais de reproches, même mérités, qu'il était indulgent à tous, on eut confiance en lui. Et puis, voyez-vous, la pureté, la sainteté, même insoupçonnées, ont un charme mystérieux auquel rien ne résiste.

A côté de ces devoirs de société, il y avait les devoirs d'état, dont l'un des plus graves était l'instruction. Jean-Marie Vianney, humble curé de campagne, avait là-dessus les idées de saint François de Sales; quarante-deux ans, il fut curé d'Ars; quarante-deux ans, il catéchisa sans se lasser les enfants et les grandes personnes. Mais la préparation des sermons du dimanche était un supplice pour un homme qui ne se sentait pas éloquent, dont la mémoire était rebelle, et qui voulait faire passer dans des âmes indifférentes quelque chose de l'ardeur qui l'animait. Pour faire aimer l'église aux paroissiens, il la répara, repeignit les boiseries, éleva un maître-autel neuf; il fit donner par M. d'Ars des ornements, un dais, un ostensoir de vermeil; il édifia deux nouvelles chapelles; enfin, comme jadis saint Vincent de Paul à Châtillon, il donna aux cérémonies toute la pompe qu'il put. Les habitants d'Ars, flattés, vinrent plus volontiers aux offices. Puis le curé les habitua à venir invoquer sainte Philomène, à qui une chapelle fut consacrée. Il avait, je ne sais pourquoi, une profonde dévotion à « cette chère petite sainte »; il l'honorait et la voulait faire honorer plus particulièrement; il força sa complaisance en lui envoyant ceux qui cherchaient la santé de l'âme ou du corps, et les paysans d'Ars, peu à peu, vinrent à sainte Philomène *par* le curé. Lui, se faisait aider dans sa tâche, en apparence ingrate, d'apostolat par quelques pieuses et modestes femmes, et surtout par Mlle d'Ars, en qui nous devons saluer le type de la vieille fille vraiment *noble* de ces âges troublés : Mlle d'Ars, âgée alors de soixante-quatre ans, et que la Terreur même n'avait pu chasser du château; Mlle d'Ars, active, lettrée, distinguée, mais attachée profondément à la terre ancestrale, qui connaissait chaque habitant par son nom, chaque maison par ses besoins, et le bon Dieu par ses vertus mêmes ! Quand une telle âme plane sur un village, il faut moins que jamais désespérer. Un autre auxiliaire fut le maire. Comme cela nous semble étrange, à cent ans de distance, cette union du maire et du curé ! Celui d'Ars, paysan comme ses administrés, avait un grand bon sens, du savoir-faire, et assez de vraie simplicité pour reconnaître un saint en M. Vianney. Mais le véritable secours, le curé ne l'attendait que du ciel. Aide-toi, le ciel t'aidera, dit le proverbe... Le ciel souffre violence, a proclamé le Christ. Jean-Marie fit violence au ciel, il l'assiégea par ses prières, ses jeûnes, ses aumônes.

Ah ! ces aumônes ! On se demande comment, avec son petit traitement, un casuel insignifiant, et aucune fortune personnelle, le curé d'Ars put donner tout ce qu'il donna ! S'il est des mains entre lesquelles fond l'argent, il en est d'autres entre lesquelles il rend au centuple. Pour avoir de quoi donner, M. Vianney demandait; Mlle d'Ars ne lui refusa jamais. Puis il se dépouillait quand il n'avait plus rien autour de lui à donner. Tant qu'il restait du pain ou des pommes de terre à la cure, il y en avait pour les pauvres. La brave femme qui s'occupait du linge et des vêtements du curé prit le parti de ne lui rendre son bien qu'au fur et à mesure de ses besoins. Peine perdue ! Quand M. le curé constatait que son armoire était vide, il se défaisait de ses chaussures ou de son mouchoir plutôt que de rien donner. Il ne garda même pas une culotte de velours, cadeau de ses confrères de Trévoux qu'avait émus son dénuement. Quand

ceux-ci demandèrent, au bout de quelque temps, des nouvelles de *leur* culotte, lui, jovial comme saint Vincent de
Paul, répondit gaiement : « Je l'ai prêtée à fonds perdus à
un pauvre que j'ai rencontré. » S'il ne partagea pas son
manteau avec quelque malheureux, c'est que jamais il ne
posséda cet objet de luxe. Quant à la nourriture, il la sim-
plifia à l'excès. Une fois par semaine, il faisait bouillir une
marmite de pommes de terre et y puisait chaque jour pour
son unique repas. Le fond, parfois, était couvert de moisis-
sure ; il grattait la surface et trouvait quelque chose de bon à
prendre. Il en était de ses pommes de terre comme de ses
paroissiens ; l'extérieur était un peu rebutant, mais au fond,
ils n'étaient pas mauvais.

Un beau jour, arrivèrent à l'improviste Marguerite Vianney
et une dame d'Ecully. Elles en virent de belles, au presbytère ! Une armoire vide de linge, des pommes de terre moi-
sies, un peu de farine dans un coin !... Et le lit ! Oh ! il était
comme tous les lits (vous savez, ces lits en bois verni du
siècle dernier, qui nous font sourire de dédain), avec des
draps... c'est tout. Le traversin était parti chez un pauvre, le
matelas chez un autre. Un peu de paille sur le cadre, sous
le drap, donnait au lit un aspect décent; cela ne suffisait-il
pas ? Marguerite et sa compagne ne dirent rien, partagées
entre l'admiration pour cet ascétisme et l'émoi que causait à
leur âme ménagère une si piètre vie. Jean-Marie, cependant,
était très effaré : « Je vous reçois bien mal,... vous allez
faire un bien mauvais déjeuner... » Je pense à saint Corentin
recevant dans sa forêt un hôte inattendu, et ne trouvant
qu'un peu de farine pour faire un *fard* breton. Marguerite
Vianney confectionna des *matefaims,* ces épaisses crêpes du
Lyonnais et de la Savoie qui méritent bien leur nom. Ce
jour-là, M. le curé prit une leçon de cuisine, et il lui arriva
parfois de se faire à lui-même des matefaims.

Les paroissiens furent longs à connaître la vie de leur
pasteur, qui cachait aussi soigneusement son austérité que le
pharisien de l'Évangile étalait ses jeûnes et ses pénitences.
Mais quand un coin du voile eut été levé, un discret service
d'espionnage s'exerça, qui confondit les jouisseurs et les
indifférents. En vérité et à la lettre, le curé d'Ars convertit
son village par ses privations et ses prières.

III

En 1823, une mission ayant été donnée à Trévoux, on pria M. le curé d'Ars de venir aider aux confessions.

Ce fut vraiment la Mère de Dieu qui prit par la main quelques personnes que nous ignorons et les conduisit, comme au hasard, au confessionnal de M. Vianney. Ah! bienheureuses ces premières âmes qui, remuées par la mission, s'ouvrirent en toute sincérité au prêtre inconnu! Celles-là en amenèrent d'autres en foule. Pendant cinq semaines, ce fut une procession vers ce nouveau confesseur. Le jour de la clôture, dit-on, l'abbé Vianney resta vingt heures au confessionnal; on l'en arracha tout défaillant pour le porter sur un lit. Deux heures après, il avait repris son poste.

Et cette mission locale fut le point de départ de cet apôtre, aussi sédentaire que saint François de Sales fut nomade. L'évêque de Genève allait au-devant des pécheurs; les pécheurs, pendant trente-cinq ans, allèrent aux pieds du curé d'Ars. Dans tout le département, les curés le réclamaient aux jubilés, aux missions. Un prêtre des Dombes, malade, avait-il besoin provisoirement d'un aide, d'un remplaçant, M. Vianney était là, inlassable. Et c'est ainsi que le Seigneur le *présenta* à ce diocèse de Belley dont il est l'une des gloires les plus pures.

Je n'ai jamais compris comment les saints ont pu, sur terre, mener tant d'œuvres de front. Il faut vraiment qu'il y ait pour eux des grâces spéciales. A cette époque où M. Vianney, ayant enfin son village en mains, confesse un peu partout dans les Dombes, il établit à Ars la Providence, œuvre qui me rappelle singulièrement celles de saint Vincent de Paul. Qu'est-ce donc que la Providence? Un acte de charité, un élan d'espérance, une marque de foi aux yeux de Dieu. Pour les hommes du XIXe siècle, c'est *quelque chose* qui tient de l'orphelinat, de l'ouvroir, de l'école, de la protection de la jeune fille. Il y avait bien des orphelins dans ces grandes plaines que rongeait alors la fièvre des Dombes, cette fièvre intermittente qui use rapidement les tempéraments les plus robustes. Tous les orphelins sont à plaindre; mais, surtout à la campagne, les orphelines sont plus exposées.

Jean-Marie acheta une maison à Ars; il choisit deux filles sérieuses et pieuses dont l'une, Catherine Lassagne, nous a laissé de précieuses notes sur son curé. Il les forma pendant un an; puis, sans les lier par aucun vœu, il les mit à la tête de la Providence. Et par là encore, il rappelle saint Vincent de Paul. Vous dirai-je que le curé d'Ars n'hésitait pas à conseiller aux Dames du Calvaire de Lyon de faire « un peu de toilette, puisqu'elles étaient laïques »? Il y eut à la Providence quelques orphelines pauvres, une école gratuite pour les petites filles; on accueillit des jeunes filles de quinze à dix-huit ans, qu'on plaçait généralement comme servantes de ferme à leur sortie. Point d'uniformes : on porte ce qu'on a ou ce qu'on vous donne, comme M. le curé; on apprend la lecture et l'écriture, mais surtout les travaux de l'aiguille et le ménage. L'œuvre aide les jeunes filles à se marier, facilite les vocations religieuses, et c'est M. Vianney qui donne le trousseau, ce trésor des familles paysannes.

Sans s'en douter, les orphelines firent du curé l'orateur entraînant, l'indomptable apôtre qu'on vint bientôt écouter de toutes les régions de la France, de l'étranger même. Chaque jour, il venait après le dîner et, tout bonnement, tout familièrement, faisait une instruction, un catéchisme sans apparat. Cet auditoire enfantin ne l'intimidait pas; et pourtant, j'ai entendu un orateur qui, parlant à des enfants, disait : « J'ai prêché à l'autre bout du monde, j'ai prêché devant des rois et des nonces, jamais je n'ai été intimidé comme devant vous. » Et un autre jour, à un auditoire déjà instruit et préparé : « Plus ceux à qui on s'adresse sont enfants ou d'éducation rudimentaire, plus le prédicateur doit avoir étudié, fouillé son sujet, et être armé de toutes pièces devant les questions et les objections. »

M. Vianney était toujours armé de toutes pièces. Ce qui lui manquait, c'était la facilité d'élocution. Il l'acquit sans s'en douter dans ce réfectoire où il s'asseyait sans façon sur un coin de table pour parler.

L'œuvre n'alla pas toujours sans peines et sans douleur. Un jour même M. Vianney désespéra. Il faillit douter du bon Dieu. Ah! comme il avait tort! Plus de pain, plus de blé pour en faire, plus d'argent pour en acheter. Les âmes charitables sont lasses de toujours donner, ou à bout de ressources. Le pauvre curé se sent défaillir. A qui s'adresser? Il se souvient alors de saint François Régis. Prenant un reliquaire du saint, il monte lentement, mélancoliquement, sans confiance, dans son grenier vide, avec un geste de détresse, pose le reliquaire dans la poignée de grains qui reste, et redescend, la tête basse.

Vraiment, M. le curé d'Ars, vous m'étonnez. Vous qui avez tant étudié la vie des saints, vous ne connaissez donc pas saint Anthelme, évêque de votre propre diocèse? Pourquoi vous laisser aller aux larmes en murmurant : « Il va donc falloir renvoyer ces pauvres enfants? » Eh! montez donc avec Jeanne-Marie Chaney; ouvrez la porte qui résiste, et voyez. Le grenier déborde de blé! Le Christ n'avait-il pas dit que le grain tombé dans la bonne terre portait du fruit au centuple? Il a semé dans votre âme, et la semence a fructifié. A votre tour, ouvrier du Seigneur, vous semez le grain sacré dans les âmes; pourquoi donc vous étonner qu'il ait levé? Dieu récompense magnifiquement votre premier effort en vous donnant le pain matériel, et vous êtes si simple, si humble, ô saint Jean-Marie Vianney, que vous ne comprenez pas! Vous baissez la tête en disant : « Dieu me punit bien d'avoir douté de lui! » Hélas! Que ne recevons-nous, nous qui avons le cœur trop dur, de pareils châtiments! Voilà un des miracles directs que le ciel voulut bien accomplir chez nous dans ce XIXe siècle si frondeur, si railleur, si peu religieux.

Si railleur... Oh oui! Et la raillerie du monde va s'acharner sur le pauvre curé de village.

IV

M. Vianney est un mystique, vous ai-je dit. Il nous a caché, avec une pudeur effarouchée, les faveurs divines à son égard; il a été moins discret sur les épreuves qui l'assiégeaient, croyant y voir la preuve de son incapacité. Et ces épreuves furent d'un genre qui faisait sourire le XIXe siècle. Qui donc, dans cette génération issue de la révolution, imbibée, même les catholiques, de Voltaire et de Rousseau, qui donc pouvait croire à des attaques diaboliques, à des luttes réelles, palpables, avec Satan? Bon pour le moyen âge, ces histoires-là, pour une sainte Colette, meurtrie de coups par le démon, ou un Adhégrin dans son ermitage de Cluny; mais aller raconter cela, au temps de Louis-Philippe, à des paysans de Bresse... Non, je vous en prie, ce n'est plus de notre temps!

Dans le clergé même, on haussait les épaules : « Si M. Vianney vivait comme tout le monde, mangeait convenablement et dormait suffisamment, il ne serait pas hanté par des cauchemars qu'il prend pour des réalités. S'il se ménageait un peu plus, il n'aurait pas, la nuit, de ces peurs nerveuses qui le jettent à bas du lit. » Voilà ce que répétaient certains de ses confrères qu'il obligeait si complaisamment. Le branle donné, la médisance et la calomnie eurent beau jeu. « C'est un brave homme, mais par trop simple d'esprit. D'ailleurs, il n'a pas fait d'études complètes et a failli être renvoyé du séminaire pour son insuffisance. Depuis qu'il est à Ars, il ne fait rien comme personne, pas même la charité; on ne sait sous quel titre cataloguer sa Providence. » L'enthousiasme qui amenait à son confessionnal des gens de tout le département, éveilla la méfiance. Des curés interdirent à leurs paroissiens d'aller à Ars. En vain; la foi qui transporte les montagnes jetait les pèlerins, de plus en plus nombreux, dans ce village des Dombes. Alors le clergé pria l'évêque de Belley, Mgr Devie, d'intervenir.

L'abbé Vianney savait tout ce qui se disait, tout ce qui se tramait contre lui. Humble, un peu effaré de voir la foule des pénitents venir à lui, il ne s'étonnait pas d'être ainsi jugé; nul ne dirait de lui autant de mal qu'il en pensait. Tout ce qu'il pourrait jamais alléguer pour sa défense, c'est qu'il avait toujours agi suivant sa conscience, et que les attaques infernales, hélas! n'étaient que trop réelles. Et elles durèrent trente-cinq ans. L'ange rebelle qui avait fait tant de mal à la fille aînée de l'Église par la philosophie, la révolution, la Terreur, ne pouvait supporter l'extraordinaire pureté de ce curé de campagne; il voulut l'abattre. Et de même que, jadis, Dieu avait permis que Job fût tenté, de même il permit que Jean Vianney fût persécuté.

Il connut la tentation du désespoir, celle qui tortura saint François de Sales; il connut la tristesse morbide qui paralyse, mais il travailla quand même au salut des âmes. Alors, l'enfer employa, non plus la ruse, mais *l'action directe*, comme nous dirions aujourd'hui. On croirait lire de ces histoires de châteaux hantés qui font frissonner les timides et sourire les esprits forts. Ce furent, la nuit, des bruits mystérieux : on heurtait à la porte dans l'escalier. Notre curé crut d'abord à la plus humaine des tentatives, non pas contre lui, mais contre les précieux ornements donnés par M. d'Ars; il ouvrit sa porte, héla les voleurs présumés, le silence lui répondit. Des hommes éprouvés montèrent une garde nocturne à la cure, à l'église; ils entendirent les bruits, mais ne virent rien. Une nuit d'hiver, une de ces nuits éclairées par la neige fraîche, ouatées d'un silence impressionnant, la porte fut secouée avec la dernière violence. Notre curé avait peur. Mais sa peur n'entamait pas son courage; sautant à bas du lit, il s'élança dans la cour. Son voleur aurait certainement laissé ses empreintes sur la neige. La neige qui recouvrait le sol était intacte. Alors le saint comprit : ce n'étaient pas les hommes qui lui en voulaient, mais les démons. Et la crainte quitta son cœur. Il sentait, malgré son extrême humilité, qu'il était « le fort armé, dont parle l'Évangile, qui garde sa maison. » Il la garda bien, cette maison : son corps, temple du Saint-Esprit, son âme où Dieu se reposait avec complaisance. Les démons pouvaient l'empêcher de dormir, soit par quelque bruit monotone et horripilant, soit par des piétinements changeant sans cesse de place et de caractère, ou par le vacarme d'une assemblée tumultueuse sous sa fenêtre, des discussions dans une langue étrangère. Éveillé, il écoutait ces mots barbares. « Ils me rappellent, dit-il plus tard, le parler de ces Autrichiens qui occupaient Lyon et Grenoble en 1815 et que je vis souvent. » Je passe sous silence les injures, les paroles moqueuses qui retentissaient à ses oreilles. Satan était là, dans la chambre du saint, menant la sarabande infernale, secouant les rideaux, roulant les meubles, jetant le malheureux à bas de son lit. Lui, bravement, tenait tête à l'adversaire; parfois, une prière à Dieu, l'acceptation de l'atroce situation, l'en délivrait. En bon Français,

L'évêque n'insista pas, il tenait l'aveu qu'il voulait.

en vrai fils de chez nous, il goguenardait avec Lucifer : « Je vais à la Providence, lui dit-il un jour, raconter tes intrigues pour te faire mépriser. » Il luttait toute la nuit, sans repos ; le matin venu, il disait sa messe, et recevait les pénitents chaque jour plus nombreux, qui ne lui laissaient nul répit.

Voilà ce qui faisait traiter M. Vianney par ses confrères, et par bien d'autres, de visionnaire, de neurasthénique. Vraiment, j'aurais voulu les y voir, messieurs les compatriotes de Quinet, dans le petit presbytère d'Ars ! Ah ! vous en appelez à Mgr Devie ? Il va vous répondre. Depuis longtemps, il considère l'humble prêtre comme un saint ; mais il examinera à fond cette vie étrange. « Je ne sais pas si M. le curé d'Ars est instruit, conclut-il, mais je sais qu'il est éclairé. » Et un jour qu'on raillait devant lui la bizarrerie de Jean-Marie : « Messieurs, dit-il sèchement, je vous souhaite un peu de cette folie dont vous vous moquez, elle ne nuira pas à votre sagesse. » Il voulut avoir du saint lui-même l'aveu du miracle du blé ; mais, la première émotion passée, l'abbé Vianney n'en parlait pas volontiers. Au cours d'une visite, Mgr Devie demanda à voir le presbytère et le fameux grenier.

« C'était jusqu'ici que venait le blé ? demanda-t-il du ton le plus naturel en indiquant un point au hasard.

— Non, monseigneur, répondit candidement le curé, jusque-là. »

C'était bien plus haut. L'évêque n'insista pas : il tenait l'aveu qu'il voulait.

Grâce à lui, les voix malveillantes se turent, et la tempête de la calomnie s'éteignit dans un murmure indistinct. En 48, il n'en était plus question. Les pèlerins, en dépit des révolutions, assiégeaient par milliers le confessionnal bienfaisant. Mais l'autorité académique (que c'est moderne, ce mot !) avait fermé la Providence, fondation hybride dont on ne savait si elle était école ou orphelinat. Comme rien ne se fait sans la permission de Dieu, nous devons constater que cette suppression servit au curé d'Ars en lui laissant tout son temps libre pour la conduite des âmes, de même qu'elle lui avait servi en lui apprenant à parler d'abondance.

D'une irréductible humilité, M. Vianney s'effrayait de ses

succès mêmes : il ne méritait pas la confiance de tant d'inconnus. Pour s'y soustraire, par quatre fois, il s'enfuit; par quatre fois, Dieu lui montra ostensiblement que non seulement il ne devait pas déserter son poste, mais qu'il ne devait plus le quitter un seul jour. En 1840, il partit un soir, tout seul, pour se retirer dans un ermitage; à peine sur la route de Villefranche, il pensa : « La conversion d'une seule âme ne vaut-elle pas mieux que toutes les prières que je pourrais faire dans la solitude? » Et il revint au milieu des calomnies, des attaques du démon, de la ferveur des paroissiens. Trois ans après, il fut terrassé par une pneumonie. Le médecin disait : « Il n'a plus que quelques minutes à vivre. » Le moribond entendit; dans quelques minutes, il serait devant le Juge suprême, le Juge miséricordieux, mais juste. Sa vie lui sembla soudain si vide de bonnes œuvres, si encombrée de péchés; il se sentit responsable de tant de malheureux qu'il ne pourrait confesser, qu'il supplia le Seigneur de lui accorder un sursis. « Au même instant, dit-il, je sentis la vigueur renaître et les forces revenir. » Le sursis fut de seize ans.

Mgr Devie lui ayant donné un auxiliaire, le curé reprit ses rêves de retraite; le bruit s'en répandit sourdement et lorsque le fugitif sortit nuitamment de chez lui, il lui fallut dépister son monde pour se sauver à Dardilly. Pauvre Ars, pauvre troupeau sans berger, que vas-tu devenir? Tu veux ton saint, l'abbé Vianney. La paroisse émue trouve sa trace; cinq jours après le départ, les pénitents assiégeaient la maison de Dardilly comme ils assiégeaient le confessionnal d'Ars : le lieu du pèlerinage avait simplement changé. L'évêque ayant autorisé la retraite du curé à Notre-Dame de Beaumont, il s'y rendit à pied, avec son vicaire. Tous deux entrèrent dans une église pour lire leur office; l'office terminé, la nef était pleine de villageois suivant leur pasteur. Touché de cette fidélité, M. Vianney rebroussa chemin. La population, prévenue par un messager, se porta en foule au-devant de lui. Sa rentrée fut triomphale : on riait, on pleurait, on criait, on se jetait à ses genoux; lui, ému de cette affection, disait en souriant : « C'était donc tout perdu? Eh bien, tout est retrouvé! » Cinq ans plus tard, il se présentait vainement chez les Capucins de Lyon.

En 1853, une dernière tentative d'évasion fut des plus pittoresques ; on se doutait dans le village du coup que méditait le terrible curé. A minuit, le fugitif trouve devant lui son vicaire, qui le conjure inutilement d'entendre raison. L'escalier est plein de gens que M. Vianney écarte pour descendre. Mais voici que retentit le tocsin ; des paysans, réveillés en sursaut, accourent avec des seaux pour éteindre l'incendie présumé ; d'autres, croyant à un danger inconnu (c'était au lendemain de 48 et du coup d'Etat de décembre) se précipitent avec des fusils, des faux. La nuit augmente encore la confusion. Où est le feu ? Où sont les émeutiers ? Un cri répond : « Monsieur le curé ! » Monsieur le curé ? Eh bien, il est là... Quoi, il veut encore partir, nous abandonner ? Une plainte unanime monte de toutes les poitrines, la plainte de l'enfant délaissé : « Restez avec nous ! Restez-nous ! » L'abbé Toccanier profite de l'émotion générale pour faire un dernier effort. Un argument suprême l'emporte enfin.. « Laisserez-vous inachevées les confessions de ces pauvres pécheurs venus de si loin ? Ne répondez-vous pas de leurs âmes devant Dieu ? » Les larmes de la foule redoublent. Lentement, M. Vianney gagne l'église, s'agenouille, prie et pleure. Le matin venu, il reprit son poste au confessionnal. « Je voulais, dit-il plus tard à M. Toccanier, mettre le bon Dieu au pied du mur pour connaître vraiment sa volonté. » Lorsque, deux ans plus tard, M. Vianney partit en voiture pour assister son frère mourant, Dieu lui montra impérieusement sa volonté en lui envoyant un malaise soudain qui l'empêcha de poursuivre sa route. Le ciel le voulait à Ars, uniquement à Ars.

V

Mais qui donc venait à Ars, dans ce village hier inconnu, sans pittoresque et d'accès peu facile ? Qui donc ? Tout le monde. Ces pèlerinages prodigieux que nous avons vus aux temps jadis, qui confondaient sur le tombeau d'une sainte Reine ou d'un saint Martin ou à l'abbaye de Saint-Michel toutes les classes sociales, depuis le mendiant jusqu'aux rois et aux évêques, nous les retrouvons dans cette église

de village : un vivant en est le but. C'est à lui qu'on demande
la guérison de son âme, parfois de son corps, le pardon de
ses péchés, la lumière sur sa vocation, la ligne de conduite
à tenir. On lui confie les secrets les plus douloureux, parfois
les plus épouvantables; il entend des aveux atroces, à tel
point qu'il disait : « Que le temps me dure avec les pécheurs !
Quand donc serai-je avec les saints ! »

Et il restait au confessionnal seize, dix-huit, vingt heures
par jour ! On venait se confesser à lui des coins les plus
reculés de la France, de l'étranger, jusque d'Amérique.
Quel charme émanait donc de ce prêtre de campagne que
l'on disait peu instruit ? Quel charme ? Mais la sainteté, la
bonté, l'extraordinaire don de lire dans les âmes les plus
tortueuses, cette pénétration, disons cette psychologie, que
donne l'habitude de résoudre des cas de conscience délicats,
cette droiture et cette simplicité que rien ne faisait dévier.
Bien des pénitents vinrent par curiosité et restèrent écrasés
par la vertu du prêtre et leur propre impiété. Des voltai-
riens (ils étaient légion à cette époque) accompagnèrent
par courtoisie leur famille à Ars, trouvant que la religion
est une excellente chose pour les femmes. Le curé les
regarda. Oh ! ce regard qui sonde les cœurs et les reins !
Ils se débattirent, ces sceptiques, ces incroyants, ils luttèrent
contre la grâce, puis tombèrent à genoux dans le pauvre
confessionnal. Des jeunes filles qui voulaient entrer en religion s'entendirent ordonner de rester dans le monde et d'y
donner le spectacle d'une épouse digne et catholique. La
grâce s'abattit sur des révoltés qui se consacrèrent à Dieu.
Des hypocrites, qui simulaient le repentir pour savoir « ce
que le curé leur dirait », furent démasqués et confondus.
Que ne se passa-t-il pas dans l'humble village des Dombes,
de 1825 à 1859.

De mémoire d'homme, on n'avait rien vu de pareil, et je
ne vous parle pas ici de ces hommes et de ces femmes qui
s'étouffaient dans l'église, attendant douze et quinze heures
le moment de parler, de célèbres évêques, de généraux, de
savants, venant consulter celui qui, soi-disant, ne savait rien.
Non, je parle du curé lui-même. L'emploi de son temps était
effrayant, et il résista trente ans à ce surmenage. Il venait
au confessionnal dès 2 heures du matin, ayant à peine

dormi. Des pèlerins passaient la nuit dans l'église pour l'attendre. Vers 7 heures, il disait sa messe devant la foule, bénissait les chapelets, les médailles, qu'on tendait à ce pauvre homme si frêle, si maigre, dont les traits creusés et le front bombé rappelaient le visage osseux de Voltaire, et on cherchait ses yeux, ces yeux extraordinaires! Puis il rentrait à ce confessionnal, où il usait sa vie à sauver des âmes. A 11 heures, l'église était plus comble que jamais : c'était le moment de l'instruction. Ah! ces catéchismes d'Ars, heureux qui les a entendus avec un cœur pur, qui s'y est pénétré de la parole de Dieu!

L'éloquence du curé d'Ars s'était formée sur un coin de table à la Providence; elle fut toujours simple, familière, enrichie d'images et de comparaisons, d'expressions populaires, mais si prenante, si élevée, si splendide dans son incorrection même, que nul ne sortait de l'instruction avec les sentiments qu'il avait en arrivant. Jean-Marie savait le mot qui porte et il savait le lancer. Quel frisson devait secouer la foule quand il s'écriait : « Si l'on disait à ces pauvres damnés qui sont depuis si longtemps en enfer : Nous allons mettre un prêtre à la porte de l'enfer; tous ceux qui voudront se confesser n'auront qu'à sortir. Mes enfants, croyez-vous qu'il en reste un seul? Comme l'enfer serait vite désert et comme le ciel se peuplerait! » Pour entendre le catéchisme du curé d'Ars, d'où ne venait-on pas?

Lacordaire, l'orateur de Notre-Dame, le rénovateur des Dominicains, ne dédaigna pas le petit curé de campagne. Le 3 mai 1845, il était à Ars, précédé de son immense renommée. Le curé s'excusa de prendre la parole devant un tel maître; mais le maître, attentif, songeait plus à ce que disait M. Vianney qu'à la manière dont il le disait, et lorsque, le soir, Lacordaire à son tour monta en chaire, il s'excusa de prêcher en un lieu où il était venu demander des conseils. Le poids d'une pareille autorité augmenta encore l'auréole du curé aux yeux de ses paroissiens.

Mais reprenons l'emploi du temps de notre saint. L'instruction durait jusque vers midi. Alors il s'agissait pour le prédicateur de faire le court trajet de l'église au presbytère, de traverser une cohue inimaginable, qui s'attachait à ses pas, le tirait par la manche, par la soutane, pour attirer son attention. « Mon Père, écoutez-moi... — Mon Père, laissez-moi vous dire... — Mon Père, un seul mot... »

Il répondait à tous, mais la réponse, parfois déconcertait singulièrement le questionneur.

« Mon Père, mon Père, laissez-moi seulement vous dire un mot.

— Ma fille, vous venez de m'en dire plus de vingt. »

Et il passait, froid et ironique, allant vers un plus malheureux. Un jour il renvoya une Fille de la Charité en lui disant doucement :

« Allez-vous-en, ma petite, vous n'avez pas besoin de moi. »

Tous ne lui parlaient pas, mais tous le voyaient et l'entendaient ; à certaines âmes cela suffit. Au don si rare de seconde vue, nous devons ajouter le don de prophétie, non la prédiction d'événements futurs intéressant toute la France ou l'humanité, mais simplement le salut de certaines âmes, l'avenir de certaines œuvres.

Le philosophe chrétien Hello vint le consulter pour ses ouvrages sur la foi ; l'architecte lyonnais Bossan lui soumit le plan de l'église qu'il rêvait à Fourvière. Le sculpteur Cabuchet ayant voulu faire son buste fut obligé de travailler en cachette, le curé lui ayant refusé de poser : il manipulait la glaise dans son chapeau, pendant l'instruction ; il se confessa à l'abbé Vianney pour le voir de plus près ; puis, ayant été expulsé par le prêtre indigné de son audace, il termina de mémoire une statue complète.

Le courrier de l'abbé Vianney était effrayant, car tous ne pouvaient venir à Ars. C'est ainsi que, uniquement par correspondance, il contribua à la création des Dames Auxiliatrires du Purgatoire, dont la fondatrice était à Loos. Le curé d'Ars, le premier, encouragea l'idée d'un ordre destiné au soulagement des âmes du purgatoire ; ce fut lui qui renouvela les courages ébranlés par des débuts pénibles, lui qui approuva les religieuses de soigner les pauvres, lui qui leur prédit une grande expansion. Les Dames Auxiliatrices vont maintenant jusqu'en Chine.

Mais j'oublie, en vous parlant ainsi, que sur les vingt-quatre heures de la journée, M. Vianney n'en passait *que* seize à dix-huit au confessionnal. A 7 heures du soir il reparaissait à l'église, montait en chaire pour la prière. Il la commençait d'une voix faible, épuisée, à peine perceptible, mais avec un tel accent que les plus rebelles en étaient empoignés et qu'à l'acte d'adoration les larmes coulaient de tous les yeux. Puis, le pauvre curé rentrait chez lui. Nous savons ce qu'était son repas; nous savons ce qu'était son lit; nous savons ce qu'était son sommeil.

Tel fut le labeur écrasant de ce petit prêtre de campagne pendant trente ans. Le corps s'usait, s'amenuisait, l'esprit s'aiguisait, l'âme se purifiait. Aimait-il sa tâche? En tous cas, il lui tenait tête.

« Si le bon Dieu vous proposait de monter au ciel à l'instant même, ou de rester sur la terre pour la conversion des pécheurs, que feriez-vous? lui demanda l'abbé Tacconnier.

— Je crois que je resterais.

— Est-ce possible? Les saints sont si heureux dans le ciel !

— Les saints sont des rentiers qui ne peuvent glorifier Dieu par leur travail et le sacrifice pour le salut des âmes.

— Resteriez-vous jusqu'à la fin du monde?

— Tout de même. »

Oh! ce *tout de même,* comme il me plaît dans sa presque vulgarité! C'est bien l'expression du paysan français qui accepte, avec un peu de méfiance, l'inconnu.

Jean-Marie Vianney ne devait pas rester jusqu'à la fin du monde : Dieu eut pitié de lui auparavant; mais on peut dire que le pauvre curé mourut à la peine. L'été de 1859 fut particulièment chaud; on étouffait dans la petite église mal ventilée. Enfermé tout le jour dans son confessionnal, où l'air, un air respiré déjà par mille poitrines, ne lui arrivait qu'à travers un rideau de serge, l'abbé Vianney s'anémiait et perdait de jour en jour ses forces; il ne lâchait pas pied pour cela. Il souffrait, une petite toux sèche l'épuisait; n'importe. A la fin de juillet, il eut plusieurs défaillances en sortant du confessionnal. Le 30, il ne put s'y rendre. L'impression fut inimaginable. Quand on parla d'invoquer pour lui sainte Philomène :

« Sainte Philomène n'y pourra rien, » dit-il.

La lampe que le Seigneur avait allumée et mise sur un

chandelier pour qu'elle éclairât toute la maison, vacillait enfin, sur le point de s'éteindre. Le 2 août, il bénit pour la dernière fois sa paroisse. Le 4...

Ceux qui, voyant un saint dans le curé d'Ars, n'arrivaient pas à s'imaginer le monde sans lui, qui croyaient peut-être qu'il resterait toujours (comme les apôtres avaient cru comprendre que saint Jean ne mourrait pas), ou ceux qui ne croyaient pas qu'un saint pût mourir de la même manière qu'un autre homme, ceux-là, dans leur immense douleur, eurent peut-être un moment de surprise.

« Qu'est-ce que la mort?

— C'est la séparation de l'âme et du corps, » dit simplement le catéchisme.

Le 4 août, à 2 heures du matin, le fil qui retenait l'âme à ce corps miné se rompit. L'âme, séparée du corps, bondit enfin vers l'éternité bienheureuse. Et le corps resta là, sur ce pauvre lit si modeste; il resta là, insensible aux larmes de tout un peuple qui, dans un élan unanime, proclamait saint le curé de campagne à qui tant d'âmes, et par ces âmes des milliers d'autres âmes, devaient le salut.

Saint Jean-Marie repose dans la chapelle transformée de Sainte-Philomène, où il a tant prié. Les pèlerins n'en ont point oublié le chemin. Le curé leur avait appris à invoquer sainte Philomène; mais maintenant ils mêlent dans leurs prières à son nom celui de saint Jean-Marie, patron des curés, envoyé pour mettre un peu d'amour de Dieu dans une petite paroisse de campagne où il n'y en avait point du tout.

SEPTIÈME RÉCIT

———

LA BIENHEUREUSE
BERNADETTE SOUBIROUS (1844-1879)

> « Déjà l'hiver a passé, la pluie a cessé
> et s'est retirée ; levez-vous, ma bien-aimée,
> et venez. »

I

Pourquoi donc, en lisant l'histoire de Bernadette, la petite Béarnaise, du xixe siècle, le siècle incrédule, est-ce que je vois flotter devant moi l'image de Bénézet, le petit berger cévenol? Pourquoi, sinon parce que l'un et l'autre étaient des enfants absolument purs, d'une pureté telle que l'un conversa avec les anges, que l'autre eut le privilège de voir et d'entendre la Vierge elle-même? Parce que, si Bénézet eut mission de jeter un pont de pierre en travers des eaux bouillonnantes du Rhône, Bernadette lança un pont de prières, un fil de la Vierge, léger et imbrisable, entre la terre et le ciel.

Sa mission ne fut que de quelques semaines; elle s'ensevelit dans le cloître dès qu'elle le put, laissant derrière elle une traînée lumineuse qui, d'année en année, attire davantage l'univers.

Le 11 février 1858, dernier jeudi avant le carême, trois petites Béarnaises coiffées d'un mouchoir noué, enveloppées d'un grossier capulet de drap blanc, quittaient Lourdes et se hâtaient vers le Gave pour ramasser du bois mort dans les communaux. Jeanne Abbadie et Marie Soubirous marchaient rapidement dans la gorge froide, sous un ciel gris de fin d'hiver. Bernadette s'essoufflait à les suivre; elle était chétive, délicate; l'asthme oppressait souvent sa poitrine. Ses parents, anciens meuniers, maintenant pauvres journaliers, ne l'avaient reprise à sa nourrice que depuis deux semaines. Les treize premières années de la fillette s'étaient écoulées dans un hameau de la montagne; elle gardait les brebis en un lieu solitaire, comme Bénézet; comme lui, elle ne savait rien; sa nourrice lui avait enseigné le chapelet : c'était tout; ce fut assez.

Arrivées devant un ruisseau dont on avait fermé le bief pour réparer le moulin qu'il alimentait, Jeanne et Marie eurent vite fait d'ôter leurs sabots pour traverser. Bernadette hésitait; le froid de l'eau lui faisait peur; et elle avait des bas, parce qu'elle était délicate. Enfin, se décidant, elle commença de se déchausser. Il était midi, l'air était immobile sous le ciel gris. Soudain, un bruit semblable à un vent violent la fit tressaillir; mais elle vit que les peupliers dépouillés étaient immobiles au bord du Gave dont le grondement monotone remplissait la vallée. L'enfant crut à une illusion de sa part. Mais la rafale étrange se fit entendre de nouveau. « L'Esprit souffle où il veut. »

Alors Bernadette regarda devant elle. Un cri de stupeur s'étouffa dans sa poitrine; tremblante, éblouie, elle s'affaissa sur elle-même, regardant toujours, et d'un geste instinctif cherchant son chapelet.

Jeanne et Marie ramassent en bavardant du bois mort devant la grotte de Massabielle, et dans une niche naturelle formée par le rocher, une dame, une apparition est là. C'est une femme, mais entre elle et une autre femme il y a la distance qui sépare le ciel de la terre, la pensée de l'écriture, une dame à nulle autre semblable, aux traits d'une pureté indéfinissable, aux yeux bleus, au front grave, à l'expression douce et tendre; une longue robe blanche retenue à la taille par une écharpe bleue descend jusqu'à ses pieds nus, sur lesquels s'épanouissent deux roses d'or; ses mains tiennent un rosaire. Une auréole lumineuse flotte autour d'elle; elle est jeune, elle a un charme auquel rien ne résiste, Bernadette, sans pensée, est à genoux; toute sa vie est réfugiée dans ses yeux; elle voudrait se signer, elle ne peut; alors, avec un inexprimable sourire, la dame fait elle-même le signe de croix. L'enfant imite son geste; elle n'a plus peur et commence avec ferveur son chapelet. Quand il est terminé, l'apparition s'évanouit; devant Bernadette, la grotte de Massabielle s'ouvre noire et nue sous le soleil qui perce la brume.

Tout étourdie, l'enfant se relève, se déchausse, traverse le ruisseau et rejoint ses compagnes qui jouent dans la grotte.

« Vous n'avez rien vu? balbutie Bernadette.

— Non, rien du tout, et toi? »

Les deux petites filles lui trouvaient l'air « un peu drôle ». Fût-ce la pudeur d'un privilège qu'elle ne comprenait pas encore, fût-ce invincible timidité?

« Si vous n'avez rien vu, murmura Bernadette en secouant la tête, je n'ai rien non plus à vous raconter. »

Elles reprennent toutes trois le chemin de Lourdes. Mais vous savez comme sont les enfants : quand elle entrèrent dans la vieille petite ville dominée par sa citadelle, Bernadette avait livré son secret.

« J'ai vu *quelque chose* habillé en blanc. »

Et dans son patois, car elle ne savait pas le français, elle décrit l'apparition.

« N'en parlez pas, » supplie-t-elle.

Marie et Jeanne ne doutaient pas qu'il y ait eu apparition, mais apparition de quoi? Esprit du ciel où de l'enfer? Ame du purgatoire?

« C'est peut-être *quelque chose* pour nous faire du mal; ne retournons plus là-bas. »

A peine rentrée, Marie, bien entendu, conta tout à sa mère. Louise Soubirous était une bonne chrétienne, mais une paysanne positive; elle haussa les épaules.

« Tu as cru voir quelque chose, dit-elle, à Bernadette, ce sont des lubies, et je te défends de retourner là-bas. »

L'enfant eut le cœur serré; elle voulait revoir la dame, mais elle ne pouvait désobéir.

Le lendemain, elle s'en fut comme de coutume à l'école des sœurs, où elle apprenait péniblement à lire; au catéchisme, où elle préparait sa première communion. Elle ne disait rien; mais Jeanne et Marie parlaient pour elle. Le secret de la grotte courut de bouche en bouche dans le monde enfantin de Lourdes; et, dès le dimanche 14, la mère Soubirous se voyait suppliée de lever sa défense. Il y avait dans ces filles d'Ève une immense curiosité, mélangée de frayeur; plus prudentes que notre mère commune, elles disaient :

« C'est peut-être quelque chose de méchant. »

En tous cas, elles ne tenteraient pas l'aventure sans permission. La mère Soubirous finit par se laisser fléchir; nos petites Béarnaises partirent donc, armées d'une bouteille d'eau bénite.

« Tu *lui* en jetteras, recommandèrent-elles à Bernadette. Si c'est le diable, il s'en ira. Tu lui diras : « Si vous venez « de la part de Dieu, approchez-vous; si c'est de la part du « démon, allez-vous-en. »

Les voici donc à Massabielle, et fort impressionnées. Elles s'agenouillent, récitent tout bas le chapelet, mais ne voient rien. Si, elles voient Bernadette se transfigurer; elles voient ses yeux se dilater comme pour mieux s'emparer de l'apparition.

« La voilà! » murmure la voyante.

Hélas! c'étaient d'honnêtes créatures, les petites filles de Lourdes, mais leurs cœurs n'étaient pas assez purs pour posséder l'Au-delà. L'une d'elles, domptant sa peur, passa l'eau bénite à Bernadette. Celle-ci tressaillit, et, se levant, aspergea la dame et l'églantier qu'elle foulait aux pieds.

« Si vous venez de la part de Dieu, approchez... »

La fin de la phrase expire sur ses lèvres : l'apparition s'incline et fait quelques pas vers l'enfant qui se prosterne et égrène son rosaire; puis elle disparaît, et lentement, le halo de lumière qui l'entourait disparaît à son tour.

Bernadette rayonnait de joie en rentrant à Lourdes; ses compagnes, en proie à une vague terreur, disaient :

« Ne retournons plus ici; ce que tu as vu nous ferait peut-être du mal. »

« O cœurs durs! disait Jésus, vous voyez des prodiges et vous ne croyez pas! »

Les vêpres sonnaient à l'église de Lourdes. Le curé, l'abbé Peyramale, de sa rude voix, chantait les psaumes; et, comme un vent mystérieux, se répandait dans la foule le bruit des merveilles de Massabielle. Le soir, la nouvelle, plus ou moins défigurée, avait pénétré dans toutes les maisons de Lourdes, rencontrant autant de sceptiques que de croyants. Les parents Soubirous secouaient la tête.

La voyante converse avec l'apparition.

« Elle a cru voir, mais n'a rien vu : ce sont des imaginations. »

Mais le récit que l'enfant faisait de ses imaginations à ceux qui la questionnaient était singulièrement précis.

A la prière d'une dame et d'une jeune fille de la ville, Bernadette obtint de retourner à la grotte le jeudi 18. Il fallut faire un grand détour dans la montagne pour éviter le ruisseau, rendu à son cours naturel; l'enfant asthmatique avait des ailes pour voler vers la dame. Au cri de Bernadette, les autres comprirent que l'apparition se manifestait et dirent :

« Demande-lui si nous devons nous retirer. »

La voyante converse avec l'apparition, mais sans que les assistantes perçoivent aucun son sortant de sa bouche.

« Vous pouvez rester, » prononce-t-elle enfin.

Les deux femmes à genoux allument un cierge, le premier qui brûle dans la grotte, et se mettent en prières. Bernadette, extasiée, regardait toujours. La flamme du cierge oscillait au vent mais ne s'éteignait pas. Elles, naïvement, disaient :

« C'est peut-être une âme qui implore des messes. Prie-la d'écrire sur ce papier ce qu'elle veut. »

Bernadette s'avance, le papier à la main; la dame l'entraîne au fond de la grotte et sourit à la requête de l'enfant.

« Ce que j'ai à vous dire, je n'ai pas besoin de l'écrire. Faites-moi seulement la grâce de venir ici pendant quinze jours.

— Je vous le promets. »

Et le regard si pur de l'enfant buvait celle qui est la pureté même.

« Je désire, dit la dame avant de disparaître, voir du monde ici. »

C'était jour de marché de Lourdes; dès le soir, les paysans remportaient à Bagnères, à Tarbes, à Cauterets, le récit des visions, vraies ou fausses, qu'avait à Massabielle la petite Soubirous.

Or, ces apparitions surnaturelles se produisaient en un temps de scepticisme, d'incroyance, d'insouciance religieuse. Le peuple des campagnes croyait encore, mais la classe cultivée niait tout miracle actuel, toute manisfestation de l'Au-delà. La religion, embourgeoisée, était correcte, faite de certaines pratiques, composée d'une chaîne d'habitudes morales auxquelles les femmes s'astreignaient volontiers, dont les hommes, en général, souriaient dédaigneusement. Et c'est à ces hommes, imbus de naturalisme et de matérialisme que l'on venait dire :

« Non loin de vous, à Lourdes, une femme d'une beauté inimaginable est apparue trois fois dans une auréole lumineuse à une petite fille du pays. »

Que voulez-vous qu'on réponde à de telles fadaises? On hausse les épaules; suivant sa tournure d'esprit, l'un dit :

« C'est un coup monté : la petite joue un rôle imposé par sa famille ou par le clergé pour attirer le peuple en criant au miracle. »

L'autre conclut :

« L'enfant est sincère, mais c'est une hallucinée, une malade, une cataleptique; son cas relève de la médecine. »

Mais quant à croire à la réalité de l'apparition, il n'y avait pour cela que ceux qui avaient vu Bernadette et ces montagnards candides qui ont gardé la foi de jadis.

Quelques-uns de ces incrédules sincères, médecins, avocats, résolurent de profiter du vœu des quinze jours pour étudier scientifiquement le cas sur place. C'est ainsi que Dieu a coutume de faire des incroyants les témoins involontaires de sa puissance surnaturelle. Le clergé se tenait sur la réserve. Si le surnaturel fait partie de notre religion, encore faut-il voir s'il vient de la lumière ou des ténèbres, et ne l'admettre qu'après examen. L'abbé Peyramale, saint homme d'une rude écorce, mais d'une haute intelligence, mit son clergé en garde. Le vicaire qui faisait les catéchismes interrogea Bernadette à la leçon suivante, et constata sa grande ignorance en matière religieuse.

II

Le dimanche 21 février, dès le lever du soleil, il y avait foule à Massabielle. Bernadette y vint au petit matin, comme les jours précédents, avec sa mère qui, maintenant, croyait. L'enfant, frileusement enveloppée de son capulet blanc, traversa la foule qui s'écartait sur son passage et, son chapelet à la main, s'en fut s'agenouiller devant l'excavation, au pied de l'églantier. Bientôt, les milliers d'assistants la virent pâlir, tandis que ses traits se transfiguraient, que son être semblait attiré en haut par une force invincible : elle *voyait* ce qui, pour les autres, devait rester invisible; mais l'extase n'enlevait pas son esprit à la terre, comme cela se produisait jadis chez sainte Colette. Le vent éteignit le cierge qu'elle tenait; sans hésiter, elle le ralluma au cierge le plus rapproché, car déjà la sombre grotte de Massabielle, inconnue il y a dix jours, était un rendez-vous de lumières.

Un médecin sceptique, mais loyal, venu voir l'*hallucinée*, dut se rendre à l'évidence : Bernadette ne présentait les signes d'aucune maladie mentale ou nerveuse connue, son calme était absolu.

« Je n'y comprends rien, » murmura le médecin.

Eh! docteur, au lieu de chercher à comprendre, à raisonner, ayez donc simplement la foi du charbonnier!

La Dame entraîne Bernadette dans la grotte; elle a l'air triste :

« Qu'avez-vous? Que faut-il faire? balbutie l'enfant.

— Prier pour les pécheurs, » répond l'apparition.

Un moment après elle avait disparu.

Bernadette retombait du ciel sur la terre. Après les vêpres, elle se vit entourée, harcelée de questions auxquelles elle répondait en toute simplicité, bien qu'ayant hâte de se retrouver chez elle. Tout à coup un sergent de ville lui frappa l'épaule.

« Suivez-moi chez le commissaire de police. »

Le commissaire est toujours un épouvantail pour le menu peuple, plus encore dans une petite ville comme Lourdes, et plus encore quand il s'agit d'un homme habile et retors comme M. Jacomet. Pourtant la foule est prête à s'insurger quand un prêtre, sortant de l'église, la calme :

« Laissez faire l'autorité. »

Bernadette est seule avec le terrible M. Jacomet, semblable à un agneau devant le loup. Quelqu'un entre sans bruit, curieux d'entendre l'interrogatoire : c'est un fonctionnaire, M. Estrade, un sceptique, mais un précieux témoin impartial, envoyé là sans s'en doute par la providence elle-même. Il entend Jacomet, d'abord paternel, bénin, enthousiaste, changer brusquement de ton et lancer un : « Tu

mens ! » capable d'effrayer une enfant plus âgée que Bernadette ; il l'entend la menacer de prison ; mais il entend la
petite Soubirous tenir tête au rusé magistrat, le confondre
par sa simplicité, sa véracité, comme jadis Jeanne d'Arc
avait confondu ses juges. Jacomet tourne et retourne en
tous sens cet esprit d'enfant pour obtenir... un aveu. L'aveu
de quoi ? Qu'avait-elle donc à avouer, la pauvre innocente ?
Il fallait qu'elle convînt que c'était le parti-prêtre (l'épouvantail de ces esprits forts) qui lui faisait jouer cette comédie, qu'elle dît dans quel but. Malgré toute son adresse,
M. Jacomet ne put confondre l'inculpée.

Cependant la foule grossissait à la porte et des coups vio-
lents l'ébranlaient. Jacomet irrité entr'ouvre :

« On n'entre pas !

— Je veux ma fille ! »

Et le meunier Soubirous force le passage. Mais toute son
assurance tombe devant le terrible commissaire. Tandis que
Bernadette garde sa paisible assurance, son père, tournant
son béret entre ses mains, écoute Jacomet qui, maintenant
bonhomme, l'engage à surveiller son enfant qui prenait une
mauvaise voie. Lui, pardonnerait pour cette fois, mais
qu'elle ne retourne jamais à cette grotte où elle ameute les
populations. Soubirous, effrayé, promet tout ce que l'on veut
et emmène sa fille au milieu des acclamations de la foule.

Jacomet et M. Estrade restaient seuls, également incrédules quant au fait de l'apparition ; mais là où le commissaire voyait une comédienne, le fonctionnaire voyait une
illusionnée.

« Elle est habile, disait l'un.

— Elle est sincère, » disait l'autre.

Le lundi, c'est tristement que Bernadette se rendit à
l'école des sœurs, ayant le sentiment qu'elle manquait à un
grave engagement. Les religieuses se montrèrent sévères.
L'une lui dit même :

« Tu fais là un indigne carnaval au saint temps du
carême. »

Moqueries, railleries, gronderies, rien ne fut épargné à
la petite écolière humiliée ; mais qu'était-ce à côté de la
souffrance de ne plus se rendre à la grotte, de ne plus voir
et entendre la Dame, de se sentir désobéissante ou envers

Tandis que Bernadette garde sa paisible assurance, son père tourne son béret dans ses mains.

elle ou envers son père? Comme elle rentrait au son de l'Angelus, une force invincible s'empara de l'enfant, l'obligeant à marcher, à courir,... à voler vers Massabielle. Effrayée, joyeuse, elle cédait à cette impulsion surnaturelle. La voici dans la grotte bénie, la voici à genoux. Il y a foule, comme toujours maintenant. Bernadette prie avec ferveur. Hélas! le ciel est fermé aujourd'hui, la Dame ne vient pas! La fillette en larmes se retire, accablée de fatigue, suivie du peuple déçu, des sceptiques qui disent :

« L'intervention du commissaire de police a produit son effet. »

Bernadette pleurait, sans aucun pressentiment des faveurs qui l'attendaient. Elle rentra, avoua sa visite à la grotte, la force qui l'y avait entraînée. Il y avait tant de sincérité, de conviction dans son accent, dans son regard, que Soubirous, convaincu à son tour, lui rendit toute liberté.

Tandis que Jacomet, furieux, prévenait le procureur, le lendemain, au point du jour, Bernadette était fidèle au rendez-vous. N'oublions pas que la voyante était une petite écolière, en classe dès 8 heures du matin; mais les paysans se lèvent de bonne heure et trouvent tout simple d'être sur les chemins avant le lever du soleil.

C'est toujours le même décor : l'aube claire et froide d'un jour de février dans une vallée pyrénéenne, une grotte sombre et sèche, un églantier noirci par l'hiver, une atmosphère calme, immobile. L'enfant s'agenouille, un peu craintive : verra-t-elle aujourd'hui? D'une main elle égrène pieusement son chapelet, de l'autre tient un cierge allumé. La foule est haletante d'émotion.

Soudain les traits de Bernadette se détendent, ses yeux s'illuminent : elle voit et elle entend. Elle entend la Mère du Sauveur dont elle commence à soupçonner l'identité; elle l'entend lui confier d'abord un secret que jamais l'humanité ne connaîtra; puis un ordre :

« Allez dire aux prêtres que *je veux* que l'on m'élève ici une chapelle. »

Et l'apparition s'évanouit. Bernadette se relève et tous sont autour d'elle :

« Tu l'as vue? Que t'a-t-elle dit?

— Deux choses, l'une pour moi seule, l'autre pour les prêtres, et je vais les trouver de ce pas. »

S'enveloppant de son capulet blanc, elle reprend en hâte le chemin de la ville, pressée de distancer tous les importuns. Mais on la suit, on l'accompagne sur la route de Barèges où habite l'abbé Peyramale.

Ce dernier, vous le pensez bien, était au courant de tout ce qui se passait à Massabielle; toutefois sa prudence de prêtre, non seulement le tenait à l'écart de ces merveilles, mais le mettait en garde contre une complaisante crédulité. Quand il vit entrer sa petite paroissienne, ses sourcils se froncèrent :

« N'es-tu pas Bernadette Soubirous?

— Oui, monsieur le curé.

— Que me veux-tu? »

L'accueil était peu encourageant, la voix rude des moins aimables.

« Je viens de la part de la Dame de la grotte de Massabielle...

— Ah oui! tu prétends avoir des visions, tu fais courir tout le pays! Qu'est-ce que cette histoire-là? »

Le cœur serré devant la brusquerie de ces paroles, Bernadette raconta tout. Le prêtre écoutait et surtout regardait son interlocutrice. Quelle pureté, quelle innocence dans ses yeux bruns, quelle sincérité dans cet accent! Bien que sentant fléchir ses doutes, l'abbé Peyramale conserva son masque d'impassibilité. Déjà presque convaincu, il joua l'incrédulité et se montra sévère.

« Il y en a qui disent que tu vois la sainte Vierge. Si tu l'affirmes faussement, tu prends le chemin de ne jamais la voir au ciel.

— Je ne sais si la Dame est la sainte Vierge, mais je la vois comme je vous vois et je viens vous dire qu'elle *veut* qu'on lui élève une chapelle à Massabielle. »

Le curé écoutait, silencieux. Divinement, l'apparition et son ordre étaient possibles; mais comment savoir?... Comme jadis les juifs, l'abbé Peyramale demanda un signe :

« Je ne sais qui est cette Dame; avant de m'occuper de ce qu'elle désire, je veux un signe de sa puissance. »

Il regardait autour de lui tout en parlant; ses yeux s'arrêtèrent sur un rosier défeuillé.

« Nous sommes en février. Dis-lui de ma part, si elle veut

« Qu'est-ce que cette histoire-là ? »

la chapelle, qu'elle fasse fleurir l'églantier de la grotte. Va, Bernadette. »

Je crois vraiment qu'à Lourdes, en ces jours merveilleux, des voix secrètes murmuraient à l'oreille des habitants tout ce qui se disait sur Massabielle; l'entretien de Bernadette et du curé transpira comme le reste.

« Le curé est trop intelligent pour croire aux histoires d'une petite fille hallucinée, ricanaient les uns; il s'est adroitement tiré d'affaire en réclamant un miracle visible pour tout le monde; bonne défaite d'un homme d'esprit.

— L'églantier fleurira » affirmaient ceux qui avaient vu Bernadette à la grotte.

Le procureur impérial, M. Estrade, était de plus en plus intéressé.

Le lendemain, croyants et incroyants étaient à la grotte, les uns pour voir un miracle, les autres pour ne pas en voir. M. Estrade ne savait quelle opinion se former; il ne savait qu'une chose : c'est qu'il ne croyait pas à l'apparition.

Et Bernadette vint, et la foule comprit qu'elle voyait cet invisible mystérieux qui ne se dévoilait qu'à elle, et qu'elle lui parlait. Estrade, le cerveau tendu, sentait qu'un être surnaturel était véritablement là; il vit Bernadette monter à genoux la pente abrupte du fond de la grotte; il l'entendit répéter d'une voix étranglée :

« Pénitence! Pénitence! » puis il la vit se relever et reprendre le chemin de Lourdes.

L'églantier n'avait pas fleuri, le miracle ne s'était pas produit. Il y en eut un autre : la conversion de plusieurs intellectuels, et spécialement de M. Estrade, à la vue de l'extase de Bernadette.

Celle-ci, cependant, courait chez l'abbé Peyramale :

« Eh bien, l'as-tu vue? Que t'a-t-elle dit?

— Je l'ai vue, je lui ai rapporté votre demande, parce que ma parole ne vous suffit pas. Elle m'a d'abord souri sans parler, puis m'a dit de prier pour les pécheurs; elle m'a entraînée au fond de la grotte en disant trois fois: «Pénitence!» Là, elle m'a révélé un second secret, puis elle a disparu.

— Et qu'as-tu vu au fond de la grotte?

— Rien que le rocher, et, par terre, un peu d'herbe qui pousse dans la poussière. »

Le curé était de plus en plus perplexe.

« Attendons, » murmura-t-il.

Il ne dut guère dormir en ces semaines-là. La pauvre Bernadette ne connaissait plus de repos, elle non plus. La foule l'escortait partout; la maison Soubirous était envahie par des curieux, par des fervents, par des incrédules, qui voulaient tenir de la bouche même de la voyante le récit des apparitions; il s'y glissa peut-être même des espions de Jacomet, qui offraient de l'or à la petite paysanne en haillons, laquelle refusa toujours fièrement n'importe quel don.

III

Le jeudi 25 février (vous trouverez peut-être que je suis bien minutieuse, mais souvenez-vous que cette merveilleuse histoire ne dura que sept semaines), la foule, qui augmentait de jour en jour, attendait dans un silence religieux l'heure où Bernadette avait coutume de venir. Que de simples curieux, parmi ces milliers de spectateurs, vont être les témoins involontaires, stupéfaits, du miracle *inattendu ;* que de Balaam venus pour jeter le discrédit sur l'enfant et qui s'en retourneront convertis !

Bernadette approche. Tous, secoués du même frisson, se découvrent à sa vue; quelques-uns même s'agenouillent, comme font aujourd'hui tous les peuples chrétiens devant la grotte sainte.

Voyez! la Dame est certainement là, foulant du pied l'églantier dépouillé; l'aspect de Bernadette le montre... Ses lèvres remuent... Elle parle à la Dame. Mais que lui dit donc celle-ci? Bernadette, comme hier, gagne le fond de la grotte... Elle semble demander une indication... Elle va au Gave... Non, elle revient sur ses pas, se baisse vers le sol. Qu'y cherche-t-elle?... Mais... elle devient insensée! Pourquoi gratter la terre desséchée? Ah! voyez... quelques gouttes d'eau humectent la poussière, un mince filet sort de terre. Après trois essais infructueux, Bernadette, domptant sa répugnance, boit une gorgée de cette eau boueuse, mange quelques brins d'herbe, et la source jaillit de plus en plus abondante. Elle coule, se précipite, se perdant dans la terre désséchée avant d'atteindre la foule muette de stupeur. Hosanna! Gloire au Seigneur! Le miracle, le signe sensible, le voilà! Comme la baguette de Moïse a fait jaillir l'eau du rocher, le doigt de Bernadette a fait jaillir la source vivifiante d'un sol aride... Elle regarde encore. Certainement la Dame est toujours là.

Et maintenant c'est fini; d'un geste familier, la fillette a remis son chapelet dans sa poche, ramené son capulet sur son front et se dirige vers la ville. Toute l'assistance se rue vers la grotte, en palpe la pierre, se jette sur le sol, boit avidement l'eau mystérieuse, creuse la terre pour agrandir le bassin, flaque limoneuse, symbole de notre nature déchue qui change en boue la source pure que Dieu a fait jaillir de notre âme.

Tandis que Bernadette, humble, effarée, cherchait refuge chez ses parents, le bruit du nouveau prodige de Lourdes était porté le soir même jusqu'à Tarbes. Le lendemain, la source avait crû en force et en abondance; la foule croissait en nombre et en foi. Quand la voyante revint à la grotte, c'étaient cinq et six mille personnes qui murmuraient : « Voici la sainte! » s'approchaient pour toucher sa robe... « Si je touche seulement la frange de son vêtement, pensait l'hémorrhoïsse, je serai guérie. »

Ce jour-là, la lumière céleste ne luit pas dans les ténèbres de la grotte.

Or, il y avait à Lourdes un ouvrier carrier, du nom de Louis Bourriette, qu'une explosion de mine avait, vingt ans auparavant, blessé grièvement et laissé presque aveugle de l'œil droit, qui ne distinguait pas un homme d'un arbre. L'infirmité était incurable et augmentait d'année en année. Bourriette, très estimé dans la ville, entendit parler de la source miraculeuse le jour même. Appelant sa fille il lui dit :

« Va me chercher de cette eau; la sainte Vierge, si c'est elle qui apparaît à Bernadette, n'a qu'à le vouloir pour me guérir. »

L'enfant obéit.

« Père, ce n'est que de l'eau bourbeuse.

— Donne. »

Bourriette se mit en prières et baigna son œil sans s'inquiéter de la malpropreté de l'eau. Presque aussittô il jeta un grand cri :

« Je suis guéri ! »

Après une seconde lotion, l'œil était devenu aussi sain qu'avant l'accident. Le lendemain, rencontrant son médecin, un de ces sceptiques qui avaient examiné et suivi Bernadette, il l'aborde :

« Je suis guéri !

— C'est impossible : votre mal est incurable.

— Ce n'est pas vous qui m'avez guéri, c'est la sainte Vierge de la grotte. »

Le docteur ne put retenir un haussement d'épaule.

« Que Bernadette ait des extases inexplicables, je l'ai moi-même constaté. Mais que cette eau, jaillie on ne sait comment, guérisse subitement des maux incurables, cela, non ! »

Tout en parlant, il traçait quelques mots sur son agenda. Puis, fermant de sa main l'œil resté bon, il dit à Bourriette :

« Si vous pouvez lire ceci, je vous croirai. »

Un groupe de curieux s'était formé... (Le miracle, à Lourdes, devait courir les rues, avoir toujours des témoins.) Bourriette, de son œil mort, lut sans hésiter :

« Bourriette est atteint d'une amaurose incurable, et il ne guérira jamais. »

Le docteur Dozous eût vu de ses yeux sceptiques la sainte Vierge devant lui, il n'eût pas été plus foudroyé. Trop loyal pour ne pas reconnaître le miracle auquel il ne croyait pas, il ne put que s'incliner devant cette force invisible qu'il niait tout à l'heure.

Telle fut la première guérison miraculeuse de Lourdes, le lendemain du jaillissement de la source. D'autres familles de Lourdes furent en même temps privilégiées.

Le soir même, une immense procession se formait spontanément, et, pour la première fois, la grotte de Lourdes rayonna dans la nuit du feu de mille cierges. La garnison de Lourdes demanda, elle aussi, d'aller aux roches de Massabielle, et d'elle-même aida au service d'ordre dans cette cohue enthousiaste.

IV

L'abbé Peyramale, en ces jours extraordinaires, était fort perplexe ; il était au courant de tout ce qui se passait à la grotte ; l'air était saturé de merveilleux divin, comme en temps d'orage il est saturé d'électricité. Le curé savait donc et le jaillissement de la source et les guérisons miraculeuses. Prudent, il se tenait à l'écart, lorsque, le 2 mars, il tressaillit en voyant Bernadette entrer dans le jardin du presbytère. Qu'allait-elle dire ? Qu'allait-elle demander ? L'abbé Peyramale *croyait* maintenant, mais il ne voulait pas encore le laisser voir ; il croyait, et il avait la conviction absolue que l'apparition était la Mère du Sauveur : à l'œuvre il reconnaissait la céleste ouvrière.

« La Dame ordonne qu'on lui construise une chapelle aux roches, et qu'on y fasse des processions. »

Cette fois, le prêtre ne rudoya pas l'enfant ; il dut, au contraire, regarder avec une singulière douceur l'innocente envoyée du ciel.

« Je te crois, lui dit-il, mais ce que l'apparition demande ne dépend pas de moi. Dès aujourd'hui j'irai voir Mᵍʳ l'évêque, et c'est à lui seul qu'il appartient d'agir. »

Que d'entraves à la volonté divine ! direz-vous, que de difficultés, que de formalités !... »

C'est vrai ; mais justement parce que la civilisation, l'organisation de la société moderne dressent obstacle sur obstacle devant l'ordre du ciel, celui-ci se manifestera plus impérieusement et d'une façon plus éclatante encore que dans les temps primitifs. Le prudent évêque du xixᵉ siècle ordonne d'observer en silence avant de juger et d'obéir ; le préfet des Hautes-Pyrénées, bon catholique pourtant, voit dans le miracle une perturbation de l'ordre public et part en guerre contre lui.

Je ne veux pas m'arrêter à cette lutte stupide, mais logique, entre la terre et le ciel, entre les autorités constituées de l'Empire et une petite paysanne. Sachez seulement que Bernadette fut examinée à fond par des médecins qui, loyalement, la déclarèrent absolument saine ; que d'honnêtes magistrats cherchèrent pour quel délit on pourrait la poursuivre, la mettre en prison, et ne trouvèrent rien de légal. Le préfet, alors, usant de son pouvoir, décida de faire enfermer la petite Soubirons dans un asile d'aliénés, et de faire dépouiller la grotte des objets de piété, des ex-voto qui déjà l'encombraient. Il prévint le maire de Lourdes; au besoin, un escadron de cavalerie viendrait assurer la tranquillité de la ville si l'on craignait des émeutes. Ah! au XIXe siècle, ce n'était pas impunément que la sainte Vierge pouvait se manifester à son peuple!

Le maire était un honnête homme, que les apparitions de la grotte troublaient fort, qui sentait quelle monstruosité le préfet commettait, mais qui n'osait s'élever contre l'autorité préfectorale; il en référa au procureur impérial, aussi ennuyé que lui, et, ensemble, ils s'en furent trouver l'abbé Peyramale. Celui-ci n'hésita pas, je vous assure. Laissant éclater son indignation, il déclara tout net qu'on n'aurait Bernadette qu'après avoir passé sur son corps à lui, curé-doyen de Lourdes. Quant aux troupes, si elles paraissaient, il ne répondait pas de la sagesse de la population. M. le maire offrit sa démission à M. le préfet, qui la refusa et se tint coi. J'ai anticipé un peu, car ces événements se produiront au milieu de l'été, et nous ne sommes encore qu'au 2 mars, à la fin de l'hiver, quand le soleil est chaud déjà et doux comme une caresse, quand l'air est encore âpre et froid. Le jeudi 4 marquait la fin de la quinzaine promise par Bernadette à l'Inconnue. Toute la nuit, les routes, les chemins, les sentiers conduisant à Lourdes déversèrent sur la petite ville des calèches, des charrettes, des carrioles bondées de monde; des piétons s'écrasaient pour se dépasser mutuellement. Déjà Lourdes confondait dans une chrétienne égalité toutes les classes de la société, depuis les paysans en bérets et en mouchoirs, jusqu'aux dames drapées de châles à ramages, les mains enfouies dans de vastes manchons, depuis les montagnards basques au profil aigu et fier jusqu'aux Parisiens, que les hasards de la vie de fonctionnaire avaient envoyés dans les Hautes-Pyrénées. Le temps était superbe, comme il n'avait pas cessé de l'être depuis le commencement de la quinzaine, fait assez frappant à cette époque de l'année. Il faisait froid, néanmoins, au fond de l'étroite vallée, et chacun se serrait dans son manteau ; mais pour rien au monde nul n'aurait voulu partir.

A l'heure habituelle, Bernadette parut, toute frêle, dans le nouveau sentier que les carriers avaient bénévolement taillé les jours précédents. La foule était si dense que les gendarmes durent frayer un passage à l'enfant. Le cri : « La sainte, voilà la sainte ! » jaillissait spontanément de toutes les poitrines ; mais elle, insensible à la sympathie de ces vingt mille personnes comme à la rancune de Jacomet qui, d'une éminence, surveillait la scène, allait droit à la grotte. Un silence soudain s'abattit sur la multitude, le silence de Lourdes...

Oui, vingt mille personnes, réunies dans un étroit vallon pour regarder une enfant en prières, se taisaient, se taisaient avec une telle ferveur qu'on entendait le murmure de la source qui s'écoulait doucement. Eh bien ! j'ai vu, sur l'esplanade actuelle de Lourdes, j'ai vu rassemblés quarante mille pèlerins, peut-être, dans l'immense espace, et le silence était tel que la voix de l'unique prêtre qui, au milieu, répétait les invocations, résonnait comme dans la solitude. J'ai emporté de ce silence un souvenir impérissable.

Bernadette pria, regardant l'apparition radieuse et déjà familière, elle but de l'eau de la source, elle mangea de l'herbe qui poussait là, on la vit s'entretenir avec la Dame. Puis l'extase de son fin visage, de ses grands yeux bruns, s'effaça graduellement ; Bernadette, escortée d'une partie de la foule, rentra chez elle. La quinzaine était finie.

La voyante fut, comme chaque jour, harcelée, assiégée par d'infatigables questionneurs. Elle répondait à tous, patiemment, naïvement, parfois malicieusement. A l'un qui déclarait invraisemblable que la Dame comprît le patois, elle rétorquait :

« Si elle ne le comprenait pas, comment le comprendrions-nous ? »

Un magistrat de Pau lui ayant demandé si l'apparition était plus belle que les dames qui étaient avec lui, l'enfant fit une légère moue :

« C'est bien autre chose que tout cela ! »

V

De même que la source jaillie sous le doigt de Bernadette n'avait cessé de grandir, de même, depuis que Jeanne Abbadie et les petites Soubirous avaient ramassé du bois mort à la grotte, le flot montant de la multitude n'avait cessé de croître.

Le lendemain, le ciel se voila; des flocons commencèrent à voltiger dans l'air et bientôt la vallée de Lourdes fut enveloppée du silence éclatant de la neige,... le silence blanc, le silence de la paix et de l'oubli.

La voyante ne vint pas tous les jours suivants à la grotte; l'affluence diminua un peu à cause de la neige, mais ne cessa jamais.

Le 25 mars est la fête de l'Annonciation. C'est en ce jour qu'aux oreilles de la Vierge troublée retentirent les paroles de l'ange Gabriel :

« Je vous salue, pleine de grâces! »

A cet anniversaire, l'enfant privilégiée entendit l'appel intérieur, mais irrésistible, qui l'entraînait à la grotte et qui ne s'était pas produit depuis le 4. Elle courut, rayonnante, à Massabielle. Le soleil avait reparu, fondant la neige, dissipant la brume, illuminant le ciel d'un bleu immaculé.

« Bernadette va à la grotte! »

Le cri court la ville; de toutes parts on se précipite à la suite de l'enfant.

Elle, cependant, était déjà en prières; l'apparition s'était manifestée immédiatement, comme impatiente d'entretenir son enfant chérie.

Comment vous dire ce qui se passa en ce matin du 25 mars? La plume est impuissante à le retracer, l'esprit peut-il même bien le concevoir?

Tout l'univers chrétien célèbre l'Annonciation de la Très Sainte Vierge, que nul péché, même le péché originel, ne souilla jamais. Et tandis que retentit partout l'hymne de gloire, dans une grotte sombre où sourd une eau glaciale, une enfant extasiée demande à la vision radieuse :

« Je vous en prie, madame, dites-moi votre nom. »

Elle, ne répond pas ; ses doigts tiennent le rosaire d'or et d'albâtre ; les yeux au ciel, elle semble écouter le cantique universel que Bernadette ne perçoit pas. Trois fois encore dans les mêmes termes, la fillette supplie :

« Je vous en prie, madame, dites-moi quel est votre nom ? »

A chaque nouvelle instance, la joie surnaturelle de la Dame l'irradie davantage. Enfin, tendant les bras à Bernadette agenouillée, puis joignant ses mains et regardant encore le ciel, elle répond :

« Je suis l'Immaculée Conception, » et disparaît.

Dix jours après, avec une allégresse et une piété sans précédentes, Lourdes célébrait la fête de Pâques. Le Christ était vraiment ressuscité ce jour-là dans maints cœurs soumis naguère à la mort volontaire du péché et de l'indifférence.

Le lundi de Pâques, 5 avril, Bernadette eut encore avec la sainte Vierge, avec l'Immaculée Conception, un suprême entretien que nous ignorons. La fillette, à genoux, tenait un grand cierge allumé ; dans son extase, l'appuyant à terre, elle croisa machinalement les doigts sur la mèche enflammée. Les spectateurs voyaient avec effroi la flamme surgir entre les doigts immobiles, insensibles. Ce phénomène dura jusqu'à ce que s'évanouit la vision. Alors Bernadette, rendue à la vie terrestre, poussa un léger soupir et retira ses mains du cierge embrasé ; on se précipita autour d'elle : les chairs, la peau, exposées à la flamme pendant un quart d'heure environ, étaient intactes. Tandis que la multitude criait au miracle, quelqu'un, peut-être un de ces médecins qui croyaient à un état cataleptique de la voyante, approcha d'elle un cierge allumé, Bernadette tressaillit, retira vivement la main.

« Mais, monsieur, vous me brûlez ! »

La petite Soubirous ne souhaitait que de rentrer dans l'obscurité dont elle était si brusquement sortie ; sa santé, toujours faible, était fortement ébranlée par les assauts des curieux, les interrogatoires des magistrats, les examens des médecins. Ses parents l'envoyèrent au printemps faire une cure à Cauterets avec une tante. Au retour, l'enfant fit sa première communion. Elle avait quatorze ans ; son intelligence était fort ordinaire pour tout ce qui ne regardait pas l'apparition ; elle ne savait guère de catéchisme, mais elle avait reçu trois secrets de la bouche même de la sainte Vierge.

Encore un éclair en juillet, et la vie publique de Bernadette sera terminée.

Mais il nous faut maintenant revenir un instant à ces stupides persécutions administratives : le maire, sur l'ordre du préfet, avait interdit les visites à la grotte, fait enlever les ex-voto, défendu de boire à la source. L'eau devait être analysée chimiquement ; il fallait prouver que c'était de l'eau minérale dont les vertus curatives étaient naturelles. Les infractions au règlement prouvèrent son inanité ; la police ne suffisait pas à enlever chaque jour ce que d'incorrigibles fidèles jetaient ou déposaient dans la grotte ; l'analyse prouva que l'eau de Lourdes était de l'eau très pure.

Le 16 juillet, en la fête du Mont-Carmel, Bernadette, comme tout le monde, se rendit dans un pré séparé de la grotte par le Gave de Pau ; il était 8 heures du soir. Ce fut la seule fois que la Vierge attira l'enfant à cette heure tardive. La grotte était nue, mais les pèlerins illuminaient la nuit de mille cierges. Soudain, l'excavation s'éclaira pour Bernadette du halo surnaturel, et la Vierge apparut. Elle sourit une dernière fois à l'enfant sans parler et disparut. Ce fut la dernière manifestation de Massabielle. Le mois suivant, l'abbé Peyramale, donnant la communion à la messe, vit une auréole nimber de lumière la tête d'une fidèle et une flèche lumineuse partant du saint ciboire rejoindre cette auréole. Levant les yeux, il reconnut Bernadette à genoux à la sainte table, attendant son Sauveur.

La mission de la petite Soubirous à Lourdes était terminée. Messagère de la sainte Vierge, elle avait transmis ses ordres aux prêtres et aux fidèles ; elle avait enseigné au monde le chemin de la grotte sacrée et fait jaillir la source qui guérit les corps et purifie les âmes. L'hiver suivant, elle comparut devant une commission d'enquête ecclésiastique et répéta sous la foi du serment ce qu'elle avait vu, ce qu'elle avait entendu.

Puis, petite paysanne touchée de l'ineffable grâce, restée pure comme l'eau de la source, elle se retrouva une enfant fort en retard, allant à l'école et aidant au pauvre ménage de sa mère. Six ans après ces événements, les fondations de la basilique de Notre-Dame de Lourdes sortaient de terre et une immense et solennelle procession, où figuraient plusieurs évêques se déroulait à Massabielle. Bernadette et l'abbé Peyramale, cloués l'un et l'autre sur leurs lits par la maladie, n'assistaient pas à ce triomphe de la Vierge.

VI

Bernadette a vingt ans. Jadis appelée par la Mère du Sauveur, elle n'aspire qu'à la servir très humblement dans le cloître, à y éteindre ce bruit fait autour de son nom et qui l'effarouche. En 1865, la maison mère de la Présentation de Nevers refermait à jamais ses portes sur l'enfant privilégiée.

Suivons-la, discrètement, puisqu'elle demande l'oubli du monde. Sous le voile, rien ne distingue de ses compagnes sœur Marie-Bernard, sinon ces yeux qui ont contemplé la Vierge Mère, qui en garderont la vision, et qui maintenant se baissent sur quelque ouvrage d'aiguille.

Le temps et, hélas! la mauvaise santé avaient affiné les traits de la jeune religieuse; son intelligence s'était singulièrement développée; l'enfant, qui avait appris si péniblement à lire à treize ans, aimait les livres et savait en goûter le charme :

« Je sens mieux la Passion, si je la lis, disait-elle, que si on me la prêche. »

C'est que, le livre sous les yeux, elle méditait. Comme le curé d'Ars, elle aimait les vies des Saints, mais les ouvrages mis à sa disposition la satisfaisaient rarement.

« Je n'aime pas qu'on les représente (les saints) absolument parfaits, sans une défaillance, sans une inégalité, sans une ombre... Cela tend à nous décourager... On devrait nous montrer leurs étapes sur la route de la perfection, nous faire voir leurs défauts, leurs chutes... Après tout, cela devait se passer ainsi. Leur sainteté ne devait pas toujours marcher comme sur des roulettes. »

A cet esprit de jugement, la voyante de Lourdes joignait

14

une grâce primesautière, un peu enfantine, une gaieté, une douce malice qui enchantaient son entourage. Par modestie, par pudeur de ses visions, elle avait demandé à la Supérieure de ne la laisser venir au parloir que s'il était impossible de l'en dispenser.

« Pourquoi chercher à me voir? Et qu'ai-je fait de plus que les autres? »

Un jour, on la prévint que Mgr de Nevers la voulait voir.

« Non, non, soupira-t-elle, Monseigneur ne vient pas me voir, il vient me faire voir. »

Il lui était pénible d'entendre parler des faveurs inouïes dont elle avait été comblée, car elle s'en considérait indigne. Comme quelqu'un lui parlait de la couronne de gloire qui l'attendait en paradis, elle cacha son embarras sous une apparente ironie et avec sa vivacité pyrénéenne :

« C'est bien vite fait de canoniser les gens! Quand ils sont morts, on ne se croit pas obligé de prier pour eux, et on les laisse griller en purgatoire sans songer à les en tirer. »

Elle aimait les enfants, et les enfants étaient attirés vers elle par une force mystérieuse. Elle leur faisait l'école, mais surtout elle n'avait pas sa pareille pour les faire jouer, pour organiser ces grandes rondes de fillettes qui avaient fait sa joie à Lourdes, qui ont tant amusé nos mères, et que nos filles ne connaissent plus guère.

Bernadette aimait aussi son service d'hôpital, elle qui avait fait jaillir la source miraculeuse, et, de Nevers, se tenait au courant des événements de Lourdes.

Mais celle qui avait par avance goûté les joies du Ciel ne tenait pas beaucoup à la terre ; l'asthme la fatiguait de plus en plus ; la respiration lui manquait ; trois fois elle reçut l'Extrême-onction, trois fois elle dit :

« Je ne mourrai pas encore. »

Et trois fois elle guérit. C'est que sa mission ici-bas comportait deux actes : le premier, le plus sublime, s'était déroulé à Lourdes ; elle avait reçu les ordres de la sainte Vierge et les avait transmis ; la seconde, c'était la diffusion des révélations de Lourdes et du culte de la Mère de Dieu. Pour cela, il fallait des pèlerinages, une église, le récit multiplié des apparitions.

Le pèlerinage eut lieu pour la première fois en 1864. La

basilique, comme l'église elle-même, s'éleva au milieu de difficultés et d'obstacles de tous genres. Un écrivain français, Henri Lasserre, guéri miraculeusement par l'eau de Lourdes, écrivit en détail et répandit dans le monde entier ce que je viens de vous raconter succinctement; c'est de la bouche même de sœur Marie-Bernard qu'il recueillit les moindres incidents de l'histoire divinement merveilleuse.

Quand tout cela fut fait, que Dieu eut rappelé à lui l'abbé Peyramale, elle ne dit plus :

« Je ne mourrai pas encore. »

La maladie faisait des progrès; un genou s'était pris. La petite bergère béarnaise ne quittait plus son lit; elle continuait son apostolat en priant pour les pécheurs, comme elle en avait reçu l'ordre à la grotte.

« Les âmes du purgatoire, disait-elle avec son fin sourire, souffrent, mais sont assurées du bonheur du paradis, tandis que les pauvres pécheurs vivants ne sont sûrs de rien du tout. »

Son tour de mourir arriva enfin; je dis « enfin », car l'agonie fut longue, douloureuse; mais, avant le moment suprême, on la vit se redresser sur son lit, fixer les yeux sur *quelque chose* que les autres ne voyaient pas, avec un « Oh! » d'extase. Et nul ne douta que la Dame de Lourdes ne fût venue elle-même consoler son enfant chérie.

« J'ai soif, » murmura, comme le Christ agonisant, celle qui la première fut désaltérée à la source intarissable.

On lui donna à boire; sa tête s'inclina, et Bernadette s'en fut à l'éternel rendez-vous de la sainte Vierge. Le flot humain avait repris le chemin de Lourdes. Ce n'est plus un fleuve, c'est un torrent qui vient, soudain calmé, s'épandre en une large nappe aux pieds de la Madone, sur cette esplanade unique où, chaque année, l'on peut redire :

« Les aveugles voient, les sourds entendent, la parole est rendue aux muets, les boiteux marchent... »

HUITIÈME RÉCIT

SAINTE THÉRÈSE DE LISIEUX
(1875-1897)

> « L'amour est fort comme la mort ; ses
> lampes sont des lampes de feu et de
> flammes. »

I

Comment aborder une telle vie,... une vie où, humainement, il n'y a rien ? Comment toucher à une fleur si délicate
sans la froisser ? Cette vie, nous la diviserons en deux parties : l'une se passe sur terre ; c'est celle que je vous raconte ;
l'autre se passe dans le ciel : sur celle-là nous n'avons que
quelques échappées.

Une sainte qui a couru, en robe courte et les cheveux au
vent, est allée en vacances au bord de la mer, a voyagé
en chemin de fer, dans les modernes trains de pèlerinage,
enfin une sainte de maintenant, voilà Thérèse, choyée par
son père et ses sœurs comme aucun des saints que nous
avons vus jusqu'ici.

Thérèse Martin a derrière elle une longue lignée de bourgeois, ces bourgeois tant décriés, qui sont l'armature même
de la France : bourgeois aux mœurs calmes, simples, profondément religieuses. M. et Mme Martin étaient dans le
commerce de la bijouterie et des précieuses dentelles d'Alençon, à Alençon même, Alençon, petite ville sage, mélancolique, dans une riche plaine, avec un château sombre sur
la place d'Armes, de grosses foires aux chevaux, la Sarthe
endormie, Notre-Dame en fines pierres ciselées, et la Prome-

nade verdoyante, où peut-être les pieds de la sainte foulèrent les hautes herbes, préludant ainsi aux ivresses de la prairie des Buissonnets !

M. Martin rêva un instant dans sa jeunesse du monastère du Grand-Saint-Bernard ; Mme Martin, des Filles de la Charité. Finalement, ces deux âmes pures s'unirent pour former l'âme de Thérèse.

Huit enfants ont précédé celle-ci ; quatre, dont deux garçons, sont presque immédiatement remontés au ciel. M. et Mme Martin avaient toujours désiré avoir un fils missionnaire : ce fut encore une fille qui naquit, et elle est aujourd'hui invoquée dans les pays les plus lointains par les missionnaires, ses enfants chéris.

La mignonne petite fille, jolie, impétueuse, a déjà cette fière franchise, ce caractère ferme qui la distingueront toute sa vie. Ardente, elle sent, mais ne comprend pas encore que Jésus a allumé dans son cœur cette flamme, ce buisson ardent d'amour qui la consumera aussi sûrement que la flamme du bûcher a consumé Jeanne d'Arc.

La petite enfance de Thérèse est joyeuse, insouciante, mais bien courte, hélas ! Elle a quatre ans et demi quand son père reste veuf avec cinq fillettes à élever : Marie, Pauline, Léonie, Céline et Thérèse. Et il n'est plus jeune ! Craignant que la tâche ne dépasse ses forces, il remet ses affaires et quitte Alençon pour Lisieux, où demeure le frère de sa femme, M. Guérin. Sans doute ce père, un peu désemparé, voulut-il mêler une femme à l'éducation de ses filles ; car il est plus facile à une femme de faire d'un enfant un homme, qu'à un homme d'en faire une jeune fille.

Lisieux est une de ces vieilles petites villes de province, trésors souvent dédaignés de la France, comme les fleurs des champs sont souvent dédaignées des horticulteurs. Et cependant que de charme dans une antique cité qui conserve silencieusement ses maisons du moyen âge, moitié en bois, moitié en maçonnerie, qui réserve à l'étranger mille surprises au détour de ses rues tortueuses, et, n'ayant plus d'évêque, dresse toujours sa fière cathédrale au-dessus de sa fraîche campagne. « Paysage médiocre que cette campagne de Lisieux, » ai-je lu quelque part. Évidemment, la Basse-Normandie n'a pas le grandiose des Alpes, l'éclat de la Provence, la sombre et sauvage beauté du Morvan; tout y est grâce et discrétion. J'ai entendu dire des environs de Paris : « C'est un décor pour fables de La Fontaine. » J'en dirai volontiers autant de ces paysages verts, modérés, mesurés en tout.

N'était-ce pas là la nature rêvée pour façonner l'âme merveilleuse de celle qui enseigna toujours la « petite voie », de celle qui voulut, tout le long de sa vie si courte aux yeux des hommes, si longue par ses jours de souffrance, n'être qu'une enfant, qu'une balle entre les mains du petit Jésus? Il doit faire bon être enfant et jouer à la balle dans les prés de Lisieux!

C'est donc aux Buissonnets que grandirent les cinq petites Martin, entourées de confort et de tendresse. Le domaine de Thérèse était le jardin, et surtout les prés en pente qui y faisaient suite et semblaient immenses à l'enfant : prés d'herbes hautes et folles, ondulant au moindre souffle avec un imperceptible murmure; prés émaillés de grandes marguerites, de nielles et de coquelicots, que l'on cueille à brassées, que l'on effeuille insoucieusement; herbes douces et parfumées où Thérèse s'enfonçait, se cachait à tous les yeux. Là, tout sourit à la fillette et son pauvre cœur déjà meurtri se dilate.

Tel est le cadre où s'écoulent des années en apparence sans événements; années de vie régulière, religieuse sans bigoterie, pieuse sans ostentation; années de profonde amitié entre Thérèse et ses petites cousines Jeanne et Marie Guérin, de jeux d'enfants... « Nous serons des ermites... » Et l'on joue aussi sérieusement aux ermites que nos petits garçons jouent aux soldats. Mille petits faits frappent l'imagination et la mémoire des enfants : c'est une paisible après-midi de pêche à la ligne dans la Touques ou l'Orbec, que traverse subitement l'écho lointain d'une musique militaire,... et Thérèse sent une étrange mélancolie peser sur la campagne; c'est un brusque orage dont la beauté enthousiasme l'enfant, la foudre tombant dans le pré, sans que la petite ait peur. « Il me semblait, dit-elle, que le bon Dieu était contre moi. » Ah! Thérèse, c'est que votre âme est une âme de foudre et de tonnerre qui se meut dans l'éternel! C'est la première confession, le premier chapelet que l'enfant tire à chaque instant de sa poche « pour regarder comment c'est fait, un chapelet béni »; c'est la paix des dimanches de province, dans une famille catholique, la prière en commun, l'apprentissage du courage en traversant quelque chambre sans lumière; ce sont les premières leçons données par sa sœur Pauline, sa petite mère... « Pourquoi, lui a-t-elle demandé un jour, le bon Dieu ne donne-t-il pas une gloire égale à tous ses élus? N'y en aura-t-il pas de moins heureux que les autres? » Pauline, sans répondre, remplit à les faire déborder un grand verre et un dé à coudre. « Lequel te semble le plus plein? » interroge la grande sœur. Thérèse interloquée répond que ni l'un ni l'autre ne pourrait contenir une goutte de plus. « Il en est ainsi des élus, reprend Pauline; nulle âme n'enviera le bonheur de l'autre, et toutes déborderont également de joie. »

Oh! Thérèse, votre âme était plus grande que le grand verre; l'amour divin l'a remplie, l'a fait déborder, l'a brisée par son intensité... Maintenant seulement, dilatée au paradis, elle peut le contenir.

« Tout cela, direz-vous, c'est l'histoire d'une petite fille quelconque, non d'une sainte. » Cette petite fille quelconque était déjà secrètement marquée du sceau divin : dans cette vie sans événements, le drame est tout intérieur. A-t-elle sept ans lorsque, son père étant à Alençon, elle le *voit*, dans le jardin riant et ensoleillé, passer, soudain courbé et vieilli, la tête voilée, et cela avec une telle certitude et en même temps une telle frayeur, qu'elle l'appelle avec une voix épouvantée! Ses sœurs se précipitent. Déjà la vision a disparu; les jeunes filles tremblantes cherchent à persuader leur petite sœur qu'elle a mal vu, qu'elle s'est imaginée avoir vu... L'impression ne faiblit pas. Plus tard, Thérèse, devant ce père accablé d'épreuves, se souvint de sa vision. Est-ce l'histoire de tous les enfants, cela?

A huit ans et demi, elle entre au pensionnat des Bénédictines de Lisieux, alors que sa sœur Léonie en sort. Enfant timide, craintive, en avance pour son âge, Thérèse ne sait pas jouer. Au pensionnat, elle commence à se différencier des autres enfants; pendant les récréations, elle se sent dépaysée. Puis, chez elle, les larmes étaient une vraie maladie : tout ce qui, dans sa vie d'écolière, était heureux ou malheureux alimentait cette source intarissable. « C'est une pleurnicheuse, » disaient ses compagnes. « Cette enfant est d'une sensibilité déconcertante, » pensaient les religieuses. Dieu avait donné à la petite Thérèse ce don mystérieux des larmes que saint Louis implorait et qui ne lui fut que parcimonieusement accordé. Elle était déjà le vase trop plein d'ardent amour inconscient et qui débordait. La pure et innocente Thérèse pleurait, comme la pécheresse Madeleine, qu'elle aima tant, pleurait d'amour.

Voici que commencent les tristesses que la petite fille ne sait pas encore changer en joies. Son rêve d'enfant était d'aller au désert, ermite avec Pauline. Pauline disait : « Quand tu seras plus grande... » Et Pauline, alors que Thérèse est encore petite, se prépare à entrer au Carmel. La fillette ne connaissait pas le Carmel, mais elle sentait qu'elle perdait sa seconde mère, et ses larmes de couler de plus belle, non sans motif terrestre, cette fois. Alors Pauline prend sa petite sœur qui se blottit contre sa poitrine, et tout bas, bien doucement, lui explique ce qu'est ce Carmel, folie aux yeux des hommes, folie d'amour des hommes aux yeux de Dieu. Thérèse écoutait, bercée par la voix de Pauline. Un coin du voile se souleva dans son esprit : ce Carmel, c'était le désert de ses rêves. Elle le sentit avec cette vérité « qui s'insinue dans l'esprit comme le glaive s'insinue entre la chair et les os ». Dieu, sans parler, l'avait appelée, et elle fut inondée d'une immense paix.

Quelques jours plus tard, elle alla avec Pauline voir la prieure du Carmel, qui dut sourire d'abord de ses confidences d'enfant, mais comprit peut-être la grandeur et la virilité de cette âme qui s'entr'ouvrait à la vie ; néanmoins, elle fut obligée de lui dire que la règle n'admettait pas de postulantes de neuf ans. Il fallait en avoir seize révolus. « J'attendrai... » Le 2 octobre 1882, M. Martin conduisit lui-même sa première fille au couvent, commençant ainsi de réaliser l'ardent désir de sa femme : avoir beaucoup d'enfants et les consacrer tous au Seigneur. Pendant ce temps-là, Thérèse pleurait à la messe la perte de sa sœur aînée. Lorsque, l'après-midi, elle la vit au parloir derrière la grille, elle pleura à en être brisée. Comprenant que les doux et bienfaisants tête-à-tête étaient désormais finis, elle se replia sur elle-même, elle concentra sa souffrance avec une intensité qui bientôt altéra sa santé.

Ce furent d'abord des maux dé tête supportables qui, à Pâques, prirent une telle violence, que la famille [entière conçut les plus grandes inquiétudes. On n'osait pas parler devant la petite malade de la prise d'habit de sa sœur, sachant bien qu'elle ne pourrait assister à la cérémonie, et redoutant le chagrin de cette enfant nerveuse et sensible que son père appelait « sa petite reine ». Chose inouïe, ce jour-là, Thérèse debout, bien portante, s'en fut au Carmel, vit et embrassa sa sœur, s'imprégna de la cérémonie ; dès le lendemain, la maladie reprenait et atteignait un degré d'acuité qui faisait redouter une issue fatale.

« Étrange maladie, nous dit Thérèse elle-même. Je disais des choses que je ne pensais pas ; j'en faisais d'autres malgré moi comme y étant forcée ; je paraissais en délire et j'avais l'usage de ma raison... Je restais évanouie pendant des heures sans pouvoir faire un mouvement. Pendant cette torpeur extraordinaire, j'entendais ce qui se disait autour de moi, et je me le rappelle encore. » Elle avait peur de tout : les objets les plus familiers revêtaient des formes diaboliques. Dans ces jours affreux, sa sœur Marie fut vraiment sa mère ; d'un dévouement inlassable, elle ne quittait pas le chevet de l'enfant qui, volontaire comme une malade, n'acceptait que ses soins.

Tous désespéraient ; la science humaine était impuissante. M. Martin demanda une neuvaine à Notre-Dame-des-Victoires, à Paris. Pourquoi Notre-Dame-des-Victoires de préférence à Notre-Dame de Lourdes ou à Notre-Dame de la Délivrande, ce sanctuaire du Calvados? Je ne sais, mais retenez bien ce nom : Notre-Dame-des-Victoires. Hélas! tout d'abord elle ne semble pas vaincre, la Mère du Sauveur! Un jour même, elle paraît plier devant l'ennemi, l'éternel ennemi. Thérèse appelle sa sœur Marie, qui prend l'air au jardin. Marie l'entend et accourt ; Thérèse la voit, mais ne la reconnaît pas ; elle cherche partout celle qui est à ses côtés, l'appelle d'une voix déchirante, sans reconnaître la voix chérie qui lui répond. Que faire? Marie et Léonie sont affolées. Et toujours le regard de la malade cherche dans le jardin ; Marie y retourne sans bruit, et Léonie, prenant dans ses bras sa sœur amaigrie, la porte à la fenêtre. « Thérèse, ma petite Thérèse ! » appelle Marie. Tout est inutile; les trois sœurs aînées, désespérées, tombent à genoux.

Près du lit de Thérèse était une statue de la sainte Vierge, nullement artistique, près de qui Mme Martin avait jadis trouvé du réconfort; c'est vers elle, la Mère des douleurs, que les trois jeunes filles clament leur douleur... Et Thérèse, qui soudain comprend, prie silencieusement, elle aussi. Et la statue prend vie, s'embellit, une expression toute céleste l'anime : douceur, bonté, tendresse, tout cela se fond dans le regard qu'elle jette sur l'enfant extasiée; elle lui sourit, comme jadis elle sourit à Bernadette... Deux grosses larmes roulent des yeux de Thérèse. Elle est heureuse. Elle baisse les yeux vers ses sœurs et reconnaît Marie. Elle est guérie... Notre-Dame-des-Victoires a vaincu !

Les trois jeunes filles comprirent qu'un miracle venait de s'accomplir et leurs supplications se changèrent en actions de grâces.

Quand la vision radieuse avait souri à Thérèse, l'enfant, palpitante, s'était dit : « Je ne raconterai rien à personne, mon bonheur s'envolerait. » Mais, comme Bernadette, elle ne put taire longtemps son secret à tous. Elle le confia à Marie,... et sa joie diminua,... à Pauline... On le sut au Carmel, et les religieuses lui posèrent mille questions. Thérèse, fatiguée, attristée, douta presque de la réalité de sa vision. « La sainte Vierge m'a semblé très belle, elle s'est avancée vers moi et m'a souri. » Les carmélites paraissaient désappointées de cette simplicité, et la joie avait pour plusieurs années abandonné Thérèse.

Cette enfant, qui ne savait pas jouer, qui n'avait pas d'amies, aimait passionnément la lecture; tout ce qui était grand, beau, généreux la séduisait et l'enflammait. Comme tant d'autres, elle rêva d'être Jeanne d'Arc ou quelque héros des chansons de geste; elle rêva exploits militaires et aventures glorieuses, comme tant d'autres, je vous le répète. Mais, ce qui n'arriva à nulle autre, elle entendit un jour une voix secrète qui lui disait : « Toute gloire humaine est périssable, même la plus belle et la plus pure; pour avoir celle qui ne passe pas, il faut accomplir des œuvres cachées au monde et à soi-même. » Thérèse voulait la gloire. « Tu l'auras, enfant, mais les hommes ne la verront pas; ta gloire, à toi, sera de devenir une sainte. » La petite fille eut confiance et partit audacieusement à travers la vie pour être une sainte.

La sainteté comporte le combat : le ciel souffre violence. Les luttes de Thérèse furent terribles, car elle était *seule*. Seule, avec son père aimant, ses sœurs dévouées? Oui, seule. Ce n'était pas une bataille qu'elle engageait, mais un duel. Un duel caché comme la vraie gloire contre l'esprit malin, qui ne pouvait supporter cette pureté, cette innocence, cette vocation de sainteté. La défense sera tout intérieure, comme l'attaque. Thérèse n'a pas su avoir d'amies sur terre, ni chez ses compagnes, ni chez ses maîtresses qu'elle déconcertait. Comme alliée, elle aura la flamme dévorante de l'amour divin.

Revenons à sa vie terrestre, à sa vie d'enfant bourgeoise. Pour fêter sa guérison, M. Martin l'emmène faire une tournée de famille à Alençon, voyage délicieux que goûta la fillette. Fêtée, admirée, elle se laissa un moment éblouir par cette vie factice et heureuse; elle trouva agréable de se savoir jolie, de se promener en voiture,... que sais-je encore? Pendant quinze jours, ce fut un enchantement. Mais le souvenir de ces deux semaines, qui furent comme un tourbillon dans cette calme enfance, pesèrent probablement sur sa vocation.

Elle rentra aux Bénédictines pour préparer sa première communion. Avez-vous remarqué que, jusqu'à la Révolution, je ne vous ai jamais parlé de la première communion de nos saints? Je serais même fort embarrassée pour vous dire vers quel âge ils la firent. Au xviiie siècle, l'influence de l'esprit janséniste retardait toujours l'âge de s'approcher de la sainte Table; on faisait fort bien sa première communion à quinze ans. Le xixe siècle la ramena à onze ans et en fit une fête; le xxe la mit vers sept ans, sans cérémonies.

Cette première rencontre avec le Christ fut, nous dit Thérèse, une *fusion*; elle avait disparu dans le Christ comme la goutte d'eau dans l'océan. De pareilles minutes ne se décrivent pas : elles se vivent. Les larmes de Thérèse coulaient, abondantes, car son cœur ne pouvait contenir la plénitude de son bonheur. Ce jour-là, Pauline faisait profession au Carmel.

Quelques semaines plus tard, Thérèse recevait dans la

confirmation le don de force, le don de souffrir jusqu'au martyre. « Dieu est fidèle, dit saint Paul, et ne permet pas que nous soyons tentés au delà de nos forces. » C'est pourquoi il arma Thérèse de force avant les grandes luttes.

Dans ce cœur fermé aux amitiés humaines, le scrupule s'établit en maître. Le scrupule, notre grand ennemi parce qu'il revêt la forme du respect religieux, le scrupule, héritage funeste des jansénistes, arme bien-aimée de Satan qui en a martyrisé les plus grands saints, le scrupule envahit une âme de onze ans. Elle souffre atrocement de cette déviation du jugement; elle confie tout à Marie, trouve ainsi, un moment, la paix qu'elle perd la minute suivante. Sa santé s'altère, il lui faut quitter la pension.

Thérèse est pleine de bonne volonté et d'ardeur pour la vertu; elle essaye, par exemple, de vaincre sa répugnance à se servir elle-même; c'est pour elle un acte héroïque que de remettre son couvre-lit ou de rentrer les fleurs de Céline si l'on craint le gel ou l'orage. Cet héroïsme vous fait sourire? Il lui coûta peut-être davantage que les austérités du Carmel. Et si Céline, par malheur, ne s'extasiait pas sur l'immense service rendu, Thérèse fondait en larmes; et si, involontairement, Thérèse peinait quelqu'un, elle fondait en larmes, et quand elle se consolait de la faute commise, elle pleurait d'avoir pleuré.

Est-ce vraiment l'histoire d'une sainte que je vous conte là?

Marie, à son tour, entre au Carmel. Vers qui se tournera l'enfant? Les sœurs qui lui restent sont trop jeunes pour remplir près d'elle le rôle de mère. Mais au ciel elle a quatre petits anges *à elle,* ces frères et sœurs qu'elle n'a pas connus. A eux d'entrer en lice, à eux de la soutenir, de la seconder, à eux de remporter avec elle la suprême victoire!

Cette victoire eut lieu le 25 décembre 1886, après la messe de minuit. Oh! ce ne fut pas un miracle, au sens habituel de ce mot; ce fut une conversion. Comme tous les ans à pareille heure, Thérèse courut voir... ce qu'il y avait dans ses souliers. Eh! oui, une grande fille de treize ans, que tourmente le désir du Carmel, mettait ses souliers dans la cheminée! Elle entendit M. Martin dire à Céline : « Elle est vraiment trop grande pour ces enfantillages; j'espère bien que c'est la dernière fois. » Céline, effarée, voyait déjà le torrent de larmes qu'allait déchaîner la réflexion paternelle. « N'y va pas tout de suite, tu pleurerais trop. » Mais Thérèse secoue la tête et court, toute joyeuse, voir ses souliers. Pas une larme ! Céline n'en revient pas. C'est que Thérèse, pendant la messe, a soudain senti son cœur changé : elle est forte, elle a dépouillé, suivant l'expression de saint Paul, tout ce qui tient à l'enfance, et va désormais marcher à pas de géant dans la voie de la maturité, de la sainteté.

« Dévorée, dit-elle, de la soif des âmes, elle voulait à tout prix arracher les pécheurs à l'enfer. » Voilà le missionnaire souhaité jadis par sa mère. Il n'était alors question que de la condamnation à mort d'un certain Pranzini, qui l'avait bien méritée dix fois ; non seulement il avait commis des meurtres, mais il s'enfonçait dans l'impénitence finale : son âme était perdue ! Épouvantée à cette perspective, notre petite Thérèse multiplie ses prières pour l'assassin, et a le sentiment très net qu'elle est exaucée. Mais, encore tremblante : « Je crois, Seigneur, dit-elle, mais augmentez ma foi ! » Comme l'abbé Peyramale à Lourdes, elle demande un signe au ciel, et le ciel sourit à cette avocate de treize ans.

Le journal est là, plein de détails sur l'exécution ; Thérèse l'ouvre... Pranzini ne s'est pas confessé, n'a pas reçu l'absolution, est monté les yeux secs à l'échafaud... Puis brusquement, au moment fatal, il s'est jeté sur le crucifix que tenait le prêtre et a, par trois fois, baisé les plaies sacrées. Les larmes de Thérèse ont retrouvé leur ancienne route ; elle court se cacher dans sa chambre. C'était la vue des plaies du Christ qui avait allumé en son âme la soif d'amour, et le Christ, par ce baiser du condamné, lui envoyait le signe demandé.

III

Thérèse a quatorze ans. Pour les hommes, ce n'est encore qu'une enfant ; mais Jésus, maintenant, veut son épouse. L'appel est pressant, impérieux : « Levez-vous, ma toute belle, et venez, ma colombe ;... faites-moi voir votre visage ; que votre voix retentisse à mon oreille. »

Oiseau palpitant, Thérèse soulève ses ailes... Oh ! s'envoler, répondre à l'appel ! « Voici mon bien-aimé qui vient en franchissant les montagnes... » Hélas! les ailes sont bien faibles encore; pourra-t-elle s'élever au-dessus du nid paternel? Ses sœurs l'encouragent,... mais elle jette un regard de détresse sur ce père dont elle est la petite reine. Que lui dire? Et surtout comment *le* lui dire?... Pauvre petite, ton cœur est un cœur de femme, partagé entre le père et l'Époux! « *Veni, creator Spiritus,*... murmure l'enfant; je parlerai le jour de la Pentecôte. »

La Pentecôte arrive. C'était à la fin de mai, par une de ces soirées bénies qui sont comme un appel à la vie, à la tendresse. Thérèse était assise au jardin, seule avec son père. Le soleil, très doux, baissait dans un ciel bleu pâle irradié des splendeurs du couchant; dans les hautes herbes chantaient follement mille insectes invisibles, et le pré ondulait sous une brise légère. C'était la paix, la paix infinie de l'amour divin. Thérèse se rapprocha de son père, les larmes aux yeux. « Qu'as-tu, ma petite reine? Confie-moi cela. » Tous deux marchent lentement dans le jardin frissonnant. « Je voudrais entrer au Carmel... » Lui, baisse la tête. « Tu n'as que quatorze ans, mon enfant, tu es trop jeune... » Mais il ne dit pas non. Seigneur, il vous a déjà donné deux filles, il est prêt à ce troisième holocauste.

Le père et la fille continuent leur lente promenade dans le soir radieux qui tombe sur les prés; lui, cueille dans une fente du mur une fleurette semblable à un lis minuscule et la donne à Thérèse; les racines sont venues avec la tige : l'enfant frappée voit là un symbole de sa propre existence. Et la nuit tombe peu à peu sur le pré embaumé. Sainte Thérèse remarquera plus tard que le temps s'est toujours mis d'accord avec les mouvements de son âme, avec les bonheurs, mais aussi avec les contrariétés qui désormais allaient l'assaillir, comme pour la préparer au détachement du cloître.

N'ayant pas rencontré d'opposition chez son père, elle se croit sûre d'entrer au Carmel à quinze ans. Son oncle met le holà. C'est folie, à son sens, de laisser une enfant si jeune entrer aux Carmélites; qu'elle attende un peu, comme ses sœurs. Et Thérèse ne peut le fléchir. Il pleut sur les prés, et il fait nuit dans l'âme de l'enfant : une nuit atroce, sans étoiles, une nuit morale sans espoir.

Après quatre jours de tristesse, la fiancée délaissée du

Christ retourne chez son oncle. Oh! miracle! son cœur s'est adouci, ses scrupules sont tombés, il comprend l'enfant aux cheveux d'or qui a tant pleuré. Un rayon dissipe soudain la nuit d'angoisse et, dehors, le soleil luit entre les nuages qui se dissipent. Thérèse se précipite au Carmel avec l'ardeur qu'une autre mettrait à courir au plaisir. Hélas! l'aumônier lui-même lui refuse l'entrée de cette terre promise : « Quand vous aurez vingt et un ans », dit-il, inflexible. Mais il ajoute, comme mû par une grâce intérieure : « A moins que Msr l'évêque de Bayeux, dont je ne suis que le délégué, ne vous donne l'autorisation. » La pluie tombait y par torrents, mais déjà un rayon passe à travers les nuées. Thérèse conjure son père de demander audience à Monseigneur. Le jour désigné, ils s'embarquent ensemble. L'enfant a quatorze ans et demi et, pour se vieillir, elle a relevé ses cheveux en un épais chignon. C'est la première fois qu'elle fait une visite sans ses sœurs, la première fois qu'elle parlera à un évêque. Et ce sera pour le supplier de la laisser entrer au Carmel à quinze ans.

On était au 31 octobre, à la veille de la Toussaint, à la veille des Morts. La Normandie s'assombrit à cette époque, s'attriste, et c'est sous un ciel gris, sous une pluie battante, que Thérèse et son père arrivent à l'évêché.

Elle est bien impressionnée, la petite future carmélite, bien intimidée en entrant. Que fût-ce lorsque Monseigneur, lui ayant donné sa bénédiction, il lui fallut s'asseoir, non, se perdre dans un fauteuil monumental où quatre Thérèses auraient pu tenir, et du fond de cette chaire, plaider elle-même sa cause, car son père lui laissa la parole!

« Voyons, dit Monseigneur, il y a longtemps que vous désirez le Carmel?

— Oh oui!

— Pas plus de quinze ans, » interrompit en riant le vicaire général.

Monseigneur crut bien faire en engageant la jeune fille à rester auprès de son père; mais M. Martin protesta. Il tendait lui-même sa fille au Christ; pourquoi le Christ ne la voudrait-il pas? Ils devaient prochainement aller à Rome : s'il le fallait, Thérèse irait jusqu'au pape pour solliciter d'entrer au Carmel à quinze ans!

Thérèse pleurait ; l'évêque, plus ému peut-être qu'il ne l'aurait voulu, ne promit rien. C'est le cœur chaviré que Thérèse rentra aux Buissonnets enveloppés de la tristesse de novembre, dans un étrange mélange de paix et de chagrin, et que, trois jours après, elle prit le train pour Rome.

O saints modernes, voilà vos pèlerinages ! Votre bâton s'est changé en un parapluie sans poésie ; en guise d'escarcelle, vous glissez dans une poche intérieure un portefeuille bourré de papiers ; comme lettre de recommandation pour tel ou tel, un billet de chemin de fer. Au lieu de gravir lentement, à cheval, les pentes des Alpes sur quelque antique voie romaine, vous vous engouffrez, au bruit infernal d'un sifflet suraigu, sous ces montagnes écrasantes. Des hôtels, des palaces, vous attendent, à la place de l'hospice ajouté à quelque monastère. Que reste-t-il, dans ces conditions, du pèlerinage et du pèlerin ?

Le but et l'âme, Rome ou Jérusalem nous offrent les mêmes souvenirs qu'à nos ancêtres, et même quelques-uns de plus ; nos esprits tumultueux, talonnés par le temps, se précipitent ; là où autrefois on allait lentement, nous brûlons les étapes. « Plus vite, » c'est le mot d'ordre actuel. « Plus loin, toujours plus loin, » réclament les missionnaires. « Plus haut, toujours plus haut ! » murmurent les aviateurs et les contemplatifs. Nous sommes des insatiables.

Mais revenons au pèlerinage. Il s'arrête à Paris, et Thérèse se précipite à Notre-Dame-des-Victoires. N'a-t-elle pas envers elle une dette de reconnaissance à acquitter ? N'a-t-elle pas encore des grâces infinies à lui demander ? Notre-Dame des Victoires n'est-elle pas la même que Notre-Dame du Carmel ? Thérèse se blottit dans son sein, et doucement, la sainte Vierge lui affirme que, en vérité, elle lui a souri et l'a guérie. De Paris, c'est tout ce que Thérèse nous dit ; mais elle en partit consolée.

Le pèlerinage se rend en Italie par la Suisse. Là, l'enfant des douces campagnes normandes se trouve face à face avec les géants des Alpes, les neiges éternelles, les lacs profonds et limpides, les sommets aux flancs desquels s'accrochent les nuages et un ciel que l'éclat de la neige fait paraître plus bleu encore. Ce spectacle si nouveau dut la frapper d'autant plus que c'était au début de l'hiver. Et moi, en me représentant sainte Thérèse au pied des Alpes, je pense à son âme qui **sut**, d'un merveilleux coup d'aile, s'élever jusqu'au-dessus des glaces éternelles et planer dans un azur sans limites.

Passons sur les divers arrêts en Italie. « Roma! Roma! » crie la voix monotone d'un employé de chemin de fer. Vous rappelez-vous l'arrivée de saint Odon et de frère Jean, au coucher du soleil, quand du sol malsain montaient les émanations de la malaria?

A Rome, Thérèse et son inséparable Céline virent tout ce qu'on peut voir, depuis les quartiers neufs et cosmopolites jusqu'aux débris les plus anciens et les plus sacrés. Dans ce monde qu'est le Colisée, elles trouvèrent un passage plein de pierres écroulées qui les conduisit au Colisée des martyrs, au vrai Colisée, enfoui sous des décombres, et le seul qui les tentait ; elles s'y agenouillèrent et baisèrent le sol sanctifié 'par le témoignage de milliers de chrétiens. Aux catacombes, elles s'étendirent dans le sarcophage où reposa sainte Cécile. Enfin arriva le septième jour, le jour de l'audience de Léon XIII.

Comme le cœur de notre petite sainte devait battre, tandis qu'elle fixait sur sa tête la mantille blanche sous laquelle les jeunes filles se présentent au pontife suprême de la chrétienté ! Comme elle devait frémir en suivant les interminables galeries du Vatican, car elle voulait demander au pape ce que l'aumônier et l'évêque lui avaient refusé. Les pèlerins assistent à la messe papale, et Thérèse y médite l'évangile du jour : « Ne craignez rien, petit troupeau... » Puis c'est l'audience.

Le temps n'est plus où un Urbain II venait librement prêcher la croisade en France, où un Eugène suivait comme un simple moine les exercices de Clairvaux ; ce n'est même plus le temps où Pie VII, à Chalon-sur-Saône, donnait à Anne-Marie Javouhey, encore en coiffe bourguignonne, la bénédiction qui en fit l'apôtre des colonies. Léon XIII, souverain temporel dépossédé, chef des âmes, prisonnier volontaire au Vatican, observe un cérémonial scrupuleusement réglé. Les pèlerins s'agenouillent un à un devant le pape, baisent sa mule et sa main. M. Martin passe un des premiers, et le vicaire général de Bayeux, qui accompagne le pèlerinage, le

15

présente spécialement comme le père de deux carmélites. Personne n'osait ouvrir la bouche ; mais l'intrépide petite Thérèse était bien résolue à parler. Est-ce pour cela que le vicaire général, qui avait assisté à l'entretien de Bayeux, prévint nettement qu'il défendait absolument de parler au Saint-Père ? Thérèse se tourne vers Céline : « Parle ! » murmure celle-ci.

Quel moment !... Le tour de Thérèse est venu ; la voici à genoux devant l'octogénaire en robe blanche, et lui baisant la main. Toute sa vie est refoulée dans son pauvre cœur, qui palpite à se briser. « Très Saint-Père, j'ai une grande grâce à vous demander ! »

Léon XIII se baisse sur l'enfant en larmes, il semble lire jusqu'au fond de son âme. « Très Saint-Père, en l'honneur de votre jubilé, permettez-moi d'entrer au Carmel à quinze ans ! »

Fort mécontent, le vicaire général intervient : « Très Saint-Père, cette enfant désire la vie du Carmel, mais les supérieurs examinent la question. » Le regard de Léon XIII scrute toujours l'enfant agenouillée. « Eh bien, mon enfant, faites ce que les supérieurs décideront. »

Thérèse se débat comme l'oiseau dans la serre qui le tient ; les mains jointes, appuyée sur les genoux du souverain pontife, comme un enfant sur les genoux de son père :

« Si vous disiez oui, tout le monde voudrait bien !

— Vous entrerez si le bon Dieu le veut. »

Deux gardes-nobles la relèvent ; le pape, très doux, lui donne sa main à baiser, la bénit et la suit des yeux, tandis qu'on l'entraîne, et qu'elle s'abat, toute sanglotante, près de son père.

Dehors, il pleuvait de cette vilaine pluie du Midi, plus triste, dans ces décors de lumière, que les pluies du Nord. Thérèse avait fait ce qu'il était humainement possible de faire. Déjà, enfant malgré son âme virile, elle avait dit à Jésus enfant : « Je suis votre jouet, votre jouet familier, celui qu'on ne craint pas de casser, qu'on jette, qu'on dédaigne, puis qu'on aime et qu'on reprend, une balle que l'on perce pour voir ce qu'il y a dedans, qu'on pousse du pied, que l'on serre sur son cœur. » L'enfant Jésus, ce jour là, perça sa balle et la jeta dans un coin sans plus s'en occuper. Thérèse pleura, mais ne se plaignit pas. Pourtant, le but de son pèlerinage était manqué.

Elle revint à Lisieux; sur le conseil du Carmel, écrivit à l'évêque. Puis la morne nuit de décembre s'abattit sur elle. Noël fut sans joie pour elle, cette année-là. Dédaignant les hommes, dédaignée de Dieu, ramassée sur elle-même, elle attendait, prête à bondir au premier appel.

IV

« Levez-vous, ma colombe bien-aimée... »

Tous les obstacles sont tombés soudain. Thérèse pourra enfin mourir au monde après le carême, quand le Christ ressuscitera! Elle aura quinze ans et trois mois.

Je me souviens qu'à cette époque, les grandes personnes se plaignaient que, maintenant, à quinze ans, on était encore une enfant, tandis qu'autrefois... Il est vrai que les mêmes grandes personnes se plaignaient volontiers que maintenant il n'y eût plus d'enfant.

Je pense qu'un gai soleil de printemps brillait le 9 avril 1888. Thérèse embrassa dans un dernier regard cette maison des Buissonnets, ces prés, où elle avait caché sa rêveuse enfance, où elle avait tant souffert, où elle avait tant aimé. La source de ses larmes était tarie, mais quel battement de cœur lorsque, devançant tous les siens, elle marcha vers la clôture. Quelle agonie à cette minute tant désirée! Elle eût pu s'attribuer ces paroles de l'immortelle sainte Thérèse d'Avila entrant au couvent : « Lorsque je sortis de la maison de mon père, ma douleur fut telle que ma dernière heure ne peut m'en réserver une plus grande. Je sentis tous mes os qui allaient se détacher les uns des autres. »

Thérèse se retourne encore pour implorer la bénédiction de son père; la porte se referme, et la jeune fille, qui ne la franchira plus, passe des bras de sa famille terrestre dans ceux de sa famille religieuse.

Qu'est-elle venue faire au Carmel, cette enfant de quinze ans? Retrouver ses sœurs? Non; car, voulant fuir toute préférence naturelle, elle s'appliquera à ne voir en elles que sœur Agnès-de-Jésus et sœur Marie-du-Sacré-Cœur. Ce qu'elle est venue faire, elle-même le proclame bien haut avant sa profession : « Je suis venue pour sauver les âmes, et surtout afin de prier pour les prêtres. » Pour sauver les âmes, et aider spirituellement les prêtres, rien ne lui coûtera.

Le postulat fut une rude épreuve : jamais, je ne dirai pas une louange, mais même une légère approbation ; la Mère la mène sévèrement ; la Maîtresse ne l'épargne pas. Reproches, humiliations directes ou indirectes, Thérèse supporte tout en silence, non pas avec résignation, mais avec joie : ce sont autant de croix, et elle est venue porter des croix. « Je suis venu apporter sur terre, non la paix, mais la guerre, » a dit le Christ. Ces asiles de prières perpétuelles, de renoncement, d'austérité, ces cloîtres sévères sont la lice où se livrent les grands combats du Christ. Car, de même que, pendant la guerre, nous avons vu nos hommes vivre, se battre et mourir pour leurs enfants, leurs femmes, leurs parents, pour les faibles, pour ceux aussi qui ne le méritaient pas et jouissaient insolemment de cette vie que les soldats sacrifiaient dans les tranchées, de même, derrière les grilles des carmels, des femmes, engagées volontaires, prient, souffrent, luttent et meurent pour ceux de l'arrière, ceux qui vivent de la vie du monde, pour les indignes, « car ce ne sont pas les bien portants, mais les malades qui ont besoin de médecins. »

La lutte pour la vie, la vie éternelle de tous, voilà le Carmel, voilà l'histoire de Thérèse pendant neuf ans. Elle vainquit par l'amour et la pureté. « En présence de Dieu, de la sainte Vierge, des anges et de tous les saints, dit le prêtre qui reçut sa confession générale, je déclare que jamais vous n'avez commis un seul péché mortel ; remerciez le Seigneur de ce qu'il a fait sans aucun mérite de votre part. »

M. Martin fléchissait enfin sous le poids de la vie et des épreuves ; deux attaques, déjà, l'avaient frappé. Contre toute espérance, il se remit assez pour venir à la prise d'habit de Thérèse, fiançailles mystiques où la fiancée revêt les splendides atours des mariées terrestres. C'était le 10 janvier 1889 ; Thérèse avait eu seize ans la semaine précédente. Par un dernier, suprême sursaut d'enfance, la jeune fille souhaitait ardemment la neige pour ce jour-là. Elle craignait le froid, mais elle aimait la blancheur immaculée, la pureté de la neige qui vient du ciel. Hélas! l'hiver doux et humide de Lisieux voulut s'adoucir encore pour ce jour-là. Thérèse avait renoncé à tout espoir de neige lorsque, vêtue d'une robe de velours blanc à longue traîne, garnie de cygne et de point d'Alençon, ses cheveux d'or flottant pour la dernière fois sur ses épaules, parée de lis, toute pure et toute blanche dans cette blancheur et cette pureté, elle s'avança vers son père à la porte de la clôture.

« Quelle est celle-ci qui s'avance comme l'aurore à son lever, brillante comme le soleil? Votre vêtement est blanc comme la neige, et votre visage resplendit. »

Celle-ci, c'était la petite reine des Buissonnets, dont on pouvait dire : « Éclatante de gloire et de beauté, préparez-vous à combattre, à vaincre et à régner. »

Le père, brisé par tant de sacrifices, conduisit lui-même sa fille à la chapelle. Il avait désormais donné tous ses enfants, car Céline, qui lui restait encore, avait annoncé sa résolution d'entrer au Carmel, plus tard, quand elle serait seule.

L'office extérieur achevé, Thérèse, rentrée à jamais dans la clôture, jette un regard sur le préau. Tout était couvert d'une neige éclatante, cadeau de noces du Christ à son épouse!

Puis, c'est la rentrée dans le sacrifice, dans la souffrance, « Je souffre beaucoup, disait sœur Thérèse en apprenant que son père avait encore eu une attaque, mais je sens que je puis souffrir encore davantage. » Notre-Seigneur la prit au mot : il l'abreuva, la rassasia d'autant d'amertume qu'elle pouvait espérer de joie au ciel. C'est alors que la jeune religieuse commença de pratiquer la petite voie. Rien n'est négligeable aux yeux de Dieu qui promet une récompense à qui donne un verre d'eau en son nom. Il comprendra certainement qu'il peut y avoir un vrai mérite à se passer de la lampe qui vous a été prise par mégarde, à se servir avec joie d'une vilaine cruche ébréchée qui en remplace une jolie en bon état, à ne jamais s'excuser, même si l'on reçoit un reproche immérité. Vous souriez? Je vous assure qu'au début, il en coûta beaucoup à Thérèse; essayez et vous verrez.

Nous arrivons ainsi aux grandes luttes, à la veille de la profession, des grands vœux. La retraite laissa Thérèse dans la tristesse. Le démon assiégeait la place, cette place forte que Thérèse enfant défendait si bien, dont il avait tant d'intérêt à s'emparer. Songez donc : soustraire une sainte religieuse aux joies célestes, quel triomphe! N'allez pas croire, du reste, que les tentations du monde déferlaient sur la novice. Non, mais son âme triste jusqu'à la mort se débattait dans les ténèbres : elle trompait ses supérieurs, la vie du Carmel n'était pas faite pour elle, il lui fallait retourner chez son père. Quelle agonie! Que faire? A qui parler? Déjà Satan triomphait.

Thérèse se traîne jusqu'à la maîtresse des novices et lui découvre son pauvre cœur malade... Le rire de cette religieuse éprouvée dissipa l'horrible angoisse. Déjà, quand la jeune fille s'était résolue à cette confession, le démon, grondant encore, avait reculé; cette fois, il était en fuite... Oh! il reviendra, il se dit : « Je retournerai dans la maison d'où je suis sorti, » mais la trouve ornée... Alors, il s'en va prendre sept esprits plus méchants... Mais Thérèse est désormais « le fort armé qui garde sa maison ». Tout se ligue en ce jour contre elle : son père est trop malade pour venir, l'évêque est empêché... La tristesse est dans l'air, non en elle : la bénédiction de Léon XIII la soutient; elle pleure, mais son âme est en paix.

Est-elle au port? Non, ce n'est qu'une relâche, une étape.

Un Père intelligent, qui prêcha une retraite, semble l'avoir admirablement comprise; elle pour qui *s'expliquer* était une véritable souffrance, une presque impossibilité, ouvrit complètement son âme, comme on ouvre une fenêtre pour recevoir une bouffée d'air pur... L'air pur, le grand vent, la lancèrent alors « à pleines voiles sur les flots de la confiance et de l'amour ». De ce jour, Thérèse marchera à pas de géant dans la voie de la perfection, dans la voie de l'amour divin et surnaturel. Il faut qu'elle se hâte : elle a dix-huit ans déjà, et nous savons qu'à vingt-quatre ans, son âme, brûlée d'amour, s'unit enfin au céleste Époux.

V

Pour la première fois, elle va se trouver en face de la mort. Mère Geneviève, fondatrice du Carmel de Lisieux, esprit fin qui sut apprécier Thérèse, mourut. « Ce spectacle était ravissant! » écrit notre petite sainte qui voyait une sainte en Mère Geneviève. Au moment suprême, elle ressentit une joie indicible, puis voyant qu'une larme d'agonie brillait encore dans l'œil de la morte, elle la recueillit en frémissant sur un linge fin qu'elle conserva comme une relique.

Hélas! l'épidémie d'influenza de l'hiver suivant fit de la mort sa connaissance intime! Toutes les religieuses, je crois, payèrent leur tribut à la maladie; quatre au moins y succombèrent, chiffre élevé quand on pense que les carmélites ne sont jamais nombreuses dans un même couvent. Mais Thérèse ne craignit jamais la mort; la vie n'en était pour elle que la préparation, et peut-être savait-elle déjà à quoi elle passerait son ciel.

Si elle pleura son père, mort en 1894, nous ne le savons pas, car elle put s'écrier, en pensant à cette vie toute de devoir : « Saints de Dieu, anges du Seigneur, venez à sa rencontre, recevez son âme... » Quelques mois plus tard, Céline venait rejoindre ses sœurs et s'abriter sous l'aile du Très-Haut.

Désormais, Thérèse est toute à l'amour; elle ne désire rien, pas même la souffrance dont elle était jadis avide. Elle est comme une petite fleur jetée dans un torrent, emportée dans son tourbillon, sans puissance, sans volonté, brisée, submergée par les eaux tumultueuses qui la font bondir de cataracte en cataracte, jusqu'à ce qu'elles la précipitent, anéantie, au sein de la mer qui berce et noie toutes les douleurs.

Avide de sacrifice, elle s'écrie : « Mon Dieu, il me semble que si vous trouviez des âmes s'offrant comme victimes d'holocaustes à votre amour, vous les consumeriez rapidement... O Jésus, que ce soit moi, cette heureuse victime; consumez votre petite hostie par le feu du divin amour! » Et Jésus accepte la victime qui, de ce jour, se sent brûlée par cette flamme.

Mais la victime, *pour mériter d'être immolée,* veut être digne du sacrificateur, parvenir jusqu'à lui. Hélas! l'échelle de Jacob est bien haute et bien raide; seuls, les anges la montent et la descendent facilement. Jamais la pauvre petite n'y arrivera; elle a le vertige! Que faire pour parvenir au sommet, à la gloire? Rappelez-vous, sainte Thérèse, votre traversée de la Suisse : ceux qui veulent contempler d'en haut les horizons infinis n'ont pas tous la force de faire l'ascension de la montagne. Ceux-là prennent le funiculaire. Vous vous dites : « Notre siècle a inventé les ascenseurs; je voudrais en trouver un pour m'élever jusqu'à Jésus, car je suis trop petite pour gravir le rude escalier de la perfection. »

Comme on cherche une indication dans un guide, vous avez ouvert les livres saints, et vous avez lu : « Si quelqu'un est tout petit, qu'il vienne à moi... Comme une mère caresse son enfant, ainsi je vous consolerai... Je vous balancerai sur mes genoux. »

Thérèse a trouvé : elle restera petite, elle restera enfant, et Jésus la prendra dans ses bras. Tandis qu'elle commence son ascension, et bien qu'elle ait à peine vingt et un ans, on lui donne les novices à former; plusieurs de celles-ci sont sans doute plus âgées que leur maîtresse, mais elle est déjà rompue à la vie spirituelle; ce n'est pas par des sentiers semés de roses qu'elle mène ses élèves au Mont-Carmel. Mais elle a un charme exquis qu'elle ne soupçonne pas, et les novices l'aiment et ne le lui cachent pas. Raconter qu'elles lui font des compliments serait exagéré, elles disent simplement ce qu'elles pensent. Certes, Thérèse en éprouve une grande joie, mais cela lui produit l'effet d'une surabondance de sucreries : elle en est affadie. Heureusement, ses petites novices, en riant, lui servent parfois une bonne petite salade bien épicée, bien vinaigrée. Et ce piment redonne un coup de fouet à sa vertu.

VI

L'appel divin se fait entendre plus pressant. C'est le jeudi saint 1896. Thérèse s'était sentie éprouvée par les austérités du cloître, les années précédentes. Mieux portante cette année-là, elle avait observé le carême dans toute sa rigueur,... la rigueur d'un carême de carmélite ! Néanmoins, elle n'obtint pas la permission de passer toute la nuit en adoration devant le reposoir.

Rentrée dans sa cellule à minuit, Thérèse éteint sa lampe et s'étend sur son pauvre lit. Aussitôt, elle sent un bouillonnement tiède monter de sa poitrine à ses lèvres. Son cœur se fend de joie ; oh ! savoir, être sûre,... mais la lampe est éteinte, il faut attendre au matin. Thérèse s'endort donc paisiblement. A 5 heures, elle se lève. Le jour est bien pâle encore ; aussi, est-ce contre la fenêtre qu'elle regarde son mouchoir, plein de sang,... et elle loue Dieu. « Un doux et lointain murmure lui annonçait l'arrivée du Bien-Aimé. »

Galvanisée par sa découverte, elle assiste à l'office, finit son carême comme si de rien n'était. La nuit suivante, Jésus lui donna un second avertissement. La joie de Thérèse était sans mélange : elle ne pouvait plus dire avec le Psalmiste : « Seigneur, que mon exil est long ! » Elle était trop pressée. Un combat terrible commençait, qu'ignoraient ses Sœurs. Alors que retentit partout l'alleluia de la Résurrection, l'alleluia de Pâques, que tout est lumière et joie, l'esprit de ténèbre envahit de nouveau la maison d'où il avait été chassé.

Cette fois, ce n'est pas pendant quelques jours, quelques semaines, que la sainte religieuse se débat dans l'angoisse ; durant des mois, tout ce qui faisait sa joie, son espoir, lui devient sujet de souffrance, de tourment ; la pensée du ciel lui est un enfer ! « J'ai prononcé plus d'actes de foi depuis un an que pendant toute ma vie, » écrit-elle quelques mois avant sa mort. Ah ! le brave soldat ! Elle livre là sa bataille de la Marne. Il me semble voir les anges haletants suivre les phases de ce corps-à-corps, les démons assaillir cet esprit viril avec les ressources innombrables du mal... Et Jésus, voilé, semble abandonner à elle-même son épouse accablée...

Dieu ne paraissait-il pas se détourner de nous aux jours inoubliables de septembre 1914 ?

Rien ne manque à Thérèse en ces moments-là ; alors que ses forces la trahissent, elle entrevoit que deux de ses sœurs vont la quitter à jamais. Le Carmel de Saïgon les demande : la grande ville coloniale, adonnée à la frénésie orientale, est depuis peu protégée par les saintes filles du Carmel. Thérèse ne dirait pas un mot pour retenir ses sœurs, mais elle se sent chavirée à la pensée de ce départ qui, du reste, n'eut pas lieu. Et pourtant, elle a une âme de missionnaire, et sa pensée rejoint deux frères spirituels qu'on lui a donnés, deux missionnaires avec qui elle est en union de prières et en pieuse correspondance.

L'apostolat qu'elle ne fait pas par la parole, elle le fait par le sacrifice, offrant à Dieu, non ses mérites, car elle ne s'en reconnaît aucun, mais ses souffrances, pour ces frères qu'elle ne verra jamais et qui, eux, agissent. Dans les dernières semaines de sa vie, alors qu'elle ne quittait plus l'infirmerie, on lui avait recommandé de se promener un peu sur la terrasse ; un jour, la sœur infirmière, la voyant épuisée, lui conseilla de s'étendre, de se reposer. « Non, répondit la jeune carmélite ; je n'en peux plus, c'est vrai, mais je marche pour un missionnaire. » Cet esprit de sacrifice, elle l'applique à tout ; dans une communauté où, sous une même règle, dans un même détachement terrestre, se rencontrent des esprits fort divers, l'heure du sacrifice, petit ou grand, est toujours l'heure actuelle. Thérèse eut le don de rendre ses sacrifices aimables. Laissez-moi vous citer ce petit trait : Au couvent, comme ailleurs, on ne peut se défendre de sympathies ou d'antipathies ; or, une sœur était assez peu sympathique à Thérèse ; elle s'appliqua à faire pour elle ce qu'elle eût fait pour celle qu'elle aimait le mieux : elle évitait en souriant toute discussion désagréable ; si la tentation de ne pas être aimable était trop forte, Thérèse fuyait bravement. Et savez-vous le résultat de cette conduite ? Un jour, la sœur X... lui demanda : « Voudriez-vous me confier ce qui vous attire tant vers moi ? Je ne vous rencontre pas que vous ne me fassiez le plus gracieux sourire. » Cela, c'est un triomphe !

A l'heure de l'oraison, alors que tout l'être de la carmélite devait pouvoir se fondre en Jésus, sœur Thérèse eut longtemps près de sa place une religieuse qui ne cessait d'agiter ou son chapelet ou quelque autre objet, faisant ainsi un de ces petits bruits plus énervants, plus distrayants, qu'un violent tapage. La pauvre Thérèse n'arrivait pas à s'absorber dans la prière ; elle se tenait à quatre pour ne pas se retourner et réclamer du silence. Pour arriver à se vaincre elle tâcha *d'aimer* ce petit bruit désagréable ; elle l'écouta avec attention, et son oraison, « qui n'était pas celle de quiétude, se passait à offrir ce concert à Jésus. »

« Je suis une très petite âme, disait-elle, et ne puis offrir à Dieu que de très petites choses. » Elle était une grande âme, mais rien n'est petit aux regards de Dieu. Cette oraison qu'il lui était parfois si difficile de faire, elle l'appelle le levier du monde, déclarant que c'est par l'oraison d'amour divin que les saints de tous les temps ont soulevé et soulèveront le monde !

Pendant que la nuit spirituelle obscurcit son âme, sans arriver à enténébrer entièrement son cœur, elle fait oraison, et, grâce à cela, quelques lumières adoucissent son exil moral. Est-ce dans un songe, comme elle le dit modestement, ou dans une véritable vision, qu'elle vit la fondatrice du Carmel en France lui promettre que Jésus la prendrait bientôt ? Et à la question anxieuse de la jeune sœur : « Le bon Dieu ne me demande-t-il pas autre chose que mes pauvres petites actions ? » répondit : « Le bon Dieu ne demande rien autre chose de vous. Il est content. » La paix se fit soudain dans la pauvre âme tourmentée par le démon ; la nuit régnait toujours, mais de furieuses tempêtes ne la rendaient plus sinistre. Elle laissait toute son ardeur à cette carmélite qui, cloîtrée dans son couvent, sentait son âme brûler de vocations actives : être guerrier et lutter face à face avec l'ennemi, être apôtre et porter au loin l'Évangile de paix, être docteur, et, par sa science, abattre l'hérésie, et surtout, être martyre... Oh ! souffrir quelque supplice atroce pour la gloire de Jésus !... Quelque supplice ? Mais elle les veut tous, de même qu'elle veut être l'apôtre de toute la terre et de tous les temps ! Comme un enfant qui rêve de projets impossibles, « elle choisit tout », elle veut être tout !

Et elle sera tout : soldat contre Satan, sœur spirituelle des missionnaires et aujourd'hui leur protectrice, martyre d'amour... A la lueur d'un épître de saint Paul, elle comprend sa vraie vocation, sa place dans le corps mystique de l'Église : « Je serai l'amour !... Elle sera l'enfant du Christ, car il est écrit : « Si vous ne devenez semblables à des « enfants, vous n'entrerez point dans le royaume des cieux, » enfant par la candeur, par la confiance, par l'abandon ; elle sera le *bambino,* qui effeuille des roses, jette des fleurs sur le passage de Dieu. Contemplant le Sauveur, elle le compare à l'aigle qui plane plus haut que tous les autres oiseaux, et fixe le soleil ; faible oiselet, elle se sent attirée, fascinée par lui et ne peut s'envoler. Mais un jour, elle en est certaine, l'aigle fondra sur elle et l'emportera dans ses serres aux demeures éternelles.

Hélas ! il lui faut encore rester sur terre, dans l'infirmerie du Carmel, où vont se traîner ses derniers jours. Elle ne demande pas sa guérison, elle est trop heureuse de se sentir mourir et de souffrir avant de mourir. Elle ne veut même pas être plainte, car alors, « elle ne jouit plus » de sa souffrance. Le détachement est absolu : « J'en suis venue à ne plus pouvoir souffrir, dit-elle, parce que toute souffrance m'est douce... La parole de Job est entrée dans mon cœur : « Quand même Dieu me tuerait, j'espérerais encore en lui. » Seigneur, prenez-la vite, votre enfant ! Ne voyez-vous pas qu'elle meurt du désir d'entrer dans votre maison ? Vous ne lui répondez pas, vous détournez votre visage, vous la laissez dans cette nuit interminable ! Elle vous appelle, elle vous veut dans la communion... Bientôt, ce réconfort même lui est refusé : du 16 août au 30 septembre, des vomissements de sang ne permettent pas de lui donner l'Eucharistie. Elle attend donc la communion éternelle, l'union indissoluble ; elle attend le paradis comme un lieu de délices, mais non comme un lieu de *repos.* « Après ma mort, dit-elle, je ferai tomber une pluie de roses... Je veux passer mon ciel à faire du bien sur la terre ; ma mission va commencer... Mais lorsque l'ange dira : Le temps n'est plus ! alors, je me reposerai... »

De son lit de mort, elle enseigne aux novices la petite voie, elle qui se croit une petite âme : « Il n'y a dans ma petite voie, leur dit-elle, que des choses très ordinaires ; il faut que ce que je fais, toutes les petites âmes puissent le faire. »

Je crois qu'ici vous vous trompez, sainte Thérèse : les petites âmes sont à la vôtre ce que les moineaux sont à l'aigle.

Chaque jour de cette interminable agonie la détache un peu plus de la terre, et pourtant, elle disait : « J'aime beaucoup ma famille. Je ne comprends pas les saints qui n'aiment pas leur famille. »

« Êtes-vous résignée à mourir ? demandait l'aumônier à cette enfant qui n'avait plus que le souffle. — Ah ! mon Père, il n'y a besoin de résignation que pour vivre ;... pour mourir, c'est de la joie que j'éprouve... »

Enfin, le dernier jour arriva, le 30 septembre. Mais Jésus ne lui dit dit pas que leurs noces éternelles auraient lieu le soir même. « L'air me manque, quand est-ce que j'aurai l'air du ciel ? » Ce soir, dans quelques heures : c'est la fin du combat, courage ! Vous tenez la victoire !

La mourante se redresse soudain sur son lit : « Le calice est plein jusqu'au bord ! Je n'aurais jamais cru qu'il fût possible de tant souffrir ! » C'est le cri de saint Victor sur le chevalet de torture. Mais avec la foi, l'énergie, la passion des martyrs, elle proclame au milieu de son supplice : « Non, non, je ne me repens pas de m'être livrée à l'amour ! »

La dernière agonie commence ; toute la communauté est là, à prendre une leçon de mort. L'Angélus du soir sonne : « Ma mère, ne vais-je pas mourir ? — Si, mon enfant, si... — Eh bien !... allons... Je ne voudrais pas moins souffrir ! »

Comme, au moment de s'éteindre, la flamme jette une grande lueur, Thérèse jeta un grand cri : « Mon Dieu, je vous aime ! » et s'éteignit.

De la mission *actuelle* de sainte Thérèse, je ne vous dirai rien. Nous la connaissons tous, et la matière est trop riche. Pendant la grande guerre, un novice des missions, le futur P. Bourjade, mort depuis en Océanie, était aviateur sur le front français. A l'avant de son appareil, là où tant d'*as* arboraient un fétiche, il avait, lui, une image de sœur Thérèse. « Elle me guide, je n'ai qu'à la suivre, » disait-il.

C'est le mot que peuvent répéter tous les missionnaires dont elle est l'évidente protectrice, la jeune sainte si Française! Oui, si Française, bien qu'elle ne nous semble pas avoir agi spécialement pour la France. Mais son cri d'agonie est le cri même de la France : « Mon Dieu, je vous aime, je ne me repens pas de m'être livrée à l'amour! » La mission de la France, c'est l'amour. Revivez la guerre : revoyez notre pays sanglant, ruiné, calomnié, crucifié, refuge des peuples opprimés, envoyant ses soldats sur tous les fronts... La *vraie* France, dans cette nuit infernale, n'a pas fléchi plus que Thérèse. Elle aussi a crié : « Non, je ne me repens pas de m'être livrée à l'amour! » Et lorsque le temps sera fini, Dieu lui tendra les bras, et « il lui sera beaucoup pardonné parce qu'elle a beaucoup aimé. »

TABLE DES MATIÈRES

42392. — Tours, impr. Mame.